家庭	学校	社会	国家
义务	责任	协同	支持

中国现代家庭教育研究与实践

王彦蓉　余利青　刘咏思　孙翱飞　张一凡　著

华中科技大学出版社
http://press.hust.edu.cn
中国·武汉

内 容 简 介

本书共分为六章，内容主要包括认识家庭教育、社会发展与家庭教育、家庭教育的核心关系、家庭教育中的互动、家庭教育中的沟通、家庭教育的阶段性指导等。书中不仅有关于家庭教育方面的理论性指导，而且有实践性内容，旨在为广大的准父母、父母以及教育工作者提供全面、系统的家庭教育理论和实践指导，以期促进家庭教育的科学化和专业化发展。

图书在版编目 CIP 数据

中国现代家庭教育研究与实践 / 王彦蓉等著. -- 武汉：华中科技大学出版社，2024.6. -- ISBN 978-7-5772-0865-7

Ⅰ. G78

中国国家版本馆 CIP 数据核字第 20248HT060 号

中国现代家庭教育研究与实践　　王彦蓉　余利青　刘咏思　孙翱飞　张一凡　著
Zhongguo Xiandai Jiating Jiaoyu Yanjiu yu Shijian

策划编辑：王一洁	
责任编辑：狄宝珠	
封面设计：张　靖	
责任校对：张会军	
责任监印：朱　玢	
出版发行：华中科技大学出版社（中国·武汉）	电话：(027) 81321913
武汉市东湖新技术开发区华工科技园	邮编：430223
录　　排：华中科技大学出版社美编室	
印　　刷：湖北新华印务有限公司	
开　　本：710mm×1000mm　1/16	
印　　张：18.75	
字　　数：269 千字	
版　　次：2024 年 6 月第 1 版第 1 次印刷	
定　　价：98.00 元	

本书若有印装质量问题，请向出版社营销中心调换
全国免费服务热线：400-6679-118　竭诚为您服务
版权所有　侵权必究

前 言
PREFACE

从出生到成年,人一般要接受三种教育:一是家庭教育,二是学校教育,三是社会教育。家庭是社会的基本细胞,也是人生的第一学校和第一课堂,是个体成长的教育起点。家庭教育是教育体系的有机组成部分,是学校教育和社会教育的基础,决定着学校教育和社会教育的成效。英国教育家斯宾塞认为,教育是为未来完美生活做准备,并认为人类最有价值的知识体系之一就是成为智慧父母的知识,这与我国儒家文化所倡导的"修身齐家治国平天下"的自我实现路径异曲同工。

家庭教育关乎儿童的未来成长、家庭的和谐幸福,以及国家的繁荣与民族的昌盛。在人类发展的历史长河中,家庭教育始终扮演着至关重要的角色,其影响力随着时代的变迁而愈发凸显。我国政府对家庭教育的重视程度日益加深,不仅在立法层面颁布了相关法律法规或政策,更在实际行动中推动其全面发展。自2022年1月1日起,《中华人民共和国家庭教育促进法》(以下简称《促进法》)正式实施,这一里程碑式的举措标志着家庭教育从传统的"家事"范畴上升为有法可依的"国事",中国父母正式迎来了"依法带娃"的新时代。《促进法》明确指出,国家积极鼓励家庭教育的研究,支持高等学校开设家庭教育专业课程,同时倡导师范院校和有条件的高等学校加强家庭教育学科的建设,培养专业的家庭教育服务人才,并对相关服务人员进行系统培训。

正是在这样的时代背景下，来自高校的教育工作者王彦蓉、余利青老师和经验丰富的家庭教育专家刘咏思、孙翱飞老师携手合作，在研究生张一凡的协助下，共同撰写了本书。本书共分为三大部分，共六章：第一部分包括第一章和第二章，介绍家庭教育的源泉、要素及其特征和功能，并将家庭教育置身于社会发展的大背景下阐述具有中国特色的家庭价值观和模式；第二部分包括第三章到第五章，深度剖析家庭教育中的核心关系，并在此基础上阐述家庭教育中互动方式与沟通模式；第三部分将未成年人的发展分为零至三岁、三至六岁、六至十二岁和十二至十八岁四个阶段，为读者分别提供不同阶段的家庭教育指导。本书旨在为广大的准父母、父母以及教育工作者提供全面、系统的家庭教育理论和实践指导，以期促进家庭教育的科学化和专业化发展。

王彦蓉

2024年1月

目 录
CONTENTS

第一章　认识家庭教育……………………………………………………1

　　第一节　家庭教育的源泉………………………………………1
　　第二节　家庭教育的要素………………………………………4
　　第三节　家庭教育的特征与功能………………………………15

第二章　社会发展与家庭教育……………………………………………22

　　第一节　中国式家长制…………………………………………22
　　第二节　转型社会下的价值观转变……………………………37
　　第三节　家庭教育与协同教育…………………………………50

第三章　家庭教育的核心关系……………………………………………56

　　第一节　与父母关系：与原生家庭的和解……………………56
　　第二节　亲子关系：孩子是父母的镜子………………………66
　　第三节　夫妻关系：亲密感的主要来源………………………88
　　第四节　与自己相处：夯实高自尊的稳定内核………………98

第四章 家庭教育中的互动 122

第一节 陪伴式倾听改善情绪冲突 122

第二节 运动游戏提高身心发展 129

第三节 户外森林扩展家庭活动领域 135

第四节 冥想促进家庭稳定友爱氛围 140

第五节 触摸提高身心脑平衡发展 144

第五章 家庭教育中的沟通 148

第一节 家庭沟通模式 148

第二节 家庭沟通方式及其作用 154

第三节 影响家庭沟通方式的因素 156

第四节 创建友爱和谐的家庭沟通场域 163

第六章 家庭教育的阶段性指导 170

第一节 零至三岁幼儿发展与家庭教育 170

第二节 三至六岁幼儿发展与家庭教育 192

第三节 六至十二岁儿童发展与家庭教育 199

第四节 十二至十八岁青少年发展及家庭教育 202

结语 247

参考文献 249

附录 婴幼儿对成人说的心底话 279

第一章　认识家庭教育

何谓家庭教育？总体而言，家庭教育存有广义和狭义两种定义，广义的家庭教育指一切发生在家庭中或发生在家庭外的、有目的或无目的的、家庭成员之间的教育；狭义的家庭教育则对家庭教育的时间、空间或主体进行限制，主要是指在家庭生活中，由年长者（主要是父母、祖父母）对年幼者（主要是儿童和青少年）的教育和影响。本书为区分二者的不同，将狭义的家庭教育称为家长教育，其中，家长教育是家庭教育的源泉和基础。

第一节　家庭教育的源泉

德国教育家福禄贝尔暗示了家庭教育的源泉是对于母亲的教育。他指出，"国民的命运，与其说是操控在掌权者手中，倒不如说是握在母亲的手中，因此我们必须努力启发母亲——人类的教育者。"可见，能左右国民命运的是母亲的教育。对母亲的教育可以理解为"亲职教育"，即旨在培养优秀育人者的教育。母亲教育对于民族乃至整个国家的发展具有极其重要的意义。因为绝大多数的母亲是家庭教育的核心参与者，直接参与孩子的抚养，见证孩子的成长，而且作为孩子成长中的关键角色，母亲对孩子的影响也十分巨大，这种影响涵盖了正面和负面两种，如果提高了众多母亲的素质，那么母亲对孩子施加的正面影响可能会增多，负面影响可能会减少，更有利于培养和塑造国家未来的栋梁之材。在一定程度上，孩子的素质反映了未来国家的整体素质，孩子的面貌预示着未来国家的面貌。因此，母亲教育左右着国民命运。

尽管母亲教育的重要性无可争议，但福禄贝尔的观点确实受限于其时代背景，具有一定的局限性。这种局限性主要体现在家庭教育中责任主体的转变上。在19世纪，由于男性在就业市场的主导地位，女性普遍依赖男性生活，且主要负责家庭内务和家庭教育，因此母亲成为家庭教育的核心责任人，而父亲的参与度相对较低。然而，随着社会的进步和性别观念的演变，传统的性别角色分工已逐渐淡化。越来越多的男性开始积极参与到子女的教育中，部分父亲甚至成为家庭教育的主要责任人。同时，女性也逐渐从家庭中解放出来，融入劳动力市场，不再是唯一的直接参与子女抚养的一方。此外，因应现代家庭结构的多样化，许多祖父母和外祖父母也加入了照顾和教育孩子的行列。因此，当代家庭教育的源泉已有所扩展，不再仅限于母亲教育。实际上，家长的整体素质直接决定了家庭教育的质量。因此，我们可以说，家庭教育的源泉应该是家长教育，这涵盖了父母双方以及可能参与其中的其他家庭成员。

家长教育指的是"以家庭教育的责任者家长为对象，使用自我教育的教育方法，提供给他们教育未成年人的科学知识和技能，培养他们正确的教育态度和观念，以使他们更好地承担在家庭教育中的职责，实现自我，提高家庭教育的效率，促进家庭关系和社会关系的和谐，实现家庭幸福目标的教育过程"，其目的在于提高家长的家庭教育胜任力。

但现实是，我国许多家长受自身认知局限的影响，家庭教育施教能力较差，在相对贫困闭塞的地区更是如此，家长往往不注意家庭建设，甚至在孩子的成长中缺位，产生了大量的社会问题。

家长教育对于稳固人民素质、提升人民层次具有至关重要的作用，它是父母或其他监护人提升家庭教育能力、缓解社会问题的关键途径。家长智慧则国家智慧，家长强大则国家强盛。《中华人民共和国家庭教育促进法》第十八条和第十九条明确指出，父母在孕期以及孩子进入婴幼儿照护服务机构、幼儿园、中小学等重要阶段时，应积极参与有针对性的学习，并踊跃参加学校、幼儿园、婴幼儿照护服务机构及社区提供的公益性家庭教育指导和实践活动，以提升家庭教育能力。因此，家庭教育指导及实践应作为家庭教育的先行步骤。这意味着家庭教育应当分两步进行：首先，进行家庭教育指导及实践，对父母及其他监护人进行培训，传授他们科学的教育知识和技能，培养他们正确的教育态度和观念，使他们能够更好地履行家庭教育的职责；其次，经过培训的父母或其他监护人在提高家庭教育能力后，对孩子进行科学、系统的家庭教育。

家长高度参与科学、专业的家长教育，有助于他们更好地扮演家庭中的教育者角色，掌握家庭教育的技巧与艺术，为孩子营造一个更为优质的教育环境。这不仅有利于文化的传承和社会的和谐，其影响更是深远而持久。参与过家长教育的家长将具备更高的教育敏感性，懂得如何成为孩子的精神领袖、心理导师、行为教练和学习榜样。他们会引导孩子形成健康、积极的精神追求，提供科学的教育方法和正确的心理疏导，帮助孩子养成良好的行为习惯，树立正确的价值观。

家长教育作为家庭教育的新工具，其重要性不言而喻。孩子作为两性精神之爱的结晶，他们最初的心灵教育和精神滋养大多来自父母，特别是在婴幼儿时期，他们完全依赖家长的引导和教育。因此，对生命的教育自然不能忽视对家长的教育。

家庭的发展是社会发展的基石，而保障家庭发展的关键在于确保执行家庭教育的家长具备足够的认知和能力。要实现这一目标，必须推动家长教育的科学化发展。为此，应促进家庭教育的学术研究与民间实践的融合，使家长成为科学的家庭教育执行者。同时，政府也应发挥积极作用，帮助家长辨别真伪信息，避免家庭教育用品和家庭教育本身的过度商业化，为家长提供科研支持，传授科学的育儿方法，解决家长的困惑，防止家长在教育行为上迷失方向。

第二节　家庭教育的要素

在《中华人民共和国家庭教育促进法》颁布之前，家庭教育的定义存在广义与狭义之分，其内涵并不统一。狭义的家庭教育对施教地点、施教人员及施教方式均有所限定。它特指在家庭环境中，由父母和其他成年长辈群体有意识地、有目的地对子女进行的教育活动。广义的家庭教育则没有这些明确的限制。

一些学者从狭义角度解读家庭教育，强调其施教地点的特定性。例如，中国台湾学者黄乃毓认为家庭教育主要发生在家庭内部，是家庭成员间的一种互动关系。同样，关颖也指出，家庭教育聚焦于家庭环境中，以父母等成人对儿童的教育为核心，围绕亲子互动展开，这一过程既包含了父母等成人对儿童的全面、持续影响，也涵盖了儿童对成人的反馈与影响。孙云晓在界定家庭教育时，除了强调施教地点的家庭性，还进一步限定了施教方式。她认为家庭教育是在家庭组织内部进行的教育活动，既涉及父母等年长者对年幼者的有意识、有目的的影响，也包含家庭成员间的相互学习和影响。

部分学者对家庭教育有着广义与狭义双重理解。缪建东认为，家庭教育既涵盖父母对子女的教育，也涉及子女对父母的影响。赵忠心也提出了类似观点，指出狭义的家庭教育特指家庭中长辈（主要是父母）对子女及其他年幼者的教育和影响，而广义的家庭教育则涵盖了家庭成员之间的互相教育活动，无论长辈对晚辈的教育还是晚辈对长辈的影响。王伯军进一步拓展了这一观点，认为广义的家庭教育泛指家庭成员间直接或间接、有意或无意，关于身体心理健康、伦理道德、生活常规、文化知识等各方面的教育影响。狭义的家庭教育则可以从时间、空间和主体三个维度进行划分：时间维度侧重于"学前家庭教育"；空间维度特指在家庭环境中进行的教育活动；主体维度则强调长辈（包括父母和其他年长者）对晚辈的教育。

2021年10月23日，十三届全国人大常委会第三十一次会议正式通过了《中华人民共和国家庭教育促进法》，为我国家庭教育提供了明确的定义。该法第一章第二条明确指出，家庭教育是"父母或其他监护人为促进未成年人全面健康成长，在道德品质、身体素质、生活技能、文化修养、行为习惯等方面对其进行的培育、引导和影响。"这一界定涵盖了家庭教育的主体、目的、内容及方式四个核心要素，共同构成了家庭教育的宏观内涵。

一、家庭教育的主体

家庭教育的第一责任人是父母及其他监护人。《中华人民共和国家庭教育促进法》第十四条规定了父母或其他监护人的主体责任，强调"父母或其他监护人应当树立家庭是第一个课堂、家长是第一任老师的责任意识，承担对未成年人实施家庭教育的主体责任。"同时指出，父母或其他监护人应当"用正确思想、方法和行为教育未成年人养成良好思想、品行和习惯"。第二十条和第二十一条更是规定，即使是分居或者离异家庭的父母，或是依法委托他人代为照护自己未成年人子女的父母也应依法履行家庭教育责任。

除了未成年人的父母及其他监护人外，我国家庭教育也存在着其他主体，这些主体几乎涉及未成年人家庭教育的全部领域，包括国、家、校、社四个层面,这些层面的不同主体的具体职责虽然不尽相同,但都是围绕规范、配合、协助父母及其他监护人更好地履行家庭教育的主体责任展开的。

在国家层面,家庭教育是一项涉及广泛的工作,涵盖了各级政府部门、公检法系统、教育、民政、卫生健康、市场监督管理、人力资源和社会保障、文化和旅游、广播电视、体育、新闻出版、网信等多个部门。《中华人民共和国家庭教育促进法》明确指出,各级人民政府需负责指导家庭教育工作,并建立健全家庭、学校、社会协同育人的机制,同时详细规定了各级政府应履行的具体职责。此外,公检法部门亦需承担家庭教育干预责任,配合同级政府及其相关部门建立家庭教育工作联动机制。一旦发现未成年人存在严重不良行为或犯罪行为,或其父母或其他监护人未能正确实施家庭教育侵害了未成年人权益,公检法部门将视情况对父母或其他监护人进行训诫,并可责令其接受家庭教育指导。其他政府部门也应在各自职责范围内积极参与家庭教育工作。

在家庭层面,《中华人民共和国家庭教育促进法》强调,未成年人的父母及其他监护人应履行家庭教育的主体责任,同时,共同生活的具有完全民事行为能力的其他家庭成员应协助和配合父母或其他监护人实施家庭教育。

在学校层面,《中华人民共和国家庭教育促进法》规定,中小学校和幼儿园应将家庭教育指导服务作为教师业务培训的重要内容纳入工作计划,并可设立家长学校。学校应根据未成年人不同阶段的身心发展特点,定期组织公益性的家庭教育指导服务和实践活动,并积极联系、督促未成年人的父母及其他监护人参与。此外,学校还应根据家长需求,引入家庭教育指导和实践人员,传授正确的家庭教育理念、知识和方法。有条件的学校还应支持家庭教育指导服务站点开展公益性的家庭教育指导服务活动。若学校发现未成年学生严重违反校规校纪,或父母或其他监护人拒绝、怠于履行家庭教育责任,或非法阻碍其他监护人实施家庭教育的,应采取必要措施予以应对。

在社会层面，家庭教育涵盖了企事业单位、社会团体、社会基层组织、群团组织、社会机构、未成年人的父母或其他监护人所在单位、爱国主义教育基地、新闻媒体等众多社会主体。这些主体可依法开展公益性的家庭教育服务活动。《中华人民共和国家庭教育促进法》第九条规定，工会、共产主义青年团、残疾人联合会、科学技术协会、关心下一代工作委员会以及居民委员会、村民委员会等组织应结合自身工作，积极开展家庭教育工作，为家庭教育提供广泛的社会支持。

此外，该法明确了各社会机构在家庭教育中的职责。具体而言，家庭教育指导和服务机构需强化自律管理，制定服务标准，组织专业培训，提升从业者的专业素养和能力，并对辖区内的社区家长学校、学校家长学校等家庭教育指导服务站点进行指导和支持。同时，这些机构还应开展家庭教育相关研究，加强服务团队建设与培训，研发公共服务产品，并与相关部门紧密合作，为需要的家庭提供定制化服务。婴幼儿照护和早期教育服务机构则应当提供科学的养育指导，助力家庭教育的实施。医疗保健机构在提供婚前、孕产期、儿童保健和预防接种等服务时，应开展科学养育知识和婴幼儿早期发展的宣传和指导。婚姻登记和收养登记机构在办理相关手续时，也应向当事人普及家庭教育知识，并提供必要的指导。儿童福利机构和未成年人救助保护机构则应对其安排的寄养家庭及接受救助保护的未成年人的父母或其他监护人进行家庭教育指导，以强化家庭教育的力量。

同时，该法也详细规定了与未成年人有密切接触的单位的责任，特别是未成年人的父母或其他监护人所在的单位。若这些单位发现父母或其他监护人拒绝或怠于履行家庭教育责任，甚至非法阻碍其他监护人实施家庭教育的行为，应果断采取批评教育、劝诫制止的措施，并在必要时督促其接受专业的家庭教育指导。

另外，该法还强调，爱国主义教育基地应定期举办公益性的家庭教育宣传活动、指导服务和实践活动，并开发相关的家庭教育类公共文化服务产品。同时，新闻媒体也承担着重要角色，应积极宣传正确的家庭教育知识，传播科学的家庭教育理念和方法，以营造全社会重视家庭教育的良好氛围。

综上所述，家庭教育的成功不仅依赖于未成年人的父母和其他监护人的努力，还需其他家庭成员的配合、学校的支持，以及各部门、团体、组织和机构的共同参与。未成年人的成长受到多方面的影响，家庭仅是其中之一。为了促进未成年人的全面健康成长，所有与未成年人成长相关的主体都应发挥作用，虽然父母或其他监护人占据主导地位，但其他主体的参与同样不可或缺。

二、家庭教育的目的

家庭教育的目的是促进未成年人全面健康成长。"全面"是指所有方面、全方位，包括道德品质、身体素质、生活技能、文化修养、行为习惯等方面。"健康成长"指的是生理和心理的健康成长。生理健康指人体生理功能上的健康状态，主要是指生理机能状态良好，身体没有出现疾病，身体免疫系统能抵挡各种疾病的侵袭，身体发育和体重处于良好状态，可以适应环境的各种变化。心理健康是指个体为了维持健康的心理状态，有意识地控制自己的行为，去促进自我成长的一种主动的积极心理状态。而"成长"一词，体现了未成年人对于发展的需求，这要求家庭教育要让孩子有所收获，要让孩子向着成熟的阶段发展。

然而，很多家长在促进未成年人全面健康成长方面并没有做到位。在有关未成年人的生理健康方面，2018年全国儿童青少年近视调查结果显示，儿童青少年总近视检出率高达53.6%。近视率偏高的很大一部分原因在于父母或其他监护人没有做到位。尤其在农村贫困地区，家长大多外出打工，没有履行好家庭教育的责任和义务，忽视对孩子视力水平的关注，没有督促孩子养成良好的用眼习惯，未在适当的时候给孩子配眼镜等，影响了孩子的视力水平。此外，在儿童生理发育上，我国贫困农村地区儿童平均生长迟缓率、低体重率较高，因微量元素缺乏引起的贫血现象非常普遍。

在有关未成年人的心理素质方面，家长往往忽视儿童在社会情感上的需求。这一点在农村地区尤为明显，很可能导致孩子出现心理健康问题。很多越轨行为都与心理健康有关。在农村留守儿童家庭中，往往出现父母外出务工的情形，父母往往会在孩子婴儿期或是儿童期等儿童成长期缺位，忽视孩子的心理健康。一项涵盖了0～15岁年龄阶段留守婴幼儿和儿童的研究发现，父母外出务工会使他们出现自我孤独感的概率提高10.63%，出现社交回避的概率提高10.96%。婴幼儿期，父母的陪伴对孩子至关重要。如果父母在孩子婴幼儿时期陪伴孩子，儿童会有更好的学校表现，其社会性焦虑的经历也会更少。缺乏与父母的交往会让孩子发展出强烈的不信任感、不安全感以及焦虑感。与此同时，儿童期父母的陪伴对孩子的心理健康也有显著影响。一项针对6岁以上有父母缺席经历的孩子的研究表明，有父母缺席经历的孩子，其孤独感高于同龄儿童，且自我意识不足，自尊感和自信度较低。此外，一项针对13～18岁留守儿童的研究发现，儿童抑郁症状与亲子分离时儿童年龄（父母外出时儿童年龄、父母外出结束时儿童年龄）存在显著关联，12岁前出现亲子分离现象，儿童抑郁症状发生率高。在很多农村地区，父母甚至连最基本的陪伴都难以做到，所以难以发现孩子的心理健康问题。值得注意的是，这种缺席儿童成长过程的现象同样存在于我国的城市地区。城市的生活节奏较快，城市中存在很多双职工家庭，父母忙于事业，虽然与孩子生活在一起，但是无暇顾及孩子的教育，缺席孩子的成长过程，对孩子心理健康状况的关心也较少。除此之外，近年来出现的多起未成年人自杀现象，也是未成年人不良心理健康状况的一个缩影。未成年人抗挫折能力弱，遇到一点不顺心的事情就选择结束生命，追根溯源，家庭教育往往有着不可推卸的责任。问题少年背后是问题家庭。因此，"健康"目标的实现依旧任重道远。

三、家庭教育的内容

家庭教育的内容涉及道德品质、身体素质、生活技能、文化修养、行为习惯等方面。

道德品质居于家庭教育内容的首位。《中华人民共和国家庭教育促进法》第三条指出,"家庭教育以立德树人为根本任务"。"德"是人的行为、态度,家庭是立德树人的第一课堂,父母在德育方面发挥着重要的榜样作用。家庭教育应该教育孩子如何做人。一方面,家长应传承传统家庭对思想品德教育的重视,弘扬中华民族传统美德;另一方面,家长要向孩子传递新时代思想品德的具体内容,应该教育未成年人爱党、爱国、爱人民、爱集体、爱社会主义,培养他们的家国情怀,塑造其良好的社会公德、家庭美德和个人品德,并增强他们的法治意识。

父母或其他监护人应该提高孩子的身体素质。比如,保证未成年人营养均衡、科学运动、睡眠充足、身心愉悦,引导其养成良好生活习惯和行为习惯等。然而,部分家长自身生活行为习惯不健康,其不良作息也直接转移给了孩子,不少家庭中,孩子普遍存在晚睡晚起的现象。"日出而作,日落而息",这种跟自然交融的生活,遵循了自然法则和自然规律,是"循道"的表现。根据太阳起落而作息,能够使孩子体验到协调及和谐的感觉,稳定孩子的情绪,促使其拥有健康的体魄,达到"身、心、灵"合一的境界。尤其是二至四岁的儿童,他们正值秩序敏感的高峰期,对物品摆放、作息习惯等都有明确的秩序要求,而健康、有序的外在秩序能帮助孩子建立良好的内在秩序,形成独立、自律的人格。因此,家长应为孩子构建良好的外在秩序,帮助孩子养成健康、规律的作息习惯。

同时,父母或其他监护人还应该传授未成年人多方面的生活技能,比如教导未成年人珍爱生命,对其进行交通出行、健康上网和防止欺凌、防溺水、防诈骗、防拐卖、防性侵等方面的安全知识教育,帮助其掌握安全知识和技能，增强其自我保护的意识和能力。

此外，家长还应当引导未成年人培养广泛兴趣爱好，提高其文化修养，促进未成年人形成健康的审美追求和良好的学习习惯，鼓励孩子亲自执行和亲自实践，于实践中学习，在实践中建构自己的品格，窥悟人生道理，增强其科学探索能力、创新能力等。每个孩子都天生具有探索意识和能力，家长应该助其保留这种探索的本能，比如在孩子学会走路、到处乱走的时候，让孩子在不同环境中走路、探索将有助于孩子探索精神和探索能力的培养。在增强孩子创新能力方面，家长不应该给孩子规定过多不必要的规则，因为规则过多会限制孩子的思维，难以培养孩子的创新能力。

在未成年人行为习惯方面，父母及其他监护人应该帮助未成年人树立正确的劳动观念，使其参加力所能及的劳动，帮助未成年人养成吃苦耐劳的优良品格和热爱劳动的良好习惯，提高其生活自理能力和独立生活能力。

综上，《中华人民共和国家庭教育促进法》对于家庭教育中的道德品质、身体素质、生活技能、文化修养、行为习惯等内容进行了非常细致的说明。除了该法规定的教育内容外，未成年人的社会化和心理层面等内容也应该被考虑进来，具体包括未成年人的主动性和自主能力、社交能力、应变能力、情绪能力、抗逆力等。其中，有些能力是人类与生俱来的，比如，主动性和自主能力。主动性和自主能力是人类的本能，这一本能同样存在于作为未成年人的儿童身上。儿童具有能动性，是主动、动态的行动主体，他们积极捕获外界的信息、融入成人的生活，他们有能力抵抗、重整和诠释成人对他们的误解。因此，家长不应因儿童在社会、生物与情绪等方面对成人有所依赖，而把儿童视为被动的信息接收者，而应该激发儿童的自主能力和主动性，通过细心观察，了解孩子外显的、内隐的信息，鼓励他们参与丰富的活动，给他们实践的机会，帮助他们积累经验、茁壮成长。

四、家庭教育的方式

从整体上看，家庭教育的方式分为培育、引导和影响。"培育"是对孩子的亲自培养和养育；"引导"指的是对孩子的指引、启发和教导；"影响"强调作用或改变。这三种教育方式由浅入深、层层递进。

而具体的家庭教育方式在《中华人民共和国家庭教育促进法》第十七条有明确规定，该法规定父母或其他监护人应该通过"亲自养育，加强亲子陪伴；共同参与，发挥父母双方的作用；相机而教，寓教于日常生活之中；潜移默化，言传与身教相结合；严慈相济，关心爱护与严格要求并重；尊重差异，根据年龄和个性特点进行科学引导；平等交流，予以尊重、理解和鼓励；相互促进，父母与子女共同成长"等有益于未成年人全面发展、健康成长的方式方法对未成年人进行家庭教育。

"亲自养育，加强亲子陪伴"的方式，要求父母要亲力亲为，对子女进行基本的抚养，把孩子养育成人，给予孩子足够的陪伴。家长的亲自养育和陪伴是引导和影响孩子的基础。在亲自养育和陪伴孩子的过程中，家长会了解到孩子的具体发展状况，了解到孩子是否存在心理和行为方面的问题，并对发现的问题进行及时纠正，让孩子重新回到正确的轨道上。反之，如果家长连最基本的亲自养育和陪伴都做不到，就难以了解孩子的现状，难以发现并及时解决孩子成长过程中的各种问题。

"共同参与，发挥父母双方的作用"，要求父亲和母亲两人都参与到家庭教育之中，不能只有父或母其中一方的参与和影响，更不能父母双方都不参与、不发挥作用。因为存在"父母缺位"现象的家庭，其家庭结构是不完整的，会影响该家庭中儿童的社会化发展、性别角色发展、认知发展和学业成绩。另外，青少年行为问题也可能因此而增多。受传统的"男主外女主内""女人应相夫教子"等男权思想的影响，男性比女性较少地参与到家庭教育中，但父亲的角色同样重要，具有不可替代性。父亲缺位会对儿童的性别角色发展、认知发展和学业成绩、青少年行为问题等产生影响。因此，促进父亲角色回归对于儿童发展具有切实意义。

"相机而教，寓教于日常生活之中"，要求父母或其他监护人要善于选择合适和正确的时机、抓住日常生活中的契机，对未成年人进行家庭教育，强调家庭教育的日常化和生活化。但该教育方式对于家长来说，存在两方面的问题。其一是不会"相"，其二是找不到"机"。前者表现为家长在自己认为正确的错误时机下教育孩子，比如在众人面前呵责孩子，家长认为没有不妥之处，但这种做法可能会伤害孩子的自尊心；后者表现为家长不知道如何抓住教育的契机，进而错过了合适的家庭教育机会，比如当孩子犯错时，没有及时对孩子进行教育，而采用延迟教育的方法，削减了教育效果。

"潜移默化，言传与身教相结合"，要求父母或其他监护人应该在不知不觉中对未成年人施加思想、性格和行为等方面的影响，促使其向良好的方向转变，强调父母个人的日常行为对孩子的影响，要求父母做到"言"和"行"的统一。家长"言传"的同时，自己也必须做到与"言传"内容的一致，否则，孩子就会陷入到底是听从"言传"还是跟从"身教"的矛盾中，也会对这种不一致性产生怀疑。比如，有的家长不让孩子看太长时间短视频，自己却经常看短视频看到深夜。当"身教"与"言传"不统一时，"言传"就失去了权威和意义，因为"身教"比"言传"更有说服力。

"尊重差异，根据年龄和个性特点进行科学引导"，要求父母或其他监护人应该尊重孩子每个年龄阶段身心发展的客观规律，关注孩子的独特性，因材施教。"尊重"是"爱"的一种表达方式，由接纳、公平公正、聆听、跟随、协调、爱心等要素构成，是令孩子正常化的一个重要因素，有助于呵护孩子的心灵，促进孩子自信心、好奇心、探索能力、判断能力、抉择能力、满足感、成就感、自我效能感等一切"做人"能力和处事能力的发挥。因此，家长应该在不危害自己、他人及环境的准则下，包容孩子在与环境互动下产生的任何自然因果逻辑关系，照顾孩子不同阶段的需要，遵循孩子不同发展阶段的自然规律。当前，中国社会"教育内卷"现象严重，家长生怕孩子输在起跑线上，忽视儿童发展的客观规律和孩子的个性特点，给孩子报了过多超出孩子承载能力范围的辅导班和兴趣班，越俎代庖、漠视孩子自主成长的现象比较普遍。《中华人民共和国家庭教育促进法》对此方式方法的规定，也契合了当前"教育内卷"环境下，家长在家庭教育中的问题。

"平等交流，予以尊重、理解和鼓励"，要求父母或其他监护人应该将孩子放在与自己同等的位置交流，尊重孩子的人格尊严，并给予孩子精神上的支持。一方面，家长对孩子的尊重体现为家长不应该运用家长权威强求孩子按照自己的意愿生活，而应在遵守法律和道德规范的前提下，理解孩子，对孩子予以鼓励。中国不少家庭中存在"打压式"教育现象，父母较少给孩子鼓励，而一味地强调孩子的缺点，向孩子传输着"你不行"的思想，这种方式培养出来的孩子往往缺乏自信，做事畏首畏尾，自我效能感较低。因此，在家庭教育中，家长应该多鼓励、少否定。另一方面，家长对孩子的尊重体现为家长不应该以"体罚"的方式"教育"孩子，更不能对孩子施行家庭暴力，这是双方平等的前提。体罚和家暴，本质上是一种发泄及宣泄行为，体现了人性中欺软怕硬的劣根性，关系到儿童自身的身心健康和儿童未来家庭的和谐及社会的稳定。受到体罚或家暴的儿童没有得到来自家庭的温暖和关爱，孩子的智商、情感、行为的发展会受到严重影响，正常人格被扭曲。他们的世界被恐惧、不信任、对抗、无助、孤僻、焦虑等负面情绪笼罩着。随着压迫及折磨的增多，久而久之，孩子可能会形成两种较为极端的发展方向：第一种是成为抑郁和焦虑人群，这样的孩子内心变得脆弱敏感；第二种是成为越轨人群或反社会人群，被仇恨和愤怒包围。此外，由于体罚及家暴行为的代际传递性和负面心理状态及行为的巨大破坏性，这可能导致曾有受暴经历的孩子在长大后成为施暴者，导致悲剧重演，最终成为社会及家庭的负担。因此，在家庭教育中，家长应该彻底杜绝对孩子的体罚和施暴行为，这是家长行为的底线。

"相互促进，父母与子女共同成长"，反映了父母在对子女实施家庭教育的过程中，也会从子女身上汲取能量，共同成长。对子女进行教育的过程，也是父母自身的成长过程。父母在教育子女时，会发现子女身上的优良品质和值得自己学习的地方，同时，也会增长教育子女的经验、收获教育子女的心得。

除了《中华人民共和国家庭教育促进法》中重点规定的以上家庭教育方式外，还有其他方式，比如，"刚柔并济，严格与慈爱相结合"等。

第三节 家庭教育的特征与功能

随着教育观念的持续演进，现代家庭教育展现出了鲜明的时代特色。这些特色与家庭教育的功能紧密相连，相互映衬，彼此反映。为了顺应社会的进步与发展，家庭教育的特征和功能必须始终与之保持同步。

一、家庭教育的特征

第一，启蒙性与终身性相结合。家庭教育的启蒙性体现在家庭是人生的起点，是孩子教育的摇篮。家庭教育作为个体教育的起点，对个体的成长和发展具有深远的影响。家庭不仅是孩子的第一所学校，父母更是他们的首任导师。在胎儿期，许多家庭便开始了胎教，让孩子在母体中便开始接受最初的教育影响。出生后，父母或其他监护人继续对其进行多方面的教育和引导。特别是早期家庭教育，它塑造了个体的思想观念、智力基础和性格特征，为个体的一生奠定了坚实的基础。而家庭教育的终身性则体现在它是一个持续不断的过程。无论个体处于人生的哪个阶段——幼儿期、青年期还是老年期,家庭教育都扮演着不可或缺的角色。从胎儿期到父母生命的终结,子女始终沐浴在父母的教育与关怀之中。根据家庭生命周期理论,个体的成长伴随着家庭的发展阶段,从接受原生家庭的教育,到成为新家庭的主导者,再到作为祖父母参与孙子女的教育,家庭教育贯穿了人的一生。因此,从时间维度来看,家庭教育既具有启蒙性,又具有终身性,这两者相互结合,共同强调了家长在家庭教育中的主体责任,以及家庭教育对儿童成长和发展的深远影响。

第二,私人属性与公共属性相结合。一方面,家庭教育具有鲜明的私人属性,它关乎个体和家庭的福祉,良好的家庭教育有助于实现个体和家庭利益的最大化。家庭教育主要由父母或其他监护人负责,其施教场所多在家中,因此具有一定的私密性,外部力量不宜过度干涉。另一方面,家庭教育也承载着公共属性,它是国家发展、民族进步和社会和谐的重要基石。正因为其重要性,多国和国际组织已在立法层面确立了关于家庭教育的法律,如《联合国儿童权利公约》、日本的《教育基本法》、美国的《不让一个孩子掉队法》以及我国的《中华人民共和国家庭教育促进法》等。这些法律的存在意味着,当父母或其他监护人的家庭教育方式不当时,国家有权依法介入,以保护儿童的合法权益。因此,从领域归属的角度来看,家庭教育是私人属性与公共属性的有机结合。它既属于家庭领域,也属于国家领域,需要国家公权与家庭私权的协同合作,共同促进儿童的健康成长和全面发展。

第三,显性教育与隐性教育相结合。显性教育表现为父母或其他监护人有明确目的和有意识地对孩子进行培育、引导和影响,以达成其教育期望。这种教育形式通常包括家长的说教、指导和行为示范等,它侧重于知识和技能的传授。而隐性教育则相反,它指的是家长在无形中、无意识地对孩子施加影响的过程。尽管家长在主观上可能并无特定的教育目的,但客观上已经对孩子产生了深远影响。隐性教育是一种间接的、渗透式的教育方式,它更多地关注于孩子精神层面的培养,如思想道德、个人品质、勤奋精神和意志力等。这种教育方式潜移默化，对孩子产生深远而持久的影响。人类家庭教育的本质特征也体现在其精神性上。因此，从对个体产生影响的方式来看，家庭教育是通过显性教育和隐性教育两种方式相互结合、相互补充来对孩子施加影响的。在家庭教育中，父母通常会结合直接和间接的教育方式，综合运用显性教育和隐性教育，以全面促进孩子的成长和发展。单纯依赖某一种教育方式的情况在实际中并不多见。

第四，固定性与灵活性相结合。一方面，家庭教育的固定性体现在其主体和内容上。家庭教育的主要主体是父母和其他监护人，其内容则广泛涉及思想、道德、文化、生理、心理及行为等多个方面，涵盖了物质和精神两个层面。另一方面，家庭教育也展现出显著的灵活性。它没有固定的模式，也不受时空的严格限制。在孩子成长的不同阶段和时期，家庭教育的侧重点会灵活调整，以应对孩子身心的发展规律和在特定环境下的表现。同时，家庭教育的时间安排和地点选择也充满了灵活性，既可以在家庭中进行，也可以在日常生活中诸多场合，如娱乐、用餐、交流时，自然地融入家庭教育。因此，家庭教育的固定性与灵活性相辅相成，既对立又统一，共同构成了家庭教育的独特魅力。这种结合使得家庭教育能够更全面地满足孩子的成长需求，促进他们的全面发展。

第五，个别性与普遍性相结合。其个别性体现在每个家庭都拥有独特的家庭教育风格和特点。由于国家、地区、民族文化的多样性和差异性，家庭文化、教育方式和形态也呈现出丰富多样的面貌。这种复杂性使得每个家庭的教育实践都独具特色，且包含了一些只有家庭成员之间才能理解的教育符号。例如，孩子可能通过一个细微的动作或眼神就能理解父母的意图，而这种默契在外部观察者看来则难以捉摸。然而，家庭教育也具有普遍性。作为血缘之爱的表现形式，家庭教育是人类社会共同拥有的现象。它不受地域、种族、国家繁荣程度或民族差异的限制，广泛存在于世界各地。无论身处亚洲还是其他大洲，无论国家是富裕还是发展中，无论人种肤色如何，家庭教育都是不可或缺的一部分。可以说，只要有家庭存在，就有家庭教育的发生。因此，家庭教育既体现了每个家庭的独特性和个别性，又展现了人类社会的普遍性和共通性。它是两者相结合的产物，既满足了每个家庭特定的教育需求，又体现了人类社会共同的教育价值观。

第六，理论性与实践性相结合。一方面，家庭教育具有深厚的理论根基，它作为一门交叉学科，汲取了哲学、教育学、生理学、脑科学、心理学、人类学、环境学、发展学等多学科的理论精髓。这种理论性不仅为家庭教育提供了科学的指导，还促使我们更加深入地研究和解释家庭教育对个体成长发展的影响机制和发展规律，从而推动家庭教育知识体系的重构与创新。另一方面，家庭教育也具有强烈的实践性。它要求父母或其他监护人将理论知识付诸实践，亲自参与孩子的培育、引导和影响过程。这种实践性体现在父母需要亲自养育孩子，全程参与他们的成长，通过一系列的教育活动，如亲子交流、行为示范、情感支持等，来促进孩子的全面、健康、快乐成长。因此，家庭教育既具有理论性，又具有实践性，这两者相辅相成，共同构成了家庭教育的独特魅力。它要求我们在理解和运用家庭教育理论的同时，也要注重实践经验的积累与总结，以实现家庭教育的最优化效果。

第七，主导性与互动性相结合。一方面，家庭教育的主导性显著，父母或其他监护人作为家庭教育的核心主体，具有权威性和主动性，他们在家庭教育中扮演着主导角色。然而，家庭教育并非单方面的教育过程，它同样具有互动性。在家庭教育中，尽管家长占据主导地位，但子女的参与和反馈同样不可或缺。家长会根据孩子的反馈，灵活调整教育方式，使教育更具针对性和实效性。另一方面，家长也能从与孩子的互动中汲取经验和启示，实现自我成长。因此，家庭教育是一个双向互动的过程，既包含了父母对子女的教育影响，也涵盖了双方之间的各种互动。家庭教育在父母与孩子的双向互动中得以产生和发展，充分体现了主导性与互动性的有机结合。

二、家庭教育的功能

正是因为家庭教育具备上述多元而丰富的特征，它在个人、家庭、社会乃至国家层面都发挥着不可或缺且无可替代的基石作用。《中华人民共和国家庭教育促进法》第一条明确指出了家庭教育的核心价值，即"引导全社会注重家庭、家教、家风，增进家庭幸福与社会和谐，培养德智体美劳全面发展的社会主义建设者和接班人"。家庭教育不仅关乎个人的全面发展与成长、家庭的温馨与和谐，更是国家繁荣、民族昌盛、社会稳定的重要基石。因此，我们应从个人、家庭、社会和国家四个层面深刻理解和认识家庭教育的深远意义。

第一，家庭教育在助力个体全面健康成长方面扮演着至关重要的角色。家庭教育不仅是家庭履行经济、社会职能和个体自我发展的重要途径，更是个体社会化的核心场所，对于个体价值观念、文化素养、生活习惯以及社会功能的构建与成长具有决定性的影响。在此过程中，父母或其他监护人肩负着监护未成年人的责任，不仅要满足儿童生理和精神需求，还要支持他们的自我发展与实现，这些方面的满足是孩子全面健康成长的关键。

（1）父母或其他监护人的首要任务是确保未成年人得到基本的生存资源，如水、食物、衣物等，并在孩子生病时提供及时的医疗救治，以确保他们的生理需求得到满足，生命安全得到保障。研究指出，早期的家庭养育，特别是母亲的养育行为，对婴幼儿执行功能的发展具有深远影响。这种养育行为作为家庭教育的基础层面，为孩子全面健康成长提供了坚实的基础。

（2）家庭教育同样重视满足未成年人的心理需求。父母和其他监护人通过为孩子提供精神支持，培养孩子的家庭归属感，给予他们足够的爱与温暖，以及通过陪伴、尊重、理解、支持和鼓励等方式，使孩子的精神需求得到满足。此外，家长还借助"家庭"这一平台，对孩子进行社会性启蒙教育，塑造他们坚韧的意志力、优良的品格和良好的行为习惯。

（3）满足孩子的发展需求和自我实现需求也是家庭教育的重要任务。家长可以根据孩子的兴趣，鼓励他们发展特长、参与培训，帮助他们实现个人价值。同时，家长也应依法保障孩子的受教育权，与学校紧密合作，共同促进孩子的教育成长。当孩子面临发展问题时，家庭教育可以发挥其思想教育功能，及时介入，纠正错误，引导孩子走上正确的成长道路。

第二，家庭教育在促进家庭和睦与幸福方面发挥着关键作用。家庭的和睦与幸福，建立在亲子关系、夫妻关系和代际关系的和谐之上。科学、正确的家庭教育有助于家庭成员更好地处理这些关系，进而形成积极向上的家庭氛围，助力家庭和睦与幸福。

首先，良好的家庭教育有助于构建良性的亲子关系。在这样的环境中，父母会给予孩子充分的尊重、陪伴和关爱，采取科学的教养和沟通方式。这不仅有助于提升孩子的个人素质，还能有效减少亲子间的矛盾，促进家庭和睦与幸福。同时，家庭教育还需要明确不同家庭成员的角色和责任，确保家庭教育的主体与辅助角色能够协同工作，减少代际的教育冲突。

其次，家庭教育有助于促进夫妻关系的和谐。当父母双方都能获得科学、正确的家庭教育信息时，他们在教育子女的问题上就能达成共识，减少分歧和矛盾。这不仅有利于家庭教育效果的提升，还能增强夫妻之间的感情。特别是在儿童早期，父母双方若能共同学习并运用科学的教育方法，将极大地促进家庭和谐与幸福。

最后，科学、正确的家庭教育有助于促进代际关系的和谐发展。在中国的许多家庭中，隔代教育现象普遍存在，这往往会导致教育观念和方式的冲突。然而，通过科学、正确的家庭教育，我们可以有效规避这些冲突，促进祖父母与父母之间的理解和尊重。例如，长辈们需要更新教育观念，摒弃过时的教育方法，而年轻一代则需要理解并尊重长辈的经验和智慧。这样，代际关系就能得到和谐发展，家庭氛围也将更加和睦幸福。

第三，家庭教育在助力社会稳定、国家建设以及人类文明的延续与发展中扮演着举足轻重的角色。家庭作为社会和国家的基本单元，其和睦与幸福直接关系到社会的稳定与国家的繁荣。家庭教育具有秩序支撑的功能，它不仅是改造人的实践活动，更是塑造孩子的道德品质、培养孩子的同理心和正确价值观的重要场所。良好的家庭教育能够显著提升孩子的个人修养和素质，教育孩子成为遵纪守法的合格公民，从而有助于维护社会的和谐稳定。

同时，家庭教育也是国家未来发展的基石。家庭中的父母通过生育和抚养子女，为国家提供了宝贵的人力资源。这些经过良好家庭教育的孩子，将成为国家建设的中坚力量，推动国家的持续进步与发展。

此外，家庭教育在传承人类文明方面发挥着不可替代的作用。家长通过家庭教育，将家庭文明、民族文化和人类文明的精华传递给下一代，展现了人类对于后代的爱护和期待。这不仅有助于后代的独立生存和成长，也维护了家庭和社会的整体利益，实现了家庭的精神追求。同时，家庭教育作为教育大厦的基础，其影响深远地渗透到人类文明的结构和发展之中，为人类文明的延续与发展提供了源源不断的动力。

第二章　社会发展与家庭教育

中国教育学理论体系的构建始于两大核心议题：教育与社会发展的互动关系，以及教育对个人发展的深远影响。这两个议题进一步细化为一系列更为具体的问题，涉及教育与政治、经济、科学技术、文化等多个领域的交织，以及教育在个人社会化与个性特征塑造中的关键作用。鉴于此，教育研究者们强调，社会与家庭应当共同承担起教育的责任，而非过度依赖学校和教师这一单一主体。这样的分担模式有助于构建一个更加全面、均衡的教育生态，从而推动教育事业的持续健康发展。

第一节　中国式家长制

一、家长制的起源与本质内涵

家庭，作为社会发展的基石，自其形成之初便深受所处社会文化体制的影响。在古罗马的历史长河中，"家庭"（familia）一词源于拉丁语中的

"famulus",原意指的是在父权统治下的奴隶和仆从的集合。正如恩格斯所指出的,familia一词最初并不蕴含现代意义上的家庭温情与琐事纠葛的交织,而是更多地指向了奴隶的集合。在古罗马的父权体系下,奴隶不仅是家庭成员,更是奴隶主的财产。随着时间的推移,家庭的内涵逐渐扩展,包含了妻子、子女、奴隶以及门客等所有处于父权统治之下的人、物和财产。在中国文化中,家庭的概念则有着不同的演变。家的最初含义并不限于奴隶和仆从的集合,而是涵盖了人、家畜及财产的集合。从"家"字的构造,以及与之相关的汉语用语中,我们可以窥见这一点。例如,主人被称为家主、家父、家长,仆人被称为家仆、家奴、家丁,财产被称为家私、家底、家产,牲畜被称为家禽、家畜。这些用语体现了在古代中国,家庭最初也是主人所拥有的财产,可以被买卖、转让,甚至包括家庭成员的生死大权。这反映了古代家长制家庭的一个显著特征,即家庭不仅包括自由人,也包括非自由人,如奴隶和战俘。这些非自由人在家庭中扮演着重要的角色,他们通过田间劳作和放牧等活动,为家庭提供了物质基础和生活资料。

根据恩格斯的论述,家长制家庭发展的另一重要特征即是父权的彰显。在甲骨文"父"中,手持斧头的形象象征着秩序与权威。《说文解字》中解释:"父,矩也。家长率教者,从又举杖。"这描绘了父权统治下家长作为规矩的制定者,手持象征权力和统治的权杖,起领导和治理的作用。在古代,父权最为发达的国家莫过于中国和罗马。在古罗马法律中,父权的范围极为广泛,涵盖祭祀、惩戒、支配家产,甚至出卖子女等权力。而在中国古代,随着夫权的日益加强,父权的权力范围也逐渐加深。当个人财富和权力开始积累并希望传承给子女后代时,女系逐渐过渡到男系,形成了严格的父系传承制度。《庄子·盗跖》中记载的"尧杀长子",《韩非子·忠孝》中记载的"象为舜弟而杀之",以及《礼记·坊记》中的"父母在,不敢有其身""家无二主""尊无二上"等语句,均体现了家长在家庭成员中至高无上的权威。而在《诗经·大雅·思齐》中,"刑于寡妻,至于兄弟,以御于家邦"则展现了文王以礼法约束自己与嫡妻,友爱兄弟,以身作则治理国家的典范。这些记载均凸显了家长制家庭中父权的威严与影响力。

家长制的实质是什么?其核心在于家长对其财产和成员的绝对支配权力。马克思深刻揭示:家长对成员与财产的支配,是家长制家族的真正精髓。一方面,在这种制度下,家长对于家族其他成员的权力是无可置疑的,特别是在财产管理方面。古代中国的家庭特色鲜明,同居共财,家长掌握着家庭财产,任何买卖皆由家长代表进行。在家长制中,父权家长不仅拥有对财产的绝对所有权,还体现在婚姻关系和体罚两个重要方面。古代中国有"父母之命,媒妁之言"的传统,父母代表的家长权威对子女的婚姻状况有着绝对的控制权,包办式婚姻成为中国传统婚姻模式的主导。这种主婚权在法律中也有明文规定,例如《唐令》就明确指出,婚姻嫁娶皆由祖父母、父母做主。另一方面,国家法律也赋予家长对家族成员的惩罚权,甚至允许家长将不肖子孙送至官府受罚。清朝律例中就有规定:"父母控子,即照所控办理,不必审讯。"而在民间,"棍棒底下出孝子"的观念更是进一步合理化了父母惩戒子女的权力。家长制是在以父权为主导的伦理秩序中建立起来的,父祖尊长拥有绝对的统治权。瞿同祖曾指出:"家族中所有人口——包括他的妻妾子孙和他们的妻妾,未婚的女儿孙女,同居的旁系卑亲属,以及家族中的奴婢,都在他的权力之下,经济权、法律权、宗教权都在他的手里。"

家长制的发展深深植根于历史中个体选择家庭作为生存依赖的自然选择之中。尤其是在中国漫长历史中,面对自然灾害和政权更迭所带来的社会动乱与生存挑战,个体逐渐将家长制和家族制度转化为一种默认且成文的制度文化。据统计,在民国之前,中国自公元前180年起就频繁发生造成重大人员伤亡的自然灾害,如陕西、河南和湖北等地的洪水涝灾。从公元前180年到1911年,共发生了190次左右的重大自然灾害,其中1876年至1878年遍及山东、河南、河北、山西、陕西的特大旱灾,导致超过2290万人死亡。除了天灾,中国历史上还经历了多次王朝政变和战争。在这样的社会、经济、政治环境下，个体自然而然地选择了家长家族式的生活方式，通过利益共有和风险均摊来确保生存与发展。因此，家长制在中国特定的历史时期，成为家族和个体保持繁衍与绵延的重要方式，将资源和权力集中于家长手中。一旦家长制的内涵以默认且成文的制度形式得到确认，它便以文化形式广泛传播，对个体产生持续性的影响，进一步促进了个体及国家在意识层面对家长制的合理性认同。以三纲五常、礼教尊卑、忠孝一体、差序格局为特色的家长制，成为中国特有的礼制秩序和伦理秩序的基础。王沪宁在分析中国村落家族文化时指出：世界上大多数国家都曾经历过农业社会这一阶段，并都需经历从农业社会向工业社会的转型，但并非所有国家都拥有像中国历史上那样根深蒂固的家族文化及其孕育的家族精神。这一点无疑是中国社会区别于西方社会或其他社会的基本特征之一。以家长制为特色的家庭制度，是中国传统文化的核心特征之一，也是传统乡土中国运行的伦理基础。要深刻理解中国社会的内在运行机制，必须深入探讨家长制的起源、内涵以及发展。

二、家长制的发展阶段

中国式家长制在历史长河中经历了多个发展阶段的演变。徐扬杰在《中国家族制度史》中将这一过程概括为四个阶段：首先是原始社会末期的父家长制家族，这一时期以同一男性祖先的子孙聚居为主，父权占据主导地位；随后是殷周时期的宗法式家族，显著特征在于大宗与小宗、嫡长子与别子的区分，以及宗族宗庙的百世不迁与五世则迁的原则；魏晋至唐代，则出现了世家大族式家族，主要形态为地主庄园经济、独立的武装坞堡和流亡的家族共同体；到了宋至清朝前期，家长制逐渐从世家走向平民，表现为村落聚族而居、家族组织系统严密、族长权威绝对、家庙祠堂遍布城乡、家谱修纂盛行、族田购置普及。在此基础上，李永芳补充了秦汉时期的强宗大族式家族，其特点是由大地主或大奴隶主构成的社会核心。

然而，随着近现代历史的发展，家长制受到了文化、政治运动和经济发展等多重因素的冲击。特别是1915年的新文化运动，它猛烈抨击了传统封建礼教和男尊女卑的等级观念，试图将人们从专制主义（国家层面的皇权、家族层面的家长制）的束缚中解放出来。尽管新文化运动在知识界引发了女性解放和反对包办婚姻的呼声，挑战了家长制，但它并未深入普通民众的生活，未能真正撼动家长制所依存的宗族组织、祠堂、家谱和家法族规等根基。直到中国共产党发起一系列社会与政治运动，才在生活的细微之处动摇了传统家长制的深层基础，从而引发了家长制的变迁。新中国成立后，通过以"翻身""解放"和"平等"为标志的土地革命、人民公社化、合作化运动等一系列改革，中国共产党在物质、观念、制度和实践等多个层面，对宗族式家长制进行了深刻的改革，促使根深蒂固的代际关系和家庭观念发生了重大变革。

三、家长制对中国社会的影响

家长制对中国社会的影响深远而广泛，它不仅奠定了中国特有的礼制秩序和伦理基础，更通过三纲五常的父权体制为皇权政治统治提供了坚实的支撑。

首先，家长制强化了皇权统治的稳固性。在家庭结构中，家长作为小范围的权威，与皇权形成了微妙的对应关系，体现了忠孝一体的价值观。西方学者在研究古代中国时，常提出"家国同构"的观点。黑格尔曾认为，古代中国以家庭原则为基础，皇帝作为大家长，臣民则如同家庭成员般服从。在这种秩序下，无论是家庭还是国家，都强调无条件服从和忠诚，从而确保了皇权的稳定传承。即便朝代更迭，皇权主义的核心本质始终未变，使得中国传统社会的文化认同和政治认同保持相对稳定。这种"共同体"意识不仅加强了人们对皇权的政治认同，也促进了社会的和谐与稳定。另外，家长制对于古代中国社会生活的稳定起到了关键作用。在古代中国家庭中，繁衍子孙、传宗接代被视为婚姻的首要任务。这既是对祖先的孝敬，也是家族延续的重要方式。在传统农耕文明和自然经济条件下，家长制的礼制秩序塑造了中国人求稳的心态。费孝通在《乡土中国》中深刻分析了这一点，指出乡土社会是一个安土重迁、代代相传的社会。在这样的环境中，人们倾向于依赖历史和经验来解决问题，对于经过时间检验的传统方案持有高度信任感。这种心态使得家长制在社会生活中发挥重要作用，促进了社会的稳定和发展。

其次，家长制对个体发展也存在影响。在家长制主导的社会生活中，日常生活占据了主导地位，而自给自足的农耕文明则依赖于口口相传的经验和传统。因此，"自在性、封闭性、自然性和非历史性"成为古代中国人的主要文化特征。在这样的背景下，中国人更多地表现出中庸、温和、不争、无为、安于现状、满足已有的保守特征。家长制所倡导的差序格局中，男尊女卑、父慈子孝、兄友弟恭等原则，要求权势双方都能克己复礼，遵守规则。然而，在集权统治下，控制、压制和统治的欲望往往难以抑制，而权力的互相牵制又使得各方都难以享受到真正的自由。在礼教的实施过程中，一方可能进行压迫，而另一方则选择容忍。正如梁漱溟在《东西文化及其哲学》中所指出的，这种束缚和压迫在宋代以前可能还不甚严重，但宋代以后却愈发加剧，使我们数千年来无法从各种权威中解放出来，实现真正的自由；个性难以伸展，社会性也难以发达，这成为我们与西方社会相比的一大不足。他在《中国文化要义》中进一步强调，西方社会更偏向于集团生活，而中国则更侧重于家族生活。因此，对于中国人来说，从私人生活到政治参与都与家族密切相关。例如，婚姻的目的在于"结两姓之好"，既是为了侍奉祖先，也是为了延续后代，而往往忽略了夫妻之间的情感联系。而读书的目的则在于光大家庭门楣，"已显先人之名"。孝顺父母，原本是人类"原初亲切自发的行为"，但在这种伦理本位的家长制社会中，它逐渐沦为维持社会秩序的工具，远离了最初的天然情感，增加了束缚的作用。在这样的社会环境中，个人的自由意识、自觉性和自主性很难得到充分的发展。

在家长制度的笼罩下，权威者的全能完美形象以及高度集权的政治制度在国民心理中刻下了深深的烙印，使得人们对权威产生了近乎无限的信任和服从，进而塑造了权威的完美与全能形象。马庆钰深入分析和总结了家长本位文化影响下国人的"权威主义性格"，其中包括根深蒂固的皇权主义习惯、奴性仆从习惯以及虚饰欺骗习惯。这种对上卑躬屈膝、对下专制统治的两极心理在传统社会中绵延不绝。这种权威主义性格作为一种精神文化传统，在今天仍然可以从一些人的极端忍耐性、主体权利意识淡薄以及政治社会参与积极性不足等现象中窥见一二。忍耐抑制、盲目服从、极端控制、虚伪浮夸、形式主义等心理和行为模式依然在现代生活中蔓延，在企业管理的家长式领导风格和家庭生活中的家长教养方式中表现得尤为明显。

最后，家长制对家庭教养方式产生了深远的影响。家庭教养方式，即父母的教养方式，涵盖了父母的教养观念、行为以及他们对儿童的情感表达。张文新指出，家庭教养方式是这三方面的综合体现。徐慧等人则从父母行为的角度出发，将家庭教养方式定义为父母在养育子女过程中展现出的相对稳定的行为模式，这是他们多种教养行为的概括。这些行为模式不仅包含了父母对子女的教养态度和情感，还反映了亲子互动的性质，并渗透于家庭的整体情感氛围中。刘慧华则进一步强调，父母的教养方式由他们在特定方面的具体教养实践、共同的教养态度以及独特的教养风格共同构成。这些元素共同塑造了家庭的教养方式，进而影响着子女的成长和发展。

针对家长制对中国家庭教养方式的影响，有部分学者进行了深入研究。他们通过比较中国人、移居海外的华人、美国人等不同文化背景下的人群，发现中国传统家庭教养方式显著体现了家长制文化的特征。Chiu, Lian-Hwang的研究显示，比较中国母亲、华裔美国母亲和英裔美国母亲的教养方式，中国母亲在保护、控制和限制型教养方式方面得分最高，其次是华裔美国母亲，最后是英裔美国母亲。其中，中国母亲的得分尤其反映了专制型家庭教养方式，包括强调母子依附关系、母亲退隐幕后、母亲牺牲付出、遏制孩子意志、过度保护孩子、遏制攻击性行为、与孩子交流较少、压制性行为、母亲在家庭中的支配地位等。Lin，Chin-Yau C. 和 Victoria R. Fu 的研究也发现，中国父母和华裔美国父母在父母控制、重视学业成就等方面仍高于美国白人父母，这进一步印证了家长制中父母控制、子女服从、纪律严格和重视教育等核心理念对中国父母及华裔美国父母的重要影响。特别值得注意的是，在鼓励子女独立方面，中国父亲得分高于美国白人父亲，这显示了在不断变化的社会环境中，中国父亲在推崇家庭内部互依性的同时，也积极鼓励孩子的独立自主。因为子女的学业成就与家庭荣誉紧密相关，学业成功被视为光大家庭的重要方式。Wu，Peixia 的研究聚焦于中国（北京）和美国学龄前母亲的教养方式，通过两套调查量表揭示了中美母亲教养方式的异同。在中国式量表中，包括鼓励谦虚、保护、指导性、羞愧/爱的撤回以及母性干预等项，中国母亲在前四项中的得分均高于美国母亲。这体现了家长制影响下的集体主义文化，注重人际关系的和谐，并推崇"乖孩子"形象。同时，中国母亲注重指导性，认为父母的教导有利于孩子的自控力发展，这与美国母亲对指导型教养方式的看法存在差异。此外，根据鲍姆林德（Baumrind）的专制型（低关爱和高控制）、权威型（高关爱和高控制）教养方式量表，中国母亲在情感温暖/接纳和民主参与方面的得分明显低于美国母亲，而在强制强迫行为方面则明显高于美国母亲。这再次证明了家长制对中国家庭教养模式中专制型特点的深刻影响。Chao R. K. 的研究则对比了华裔美国人和欧裔美国人的父母教养模式，发现华裔美国人更倾向于专制型教养方式，而非权威型。这与中国传统文化中的父母权威、差序等级、尊崇孝道保持一致，凸显了传统中国式家长制对家庭教养方式的重要影响。

国内学者通过精心设计的本土版父母教养方式问卷、访谈以及观察等质性研究方法，深入调查了中国本土的父母教养方式。王志梅对初中生父母教养方式的研究发现，初中男生更常体验到严厉的惩罚、过度的干涉与保护，以及母亲的偏爱。这体现了家长制下子女服从父亲权威、男尊女卑的性别观念，使得男孩成为家庭关注的中心，父母对他们施加了更为严格的要求和管制，同时也表现出对男孩的特殊偏爱。黄超基于"中国教育追踪调查"（CEPS）2014—2015学年的数据，对来自112所学校、438个班级的青少年家长教养方式进行了考察。他的研究发现，当前中国家长主要采取专制型的教养方式，其中缺乏沟通和忽视型的教养方式占比近四分之三，而注重沟通和表达的权威型和宽容型仅占四分之一。以推崇父母权威、尊卑差序格局、强调子女服从为特征的家长制，长期以来对中国家庭教育产生了深远的影响。一些学者总结指出，家庭教育中存在的问题，如目标单一、期望过高、教育方式刻板、缺乏独立性等，都与家长制这一传统文化有着密切的关系。

国内学者对我国多民族家庭的教养方式进行了深入调查和分析，对比了汉族与其他少数民族的父母教养方式。宋军在藏汉初中生父母教养方式的对比研究中发现，藏族父母给予子女的情感温暖显著多于汉族父母，而汉族父亲对子女的拒绝与否认则明显高于藏族父亲。杨雅琴在裕固族与汉族父母教养方式的比较研究中揭示，汉族父亲对子女的严厉惩罚和过度保护程度高于裕固族父亲，同时汉族母亲的拒绝、否认和严厉惩罚也显著高于裕固族母亲。

赵鹏程等人的研究聚焦于羌族与汉族青少年父母教养方式的对比，发现汉族父母在惩罚和拒绝方面更为严厉。尹文娟在对比维吾尔族与汉族青少年父母教养方式时发现，汉族父亲在惩罚严厉、过分干涉和拒绝否定方面明显高于维吾尔族父亲，而汉族母亲在严厉、拒绝、否认和惩罚方面也更为显著。李玉钦在汉族与蒙古族大学生父母教养方式的比较中发现，相较于蒙古族父母，汉族父母对男生的情感温暖和理解较少，而惩罚和干涉较多。

通过对比少数民族与汉族父母的教养方式，可以观察到汉族父母更倾向于采用拒绝冷漠、过度保护的专制型教养方式，而少数民族父母则为子女提供了更为宽松、充满爱的温暖教养方式。这种不同民族间的教养方式差异可以从民族信仰方面得到部分解释。例如，少数民族父母往往有自己的宗教信仰，如部分回族父母信仰伊斯兰教，强调"六大信仰"和"五功"，主张公正、行善和宽恕。相比之下，汉族父母受传统家长制的影响较深，推崇父母权威、男尊女卑、差序格局、子女服从父母等思想观念在家庭教养方式中一直占据主导地位。

四、中国家长制的发展变化

新中国成立以来，中国家庭生活经历了翻天覆地的变革，其中父权的衰落成为家庭生活最为显著且重要的转变。这一变革不仅是个体发展需求逐渐觉醒的过程，也标志着传统家庭制度从关注家族荣耀向注重个体主观能动性和发展需求的转变。在传统家长制下，青年人、女性和儿童往往处于弱势和边缘地位，受到性别、年龄、辈分等因素所决定的差序等级的限制。然而，随着新中国国家政策的实施和市场经济改革的推进，青年一代的个体独立和平等意识逐渐增强，他们开始重新定位家庭角色和地位。这些变化在家庭关系上表现为差序格局逐渐扁平化，夫妻关系超越了父子关系，成为家庭的主要关系基础。家庭的功能也发生了转变，从传统的繁衍后代、延续香火转变为支持家庭成员共同生活的爱与温暖的港湾。

首先，在家庭关系和地位的演变中，家长制下的父权逐渐式微，而夫妻关系则成为家庭纽带的核心。这种变化离不开新中国成立后实施的一系列国家政策和社会政治、经济活动的推动。1947至1952年间，全国范围的土地革命彻底摧毁了家族制度的经济基础，同时农村民主政权建设的完成也彻底打破了族长族权的统治。民主主义思想教育进一步从观念上解放了农民，使他们从宗法、家长制家族制度的束缚中挣脱出来。中国共产党自成立之初便对代表家长制的家族制度进行了批判和冲击。首先论证了家族制度产生的社会根源在于自给自足的小农经济，并明确指出农村中大量的族产族田是家族制度存在的物质基础。族长宗长对族田的控制是封建剥削的一种形式。毛泽东曾提出，政权、族权、神权、夫权是束缚农民的四条绳索。其中，族权为维护封建统治的辅助力量，要消灭封建族权，首要任务是消灭封建政权。新中国成立前后，中国共产党在解放区和全国范围内广泛开展了土地革命，通过没收和征收族田，使贫苦农民获得土地，解决了基本温饱问题，不再依赖族田的救济。同时，农村民主政权的建立是对上层建筑的革命性变革，确保土地革命成果得以巩固，并彻底摧毁了族权和封建统治的基层政权。

新中国成立后，党和政府推行了一系列集体化和合作化政策，成功地将青年人从家族依附关系中解放出来，使他们成为建设新中国、忠诚于国家的新生力量。同时，这些政策也显著增强了年轻一代的权利意识和平等意识。在分析中国农村青年文化形成的过程中，阎云翔指出，党和国家的政策对青年新文化的形成起到了决定性作用。这些政策覆盖了政治、经济、社会等多个领域，具体体现在青年组织和政治参与、集体农业的发展、正规教育的普及、婚姻法与家庭改革以及改革开放带来的新机遇五个方面。第一，基于民主主义思想的意识形态教育，激发了青年人突破传统长幼尊卑等级制度的束缚，积极追求个体发展的抱负。第二，通过实施集体化劳动形式，农民从传统的家庭劳作中解放出来，重新组织成生产队，采用高度集中的劳动方式和平均主义的分配方式。在这种模式下，年轻人和他们的父亲同属一个生产队，接受生产队长的任务分配。随着生产中新技术的引入，如农业机器、农药和化肥的使用，老年人的农业知识逐渐显得过时，而年轻人则积极学习并应用这些新技术。这一变化不可避免地削弱了农村家庭中的父权威信和尊严，促使青年一代更加积极地争取个人利益和地位。在集体化生活的工分制下，每个人都通过自身的努力和工作为集体做出贡献，而集体则根据贡献大小以工分的形式进行再分配。这一过程中，年轻人，包括男性和女性，特别是未婚女性，为家庭经济做出的贡献日益显著，进一步提高了他们在家庭中的地位和话语权。第三，公共教育的广泛开展，使新中国成立后全国各地的正规学校教育蓬勃发展。通过学校教育，青年人不仅迅速掌握了科学技术，而且在知识文化更新方面远超老一辈家长。同时，他们也逐渐形成了独立于家庭之外的活动空间和人际关系，打破了以往基于血缘和亲属关系的社会关系网络，展现出更加广阔和多元的社交空间。第四，婚姻法的颁布和家庭改革取得了显著发展。1950年颁布的《中华人民共和国婚姻法》明确提出，废除包办强迫、男尊女卑、漠视子女利益的封建婚姻制度，推行男女婚姻自由、一夫一妻、男女权利平等、保护妇女和子女合法权益的新民主主义婚姻制度。这一法律的颁布，标志着中国历史上首次在法律层面确立了一夫一妻、婚姻自主、夫妻平等的新型家庭关系，将家庭制度改革推向了新的阶段。其中，最为显著的变化是择偶自主权的增强以及家庭内部夫妻关系的日益重要，这对传统的家长制包办婚姻和代际关系产生了巨大的冲击和变革。第五，改革开放带来了崭新的时代。20世纪80年代初，国家推出了家庭联产承包责任制，这一政策将土地的所有权与经营权明确分离，土地仍归集体所有，但经营权则由集体经济组织按户均分给农户，让农户享有自主经营权。在土地分配中，成年男劳力得以分配到承包田，这意味着18岁以上的年轻一代与年长一代在土地分配上享有同等的权益。这一政策在公共领域正式确认了农村青年的正式成员身份，使他们与父辈在公共领域中享有同样的权利和地位。

此外，1985年国家颁布了放宽户籍制度的政策，允许农民进城务工并暂时居住。这一政策极大地促进了农村青年向城市的流动，标志着改革开放引起的人口流动正式拉开序幕。城市生活的现代性和流行文化不断冲击着农村青年，对传统家庭制度产生了深远的影响，为中国家庭生活和秩序带来了新一轮的改革和蜕变。

在这一系列由国家主导的政策推动下，中国青年的个体意识和需求在政治、经济和社会生活中逐渐觉醒,这反映在夫妻关系的独立性增强、社会关系日益扁平化以及家庭中父亲权威的下降等方面。夫妻关系首次超越父子关系,成为核心家庭的基础,这主要得益于农村家庭结构的提前改变,即年轻人选择提前分家。传统的主干家庭通常会在所有子女结婚后,根据财产和人口情况进行分家,这也可以看作遗产的提前分割。然而,在新中国改革开放前后,出生于20世纪60年代和70年代的年轻一代,被称为"改革开放时期成长的一代",他们的独立意识显著增强。在组建家庭后,他们倾向于更早地分家,即使这意味着经济状况可能不如在主干家庭中稳定。阎云翔在调查中国东北农村年轻一代提前分家的原因时,发现当地的年轻人提到,他们选择提前分家是为了追求"顺心"和"方便"的生活。其中,"顺心"指的是情感生活的舒畅,他们渴望满足个体的情感需求,避免在主干家庭中可能出现的代际矛盾和兄弟姊妹间的矛盾;"方便"则代表了他们对个体独立空间和隐私的追求,这种发展需求促使他们选择提前分家,开启核心家庭模式。

其次,社会关系网络经历了从宝塔化到扁平化的转变。扁平化意味着社会关系的中心从纵向的代际关系转移到了横向的同代关系。在家长制时期的族群生活中,父系血缘关系构成了最重要的亲属纽带。然而,在改革开放时期,随着学校教育的普及和城乡人口的流动,个人的重要关系网络逐渐从血缘关系和纵向的亲子纽带转变为横向的婚姻纽带,并进一步拓展为扁平化的社会关系,包括平辈的姻亲、朋友、同学和同事等。在社会流动和经济发展的背景下,传统家长制所依赖的小农经济已经消失,其带来的生产关系也必然随之发生变化和拓展。扁平化的社会关系允许个体根据自己的喜好和需求自主选择并构建重要的社会网络,而不是像传统家长制那样,由血缘关系和邻里宗族关系决定关系网络。在家长制中,大家族的差序格局严重阻碍了个体选择自我喜好和适合的生活方式及社会关系。在改革开放的转型期,自由独立的扁平化社会关系得到了进一步的加强和推动。进入21世纪,针对"00后"和"90后"的社会支持调查结果显示,同伴成为少年儿童最重要的社会支持来源。张旭东和孙宏艳在2005年、2010年和2015年的调查中均发现,无论是在价值肯定(如"谁让你感到自信")、工具支持(如"遇到困难,你愿意向谁求助"),还是亲密性支持(如"内心的秘密,你愿意告诉谁")方面,同学或同龄伙伴都位列第一,母亲则排在第二位。在情绪抚慰和陪伴支持方面,"90后"倾向于选择同学或同龄伙伴,而"00后"则更多地选择了母亲。这显示出在家庭和社会化的支持中,个体在现代化转型过程中越来越倾向于按照自我需求和喜好来选择重要的社会关系以构建社会支持网络。

最后,中国传统生活中的代际关系曾相对稳定,但在集体化时代和改革开放的背景下,代际关系发生了显著变化。父母的权威逐渐下降,而子女的权威则不断上升,甚至出现"逆家长制"的现象。改革开放不仅缩小了中国城乡居民的差距,还极大地增加了社会人口的流动性。随着中国加入世界贸易组织,全球化的发展进一步加速了信息、资本和人口的流动。这使得中国的年轻一代有更多机会融入现代化城市生活,主动或被动地接受现代性特质,形成了传统与现代、个人与集体、专制与民主并存的价值体系。在家庭生活中,年轻一代逐渐取代了老一辈成为主导,树立了自身的权威,形成了新的"家长"。这种现象被称为"逆家长制",表现为子女在"现代性能力"和媒介素养方面对父辈的"优越性"。此外,在家庭责任的履行上,父辈为子女付出巨大,包括准备彩礼、购房、结婚和照顾孙辈等,但子女往往认为这是理所当然的,认为这是为自己家庭谋取利益的合理途径。更甚者,子女在精神和心理上"凌驾"于父辈之上,忤逆甚至不赡养父母(当然这是不对的)。对于这一现象,王跃生认为是由于家庭代际功能关系发生变化,社会转型导致亲代对子代的教育义务增大,而子代赡养亲代的义务减轻。子代"回馈"亲代的功能下降,原因包括福利制度的替代、约束性制度环境的前卫以及主观意识的弱化。贺雪峰则认为这是由于缺乏传统家长制和集体化时代国家对家庭关系的强力干预,以及市场经济提供的广泛机会,使得之前基于长远预期的哺育和反哺关系变得不再稳固。此外，有研究指出，导致农村赡养资源供给不足的原因并不总是"伦理沦丧"，而是由"伦理转向"导致的下位优先分配原则，即个体在家庭资源分配时，优先满足自己成年子女的需求而非父母。这种"恩往下流"的现象可能成为中国家庭资源代际分配的一种趋势。对于家庭各代人之间的互动模式，有研究通过探讨城市多元化的代际居住安排发现，代际关系主体双方既追求个体自由，又受到孝道文化中家庭责任的制约，试图在结构和个体之间维持平衡。从个体心理发展需求的角度看，个体的现代化包括独立自主和自力更生。然而，现实情况是社会公平感缺失，越来越多的人感受到自己是弱势群体。调查显示，党政干部、白领和知识分子中认为自己是弱势群体的比例超过一半，而科技工作者则超过七成。在社会转型期背景下，个体的现代性和传统性在平衡，掌控感与无助感在博弈。从传统结构中脱离出来的个体，由于缺乏再嵌入的社会机制（如个体主义所需的健康公共空间），往往形成集享乐的个体主义和脆弱的实用主义于一身的特征。在高度快节奏化和信息泛滥的城市生活中，技术理性不断侵入私人生活，个体的无力感和焦虑感不断扩大。此时，个体心理需求的发展如同柏拉图描述的马匹，如果御者不能驾驭好这匹马，那么脱缰的野马就会按照本性和冲动行事，只知索取，不知付出；只要权利，不要义务。这种情况下，家长制可能会以另一种方式重现，因为家长制度下的"权威主义人格"在弱势时卑躬屈膝，在强势时对下属实施专制控制。这种主性和奴性的双重人格本质上仍然是奴性人格，因为精神被某种东西所奴化。然而，社会的转型呼唤对孝道的正确理解。孝的内涵已从对父母的百依百顺转变为在不影响子女人格独立和自主的前提下，对父母的尊重。中国人正在从遵循权威、依附、控制、等级向独立、自主、尊重、平等过渡，这是新中国成立、改革开放和实现"中国梦"的内在要求和体现。

　　家长制两千年的深远影响，在政治、经济和文化领域已遭受显著冲击，然而，在家庭生活中那些不经意的沟通方式、我们习以为常的行为模式，以及深藏不露的思维模式中，它仍持续发挥着惯性作用。塑造健全的独立人格，培育个性独立自主的成年人，始终是人类文明不懈追求的目标。我们仍需一代又一代人不断反思、学习和精进，以培育"独立之精神、自由之意志"的文化精神。

第二节　转型社会下的价值观转变

一、社会转型期中国社会价值观变迁

在过去的几十年里，全球经济和社会经历了显著的发展，中国处于由计划经济向市场经济转型的特殊历史时期。这一社会转型所带来的变化不仅体现在宏观层面的社会结构和文化变迁上，也深入微观层面，影响着个体的心理和行为。文化变迁和心理变化与每个人的日常学习、工作以及家庭生活紧密相连。随着内在和外在评价体系的巨大转变，总体趋势呈现出两个显著方面。一方面，个人主义逐渐兴起，而传统的集体主义观念相对减弱；同时，传统文化在一定程度上得到了延续，多元文化共存的社会形态日益明显。另一方面，现代性日益增强，而传统性则逐渐减弱。这些社会转型、文化变迁和心理变化不仅在宏观的社会文化指标上有所体现，也深刻影响着个体的心理和行为变化。对于处于这一巨大变革中的个体而言，其价值观必然随着环境的变化而调整，而这种价值观的变化也深刻影响着社会的平稳和有序转型。

价值观是人们对客观事物、现象以及自身行为结果的意义、作用、效果和重要性的衡量标准，它既是外显的也是内隐的，关乎何种事物或行为是"值得的"。这种观念深刻影响着人们对行为方式、手段和目的的选择。在社会心理学家的眼中，价值观是该领域一个独特的研究范畴，它比态度更为抽象和普遍，是具有评价性、选择性和规范性的深层次心理结构，同时也是文化成员共同秉持的合理信念体系。社会转型对价值观的冲击是显著的。针对新生代中不同代际的个体进行价值观的调查和分析，不仅有助

于我们深入理解这一群体的内心世界，还能在社会不同价值观的交融与碰撞中，为如何达成共识、促进和谐相处提供理论支撑和实践指导。

经过深入梳理心理学视角的广泛实证研究，蔡华俭等人对过去半个世纪中国人在心理和行为层面上的变迁进行了全面总结。他们发现，现代社会中，与个体主义紧密相关的价值观（如自主、独特等）正逐渐占据主导地位，而传统社会中强调的集体主义价值观（如服从、内敛等）则逐渐式微。个体的独立自我意识日益增强，而与他人的互依性则逐渐减弱。与此同时，与中国传统文化紧密相连的人格特质（如人情、面子、关系、和谐等）在影响力上有所降低，而现代社会所需的多元、开放、包容等特质则呈现出上升趋势。尽管总体成就动机有所下降，但追求成功的动力并未削弱，反而避免失败的动机在不断增强。追求独特性的动机也在日益强化。这些变化充分显示，近半个世纪来，中国人的价值观已经历了广泛而显著的变迁。

基于社会学的研究，针对过去半个世纪中国社会结构发生的深刻变革，一项涵盖65项研究的综合分析深入探讨了转型过程中人类心理的动态变化。这些研究揭示，在社会转型的浪潮中，中国体验、社会心态、群体心理和组织心理均呈现出显著的变化轨迹。具体来说，价值观在从传统迈向现代的进程中，经历了传统价值观的断裂、现代价值观的诞生、波折、复苏及发展的多个阶段；幸福感越来越依赖于物质条件的满足，并在20世纪90年代至21世纪初出现明显的下降；消费观念日益品牌化，物质主义倾向上升，追求享乐的生活方式成为新潮流；信任体系从基于关系转向利益导向，整体信任水平有所下降；代际关系方面，长辈付出增多但权威未减，而年轻一代的义务感和责任感相对减弱，文化反哺现象频发，代际关系日趋平等；人际交往和沟通方式愈发依赖网络，但也伴随着孤独感和疏离感的增强；两性关系中的自主性和性观念更加开放和包容；负面社会心态逐渐上升，社会心理失衡现象加剧；不同社会群体的心态差异日益明显，弱势群体的相对剥夺感有所增强。这些变化充分反映了社会转型期的复杂性和多元性，传统与现代、东方与西方、个人与集体的价值观不断碰撞与融合，共同塑造了一个多元并存的社会状态。

为了更好地探究评价体系变动下价值观的演变过程，系统梳理新生代（"80后""90后"和"00后"）的价值观变迁显得尤为重要。德国社会学家卡尔·曼海姆在代际社会学研究中提出了核心概念"社会代"（social cohorts 或 social generations）。他认为，并非所有同龄群体都能被归类为"社会代"，这一概念特指那些在历史重大变迁时期形成，并对该时期产生重要影响的同龄群体。Picher进一步阐述，新生代指的是在人生关键阶段（如青少年时期）共同经历重大历史事件，形成独特社会性格并对后续历史产生深远影响的同龄群体。中国社会学家李春玲认为，改革开放后出生的"80后""90后""00后"，正是这些受重大社会历史变迁影响并在其中发挥关键作用的"社会代"。他们在成长的过程中，经历了独生子女政策、经济高速增长、市场化、工业化、城镇化快速推进、中高等教育迅猛扩张、互联网和新媒体兴起，以及全球化和中国崛起等一系列重大历史事件。尤其是从2019年开始的新冠疫情，这场长达三年的全球危机对新生代的价值观和人生观产生了深远的影响，新生代开始展现出他们独特的价值取向和作用。这些重大历史事件塑造了新生代独特的价值观和行为体系，当他们步入社会时，这些体系与现有的成年人价值体系之间难免产生冲突。若不能妥善处理这些价值观的异同，可能会导致社会运动和冲突。正如曼海姆的"社会代"概念能够解释美国二战（第二次世界大战）后的"婴儿潮一代"，他们因与前辈不同的价值观念和行为体系，引发了包括青年运动、女权运动、民权运动以及嬉皮士文化等一系列社会运动和代际冲突。因此，对新生代价值观的深入理解和引导，对于维护社会稳定和和谐发展具有重要意义。

首先，"80后"是中国改革开放新时期的一代人，他们成长于物质和信息爆炸式增长的新时代。这一时期，中国社会经历了急剧的变革，经济建设飞速发展，社会结构转型激烈，科学技术日新月异，人们的思想观念得到前所未有的解放，价值观也呈现出前所未有的多元化。随着20世纪90年代中国社会主义市场经济的初创，中国社会结构发生了巨大的变革。而"80后"这一代，作为伴随着市场经济成长起来的一代人，他们的价值观与主流价值观不尽相同，他们勇于解放思想，敢于突破传统，展现出敢为人先的精神。进入21世纪，中国加入世界贸易组织，全球化对青年一代的思想产生了深远的影响。德国社会学家乌尔里希·贝克认为，全球化不仅促进了全球尊重意识的发展，也是社会价值变迁、全球秩序重塑和人类关系变革的重要驱动力。全球化带来了信息、资源、人口和资本的全球自由流动，青年作为最易于接受新鲜事物和观点的群体，他们的视野因此得到极大的拓展，开放意识、规则意识和民主意识等观念显著增强。然而，改革开放和经济全球化也带来了社会经济的巨大变动，社会矛盾日益凸显，社会失范现象频发，发展不均衡问题开始影响社会秩序的稳定。为此，中国共产党在第十七次全国代表大会上将"科学发展观"写入党章，作为党的指导思想之一。科学发展观的核心是以人为本，基本要求是全面、协调、可持续。它强调以经济建设为中心，全面推进经济、政治、文化建设，实现社会的全面进步。同时，科学发展观也强调城乡发展的统筹，注重以均衡思想指导社会发展，促进可持续发展和人与自然的和谐，确保一代又一代人的永续发展。科学发展观的提出促使"80后"青年深刻反思发展方式与价值取向之间的关系，形成了特色鲜明的价值观。他们普遍增强了权利意识，形成了个性化、进取性的道德观；他们在网络上表达意见的影响力日益增强；他们倾向于将个体的自由和发展作为主要的价值取向，崇尚自主独立成为他们生活的逻辑。此外，他们的民族自信心逐渐提升，志愿精神和公民价值观也开始崭露头角。他们既爱自己，也爱他人；既维护自己的权利，也关心他人的权利；既捍卫自己的利益，也勇于为公共利益发声。在大众沉默时，他们敢于发出声音；在大众踌躇时，他们敢于迈出步伐。总之，"80后"展现出了自信、个性鲜明、敢于表达、独立思考、独立行动的新精神特质。

其次，"90后"与"80后"存在着显著的差异。相较于"80后"出生于改革开放初期并经历了计划经济向市场经济转型的历程,"90后"从出生到成长的关键期都处在物质生活相对富裕的环境中,因此形成了与"80后"不同的价值观和精神特质。"90后"是"被关注成长的一代"。根据针对"上海青少年发展状况"的调查数据分析,杨雄深入探讨了"90后"的发展现状及其影响因素。这一代人的思维更为独立,评判事物的标准更加多元化,更尊重利益多样化,从而形成了独特的价值观。他们具有清晰的国家认同意识,公民意识和公益意识日益增强,乐于为社会服务,且在行动上更加独立、务实。对于未来发展目标,他们的价值取向表现出多样化,务实多于务虚,现实主义多于理想主义。其中,追求快乐幸福成为他们主要的价值观,占比高达37.5%。其次是个人发展与事业有成,紧接着是赚钱孝敬父母。此外,"90后"的自信心和自我悦纳度较高,由于出生于经济条件较为繁荣的时代,他们对于物质财富习以为常,经历的挫折较少,加之独生子女家庭背景,他们往往得到来自父母更多的关注和关心。

最后,"00后"是指出生于2000年至2009年的中国一代人,他们被称为"网络原住民",因为他们是与互联网一同成长的一代。他们诞生于改革开放后的第三个十年,恰逢中国经济高速增长的黄金时期,因此享受到了更为丰富的物质条件,思想更加开放,视野更为广阔,心态也更为包容。尽管与以往的新生代在价值观上有相似之处,但"00后"也展现出独特的特点。

第一,在幸福观方面,与"90后"类似,"00后"非常看重亲情和友情。一个"温暖的家"始终是他们幸福观的首位需求,而"有知心朋友"稳居第二位。在社会转型期,随着信息技术的迅猛发展,新生代更加关注重要关系,重视人际支持以及家人和朋友之间的情感意义。

第二,在道德价值方面,"00后"和"90后"都推崇善良、诚实、勇敢和守信的品质。然而,在特定品质上,"90后"更看重"孝敬",而"00后"则更强调"谦虚"。值得注意的是,"00后"对长辈的孝心呈现下降趋势,对传统"权威"意识渐趋淡化。同时,现代性品质如"责任""合作"

和"公正"呈上升趋势，而传统性品质如"勇敢""勤劳""节约"和"宽容"则有所下降。

第三，"00后"在追求社会价值和个人价值方面表现出并重的态度。他们渴望为国家、集体做出贡献以实现社会价值，但同时愿意为社会和集体利益放弃个人愿望的比例也在降低。他们更加关注个人成长和感受，注重自我价值，社会价值取向相较于"90后"有所下降。然而，"00后"更注重社会价值和个人价值的平衡与协调，努力在个体需求和他人利益之间找到平衡点。

第四，"00后"群体呈现出"物质主义"和"后物质主义"并行的"混合价值"取向。在环保意识方面，他们的意识比"90后"更强，经济优先意识有所减退，更加注重均衡和协调发展。他们更加关注民生建设而非经济发展，倡导生态主义。此外，"00后"展现出较强的怀疑精神和一定的创新精神，他们不会盲目相信课本、老师、专家等权威信息，而是充满好奇心，喜欢发明新东西，勇于向老师提问。总体而言，他们在传统与现代、生存与幸福、个人与社会、传承与创新之间寻求平衡与协调。

二、评价体系引起的自我认同

1. 自我认同概念及其重要性

"我是谁？""我从哪里来？""我到哪里去？"这三句经典的人生之问，无不聚焦于自我认同的探寻。心理学家E.H.埃里克森认为，人的一生都在追寻自我认同，这是指青少年对自我本质、信仰及生命中的重要方面形成一致且完善的认识，即个人内部状态与外部环境的和谐统一。社会学家吉登斯则提出，自我认同是基于个人经历形成的反思性自我理解，在特定的叙事过程中被塑造，表现为不断吸纳外部世界的事件，并将其纳入自我叙事的进程中。心理治疗师苏珊·福沃德认为，自我认同是个体对自己所思所行的认同，指个体能够理性地看待并接受自己及外界。这种认同让个体在追求明确的人生目标过程中，体验到自我价值以及社会的认可与赞赏。这种认同感不仅增强了个人的自信与自尊，也使其不会盲目屈从于社会与他人的评价。跨文化研究学者Ting-Toomey将自我认同定义为对自我认知和自我形象的反思，这一反思受到家庭、性别、文化、种族以及个体社会化过程的影响。它基本上涵盖了个体对自我以及自我形象的认知。从上述定义中可见，自我认同是心理学、社会学以及跨文化交际学等多个学科的重要研究领域。尽管学者们对自我认同的定义各有侧重，但共同之处在于，它反映了基于个体与外在世界、个体与社会之间互动所产生的认知、评价和个人发展。

自我认同是一个多维度的概念，涵盖了认知、评价和行为三个核心层面。其中，认知维度是自我认同的基石，它涉及个体对社会生活、生理心理特征以及职业发展等方面的深入理解和自主定位。乔纳森指出，自我认同正是个人价值观、人生观在特定历史时期的综合体现，它决定了一个人是否能以健康、积极的态度面对社会生活，并做出理性的选择和情感体验。首先，个人必须清晰地认知自己的身份和角色，这是与他人建立良性互动的前提。其次，评价维度要求个体在认知自我与外界关系的基础上，对自我与他人的关系进行客观评价，以做出恰当的选择和情感体验。最后，行为维度则是个体基于内在自我和外在环境的综合评价，形成归属感、意义感和安全感的过程。

自我认同的核心在于评价体系，它涉及个体内在体系与外在体系的相互作用。这一评价体系通常在青少年时期形成，是衡量自我心理健康的重要标准。正如Pinney所指出的，个体在成年早期的主要任务之一便是构建自我认同。然而，一旦自我认同的构建遭遇障碍，个体可能会陷入认同危机，导致自我认知的混乱以及人生目标和角色的迷失。在当今社会，全球范围内的现代化浪潮与传统价值观的冲突，以及中国特定社会转型期的复杂环境，都引发了不同程度的自我认同危机。尤其是青年人，他们正面临着前所未有的挑战和困惑。这些认同危机不仅威胁着个体价值观的稳固和行为方式的正常发展，也对整个社会的心理健康带来了潜在的风险。

2. 自我认同危机表征

自我认同危机是在社会转型的大背景下，个体在面对社会不确定性时所产生的迷失状态，表现为个体与社会良性互动的受阻。这种危机在社会层面呈现出多样化的表征，其中之一便是通过网络的流行用语得以体现。现代人的社会生活问题与自我认同危机紧密相连，诸如"空心人""宅男宅女""躺平""摆烂"等现象，以及"精致的利己主义者"和"自恋型虚假自我认同"等标签，都是这种危机在个体身上的集中体现。

首先，缺乏意义感与价值感是"空心人"症状的核心所在。2016年，北京大学心理健康咨询师徐凯文在其发表的文章《时代空心病与焦虑经济学》中，深入分析了中国青年在精神层面出现的"情绪低落""兴趣减退""快感缺失"等现象，将其命名为"空心病"，并指出这一病症源于价值观的缺失所引发的心理障碍。"空心人"现象在青年一代中尤为突出，它反映了自我认同的深刻危机，表现为个体自我认同感的极度低下。其核心问题在于缺乏能够支撑其意义感和存在感的稳定价值观。在这种状态下，个体常常陷入迷茫与困惑，发出诸如"我不知道我为什么要学习，我不知道我为什么要活着""我不知道自己要成为什么样的人"的疑问。当个体的内部评价体系出现缺失时，他们往往只能依赖外部的认同来确认自身的价值，只能从他人的肯定中寻找自我价值的体现。这种过度依赖外部认同的状态，使得他们不得不努力维系在他人眼中的良好形象。然而，长此以往，这种生活方式会带来两方面的负面影响：一方面，个体会对持续的评价产生恐惧和厌恶，进而对学习、排名、考试、竞赛等活动产生反感；另一方面，个体也会陷入自我否定和自我羞耻的境地，产生强烈的自杀意念，对生命的意义和价值感到迷茫与失落。

其次，功利主义的盛行以及社会责任感的缺失，使得"精致的利己主义"现象愈发普遍。2012年，北京大学的钱理群教授在"理想大学"专题研讨会上警示，包括北京大学在内的一些大学正在培育一种"精致的利己主义者"，他们具备高智商、精通世俗规则、擅长表演与配合，更善于利用体制达到个人目的。这类人一旦手握权力，其潜在危害远超一般贪官污吏。"精致的利己主义者"是对传统利己主义概念的进一步演变，他们坚信个体利益至上，认为人的行为应追求"最大善"，但在此过程中，他们往往忽略行为的动机与手段，只看重最终能达成的最大利益。首都师范大学的劳凯声教授指出，当前社会的功利性语境对现代人的价值观和理性构成了巨大的解构和吞噬力量，传统的精神价值正在遭受扭曲。青年群体中功利主义色彩的加重，源于消费主义文化取代革命色彩的理想主义文化后，未能提供新的、健康的价值体系，导致青年文化中功利主义的一面愈发凸显。调查显示，超过六成的受访者认为"精致的利己主义"现象普遍存在，且在激烈的竞争和就业压力下，这一现象有成为主流价值观的趋势。在针对"00后"的调研中，虽然大部分（82.1%）初中生认为人生最重要的是"对社会有贡献"，但在普通高中和职业/技术学校的学生中，追求"发财"的比例分别上升到8.2%和13.3%。还有部分学生将"当官""出名"等功利性目标作为人生追求，这进一步反映了青年群体中功利主义倾向的加剧。

最后，真实自我认同的缺失导致了"自恋型虚假自我认同"的泛滥。森尼特曾指出："自恋是一种对自我的执着偏见，它使得个体无法在自我和外部世界之间建立有效边界。自恋把外部事件同自我的需求和欲望相连，对每一件事都只问一句：这对我意味着什么。"而吉登斯则进一步解释："自恋既是一种自我憎恨，也是一种自我崇拜。自恋是婴儿式愤怒的一种防御机制，以弥补享有特权的自我无所不能的幻想。自恋者所依赖的是持续输入的崇拜和赞许以支持一种不确定的自我价值感。"这里所讨论的自恋型自我并非指病态的人格障碍，而是指现代性文化所催生的一种现象。当个体内心缺乏安全感和恒定的价值感时，他们可能会借助自恋构建一副唯我独尊的面具，以此来抵御外界的不确定性，避免面对自己的脆弱与无助。此外，他们也可能通过追求外部评价体系中的权力、财富、名望等稀缺资源来建构自我认同，以满足过度的自恋需求。研究显示，中国人的自恋水平正呈上升趋势，其中年轻人、城市人、独生子女、高经济地位者以及高个体主义者表现更为明显。然而，另一项关于中国大学生自尊水平的研究却发现，大学生的自尊水平正显著下降，且这一趋势与地域和性别无关。这种自恋性上升、自尊水平下降的趋势正是典型的外强内干的"自恋型虚假自我认同"的体现。

3. 自我认同危机的现代性解释

中国社会的转型期给个体带来了深刻的自我认同危机。这一转型过程在政治、伦理、文化和经济等多个方面均有显著体现，如政治从威权向法治、民主转变，文化从集体主义向个人主义过渡，经济从道义驱动转向利益导向，伦理观念则从差序格局迈向平等。这些变化无疑加剧了社会个体的自我认同危机。从现代性的视角解析自我认同危机，有助于我们理性、客观地深入了解其产生机制，进而有助于建构独立且健全的真实自我认同。吉登斯认为，现代性的力量推动了自我转变，并催生了现代性自我认同危机。他提出了几个关键点：首先，"时空分离"现象使得跨越广泛时空的社会关系得以连接，极大地拓宽了个体的世界视野；其次，由"象征标识"和"专家体系"构成的生活领域从个人经验中独立出来，被高度专业化、符号化的技术组织所掌控；最后，"制度的反身性"使得知识成为推动社会生活及其转型的重要建构性因素。人们依赖对这种复杂、抽象的社会系统的认知和信任，进行日常的生活决策。吉登斯的解释主要基于西方社会长期的现代化转型过程，然而中国社会在不到半个世纪的时间里，就完成了西方世界几百年的现代性转型进程。因此，中国民众在从传统到现代性的转型中经历的自我认同危机，具有更为集中和多元的特点。以下是对其产生缘由和影响因素的简要阐释：

首先，中国社会正经历着从传统到现代世俗化社会的深刻转型。现代性的显著标志之一便是传统宗法和宗教社会的解体，以及世俗化社会的崛起，这一过程被称为"祛魅"。当前中国正处在一个传统安身立命机制瓦解，而新的价值感和意义感机制尚未完全建立的阶段。传统上，中国人依据儒、释、道三大精神体系，找到了心灵的归宿。南怀瑾在《论语别裁》中曾比喻说，唐宋以后的中国文化如同三家大店：佛学如百货店，道家如药店，儒家则如粮食店，每日不可或缺。然而，在经历了集体经济时期的"破四旧"冲击和市场经济的重新洗牌后，儒、释、道的精神传承几乎荡然无存，导致个体陷入严重的自我认同危机。在"祛魅"的过程中，一切固定的古老关系及其所尊崇的观念和见解被消解，新形成的关系还未稳固便迅速过时。所有稳固的事物都烟消云散，神圣之物也遭受亵渎。这迫使中国人不得不重新面对关于人生意义和宇宙的基本问题，努力构建新的价值观体系。在这样一个价值观真空的时代，人们不可避免地会产生困惑、迷茫和无意义感，进而引发自我认同危机。正如吉登斯所言，在现代性背景下，个人的无意义感，即生活缺乏价值感，成为一个根本性的心理问题。这种以无意义感和无价值感为核心的"空心人"症状，正是现代性转型过程中的一种典型反应。特别是青年一代，在传统价值观崩溃、现行价值观尚未确立的真空期，他们面临着无法支撑自身价值观体系的困境。

其次，价值理性的减弱与工具理性的兴盛形成了鲜明对比。理性，作为古希腊的基本精神，也是西方价值观的核心要素。苏格拉底认为，理性是人类共同享有的能力，评判观点或行动的对错应基于逻辑原则，而非公众的接受度或名人的引用。技术理性，作为西方现代文明的基础性精神之一，源于古希腊的古典理性，其核心是科技至上主义。衣俊卿相信，人类通过理性和科学能够洞察宇宙的理性结构，并通过技术手段征服自然、控制自然，解决生存问题。然而，在现代社会中，主流思维模式逐渐从价值理性转向工具理性。人们不再以是否具有终极意义来评价生活和行为，而是更多地考虑实现特定世俗目的的方法与手段是否有效、合理。个体的精神生活不再追求价值理性中的道德意义或成为道德圣人，而是竞相争夺象征资本的稀缺资源，如金钱、权力和名望。这种自我虚假认同依赖于外在的稀缺资源，导致现代人成就动机显著增强。其中，"精致的利己主义者"是工具理性至上的典型代表，他们仅关注在既定条件和规则下如何最大化个人利益，而忽略群体和他人的利益，更不关心自身的精神追求和情感世界。在他们的价值观体系中，一切与利益和实用无关的因素均被排除在外。

再次，个体主义的崛起与集体主义的淡化体现了主体性的觉醒。近年来，对中国人的社会学和心理学调查均显示，价值观体系中个人主义逐渐上升，而集体主义则逐渐式微。美国社会学家英格尔哈特在20世纪70年代提出的"代际价值观转变理论"指出，社会正经历从物质主义价值观向后物质主义价值观的转变，个体从追求物质满足转向精神满足，从集体主义转向关注个体幸福。针对"00后""90后""80后"的调查进一步证实，新生代对精神需求和个体幸福更为关注。网络虚拟世界为"网络原住民"提供了安全的空间，让他们能够体验不同的心理需求，如英雄主义、性冲动、攻击性和自恋等，这些需求在现实认同中往往难以实现。网络空间不仅有助于宣发个体压抑的个性和创造力，还推动了主体性的觉醒。在中国社会转型期，主体性的张扬成为特色思潮，标志着自我意识的觉醒。正如某学者所言，没有充分自我意识的人无法提出认同问题，他们的生活更多的是社会的一部分，而非主体自我体悟和建构的结果。无论是转型期的"空心人""宅男宅女""躺平族"还是"精致的利己主义者"，他们都在探索个体主体性和觉醒意识。传统的集体主义社会强调人与人之间的关系，描绘了一种自然自发的田园生活，而现代性社会则呼唤个体意识的觉醒。唯有理性自觉的独立个体，方能驾驭现代社会中简单又精致的生活。极端的功利主义和精致的利己主义并非真正的个人主义，真正的个人主义强调独立自主和自力更生，同时也包括自我约束和尊重他人的平等权利。个体的自由不应建立在剥夺他人自由的基础上。因此，我们需要在个体主义和集体主义之间找到平衡点，走出一条可行且可推广的转型之路。

最后，探讨大众消费主义文化下的逃避自由心理机制。在现代社会中，大众消费主义文化以消费主义为核心，借助大众传媒技术和现代信息技术塑造并支撑起一种文化生产与传播形式。这种文化形式因成为大众广泛消费的对象而确立，基于商品和文化产品的消费，大众获得了虚假的自我认同。大众消费主义文化起源于西方资本主义国家，旨在填满工人阶级的业余时间，建立在消费欲望之上，通过灌输"不消费就不满足"的观念，利用大众传播媒介（如电影、电视、广播、报刊、广告、网络和短视频等）提供浅薄的休闲娱乐，填补人们的碎片化时间。法兰克福学派学者霍克海默和阿多诺在《启蒙辩证法》中揭示了文化工业中个性的虚幻性，指出文化工业生产的标准化使得个性在虚幻中得以容忍。从爵士乐手的即兴演奏到电影演员的造型，都展现了个性被普遍化的现象。在这种虚假的大众消费主义文化下，人们追求的是即时的、快餐式的快乐，而忽视了深度自由和真正的幸福。在这种文化的裹挟下，人们更容易陷入自恋型虚假认同，通过社交媒体网络互动创造出一个感觉良好的自我形象。弗洛姆在《逃避自由》一书中对现代性性格中的虚假自我认同和心理机制进行了深刻批评。他认为，个体化的过程带来了孤独感，而为了逃避孤独，人们往往同时逃离与孤独紧密相关的自由。通过依附于某种整体或权威，人们试图获得安全感。他进一步分析了三种典型的逃避自由的心理机制：一是受虐狂和虐待狂共生的极权主义，二是攻击性和破坏性，三是顺世和随俗。前两种是极端的逃避方式，而最后一种是普通人更常选择的温和逃避机制。通过完全承袭文化模式所赋予的人格，个体变得与他人所期望的一致，从而消除了与世界的矛盾和对孤立无权的恐惧。这种心理机制类似于动物的保护色，个体融入环境，几乎与环境融为一体，从而不再感到孤独和焦虑。

在自由和孤独交织的两难境地中，现代性转型中的个体往往选择构建自恋型的虚假自我认同，披上网络世界中保护色的虚假身份，以追求所谓的"自由"。然而，在日常生活中，他们却以大众文化所推崇的流行与时尚为战袍，步入现实世界的丛林，却不知不觉中渐行渐远于真实的自我认同。真实的自我认同呼唤个体具备清醒的自我意识，去倾听内心的真实需求，而非在纷繁复杂的信息洪流中迷失方向。它要求个体拥有足够的勇气，选择一条少有人走的路，面对内心的脆弱、无力和无价值感，而非用保护层来掩饰。最终，真实的自我认同需要个体拥有决断力，从虚拟世界中走出，与真实的人性相遇，直面内心的真实，寻找真正的自我。

第三节 家庭教育与协同教育

艾米·古特曼对不同的教育理论进行了梳理，她发现其中存在三种主要观点。第一种观点是支持"家庭构成的国家"，主张将教育的权威和主导权交给父母；第二种观点则是支持"个人构成的国家"，强调教育权威应由教师和教育家掌握；最后一种观点则是"家庭国家"的理念，它认为教育的权威应归属于国家（或社会），由国家（或社会）来主导教育的方向和实施。

在教育发展的早期阶段，家庭、学校和社会各自独立发展，彼此间缺乏紧密的联系和协同。在传统观念中，家庭主要承担孩子习惯养成的责任，学校则是知识传授的核心场所，而社会则仅起到了有限的补充作用。在这三者之中，学校教育占据着至关重要的地位，是实施教育、培养学生的主要阵地。学校作为国家设立的专门教育机构，不仅拥有能够体现时代精神、符合未成年人年龄特征的系统教育内容，还构建了健全的班级和团队等组织形式。更重要的是，学校拥有一支经过专业训练、具备丰富教育经验和高水平教育技能的教师团队，他们为学生的全面发展提供了坚实的保障。

然而，当代学校教育存在显著的弊端，其中包括理性主义、模式化和机械主义以及功利主义倾向。首先，学校教育过于注重理性思维，而忽视了学生感性的培养。理性主义教育重认知轻情感，过分强调科学技术学科，将人文艺术类课程边缘化，导致学生的人文素养不足，难以达到全面发展的目标。此外，理性主义教育过于注重知识的积累，以知识掌握的数量和精确性为评价标准，忽视了学生实践能力和全面认知的培养，导致学生脱离实际，认知片面。其次，学校教育往往倾向于模式化，忽视了学生的个体差异性和独特性。这种教育模式抹杀了学生的个性，限制了他们的天赋和潜能的充分发展。同时，学校教育还容易陷入机械主义的泥潭，过分强调记忆、训练和标准化，轻视思考、想象力和创造性的培养。这导致学生被视为被动的"知识容器"，其创造精神和个性受到压制。典型的现象如大量习题和重复练习，以及标准化考试对答案的严格限制，都极大地损害了学生的创造性和想象力。最后，学校教育也容易导致功利主义的结果。随着社会的发展，学校教育逐渐被视为获取更高社会经济地位的跳板，成绩、文凭和学历成为学生和家长追求的终极目标。这种功利主义的教育导向使学生失去了对知识的热爱和追求，而仅仅是为了获得一纸文凭而学习。升学率成为衡量学校教学质量的唯一标准，与教师和学校的切身利益紧密相连，导致教学内容的超前、超量，频繁考试，以及主课占用副课教学时间等问题，严重影响了学生的全面发展。

在构建学习型社会的过程中，社会教育（如继续教育、终身教育、成人教育、远程教育等）被赋予了举足轻重的地位，与学校教育形成鲜明对比。社会教育资源丰富多元，作为学校学习的有益补充，它积极营造促进个体健康成长的社会环境，构建社会实践平台，引导未成年人参与社会活动。同时，社会教育还紧密配合学校和家庭教育，为它们提供有力支持。其主要目标是为全民提供多样化的再教育方式和资源，满足终身学习的需求，进而提升国民素质，开发人力资源。此外，通过多样化的兴趣培训，社会教育旨在激发学生的创造力和创新能力，促进其德智体美劳全面发展。然而，社会教育的发展也面临一些挑战。由于缺乏有效的监管机制，社会教育资源质量参差不齐，特别是对于未成年人而言，可能会产生不良影响。在利益驱动下，一些课外培训机构打着教育的旗号，在资本和家长焦虑情绪的推动下迅速扩张，过早、过度地灌输书本知识，干扰了正常的学校教育秩序。此外，这些机构通过媒体大肆宣传，加剧了家长的恐慌和焦虑，导致家长盲目跟风报班，忽视了自身的教育作用，反而增加了学生的学业负担。

相较于学校和社会教育，家庭教育具有其独特的显著特点。家庭是孩子成长的摇篮，是儿童抚育的首要场所，对于个体而言，它承载着最早、最原始的教育。家庭教育凭借其亲和性、即时性和恒常性，具有其他教育形式无法比拟的优势。首先，家庭教育通常是由家中的亲人直接对孩子进行教育，这种血缘关系赋予了教育过程一种深厚的亲和性。其次，家庭教育贯穿于孩子的成长过程之中，具有即时性和实时反馈的特点，能够及时纠正和引导孩子的行为。最后，家庭教育对孩子的影响深远而持久，它教导孩子基本技能和知识，塑造其情感、人格等基本品质，特别是父母的教养方式会在孩子的成长过程中留下潜移默化的印记。然而，值得注意的是，若父母缺乏专业的教育知识和技能，家庭教育也可能存在风险。例如，近年来兴起的"鸡娃"现象，部分家长为了让孩子出类拔萃，采取了极端化的教育方式，要求孩子超前学习，以追求考试成绩和名校录取，这种做法往往适得其反，给孩子带来不必要的压力和困扰。

学校、家庭、社会教育作为教育的三大支柱，在教育过程中既应保持相对独立性，又需彼此紧密联系，相互协作，共同促进。然而，在现实中，未成年人教育往往难以实现"1+1+1≥3"的协同效应，反而可能出现教育效果相互抵消，甚至产生负面效应。各教育主体普遍缺乏主动寻求教育衔接的意识，任一环节的失误都可能成为未成年人发展的绊脚石，任何两种形态的教育不协调都可能导致教育方向的偏离，从而降低教育效益。例如，学校若过于倚重成绩，将考试成绩和学业表现作为衡量学生的唯一标准，则可能忽视学生的全面发展和个体差异；家庭若缺乏科学的教育理念，过度追求"鸡娃"效应，不信任或过度依赖学校教育，不仅可能引发家校矛盾，还可能阻碍孩子的全面成长；社会教育若缺乏合理的监管机制，也可能产生不良影响。更为关键的是，当家庭和学校在教育理念、方法等方面存在分歧时，容易出现责任"出让"与"越界"的问题，导致"养而不教"或"教而不善"的现象，进一步加剧亲子关系的紧张。因此，为了实现教育的最佳效果，各教育主体必须加强沟通与合作，共同构建一个和谐、协调的教育生态系统。

《中华人民共和国家庭教育促进法》强调，家庭教育、学校教育和社会教育必须紧密结合、协调一致。唯有如此，我们才能整合教育资源，避免学校、家庭、社会之间力量分散、相互制约的情况。通过家校社之间高效优质的交流互动，个体可以在多元视角下实现认知与实践的统一，进而激发内在动力，推动个体全面发展。艾米·古特曼也持相似观点，她主张家校社三者应有机结合。她认为，家庭教育有助于固化特定的优良生活观念和价值，学校教育则使孩子能够理解和评估与父母偏好不同的其他生活方式的价值，而社会教育则引导孩子接受民主社会中公民权利与责任共享的生活价值。由此可见，家庭教育、学校教育和社会教育三者相辅相成，缺一不可，共同促进个体的全面发展。

高磊等人将家校社协同模式描述为由单主体任务驱动模式向多主体任务驱动模式的演进。单主体任务驱动模式涉及不同主体之间的两两合作，主要涵盖学校-家庭协同模式、学校-社会协同模式以及家庭-学校（社会）协同模式。这种模式基于协同主体单方面需求而形成，通常以前者为主导，后者为参与方，协同工作主要由前者发起、组织并落实，后者则更多的是被动参与。

（1）学校教育与家庭教育的合作旨在促进未成年人的全面发展。家长积极参与学校教育，而学校则提供家庭教育指导，双方相互配合、相互支持，形成双向互动。家校合作需从"浅层合作"向"深度融合"发展，家庭教育需从"学校教育的附庸"转变为平等的合作伙伴，从合作的阻力转变为动力。学校应积极吸纳家长参与学校教育，拓宽教学视野，挖掘家庭教育资源，共同构建教育生态环境，使家校合作在内容和形式上实现从同质化到个性化的转变，推动家校合作向更深层次融合。

（2）学校教育与社会教育的合作被杨雄等人分为三个层次：学校教育与社区教育、校外教育的资源共享，以及与大众传媒的合作。学校利用社区、校外专业资源及大众传媒和技术的力量，提升教育效果，实现更高层次的教育目标。

（3）家庭教育与社会教育的合作体现在家长积极参与社会教育机构举办的家庭教育实践活动中，通过社会教育的学习与交流，增进亲子沟通，促进家庭和谐。

这种单主体任务驱动模式在协同工作中曾扮演关键角色，确保教学的有序进行和生活秩序。然而，随着知识经济全球化的深入发展，该模式的局限性逐渐显现。它普遍以家庭和学校为主体，忽视了其他主体的参与和效果，限制了校外资源的充分利用，制约了家校社协同育人功能的全面发挥。因此，多主体任务驱动模式应运而生，作为适应现代社会多样化需求的新型协同模式。在继承单主体任务驱动模式的基础上，多主体任务驱动模式将学校、家庭、社会视作一个紧密的协同系统，三者之间相互开放、密切合作，并合理分工。这一模式构建了"既为主体，也为客体"的多元化协同模式及运行机制，旨在充分发挥家校社协同育人的作用。

叶海波等将这种协同育人模式精辟地概括为"三元循环"协同育人体系。这一体系以学生为核心主体，聚焦于立德树人的根本任务。它以家庭教育为基础，学校教育为核心，社会教育为保障，通过明确三方在协同育人共同体中的职责，构建了一个覆盖全空间、贯穿全流程的育人体系，旨在实现促进学生全面发展的教育目标。李江楠等运用共生理论来阐释家校社协同育人的机制。家庭、学校、社会之所以能形成共生关系，是因为它们在育人目标上具有一致性。学生是这一协同体系的核心，家庭、学校、社会在协同互动中均以学生为重要"他者"，共同怀有促进学生全面发展的"利他"目标。在家校社协同育人的过程中，家庭、学校、社会各自承担着相互协同育人的职责，形成了一种相互依存、相互促进的合作共生关系，满足了共生的必要条件。同时，共生的充分条件要求家庭、学校、社会在协同育人的过程中能够实现信息、资源的有效流动与共享，从而推动育人效果的持续提升。

在协同育人模式中，三方主体——社会、家庭和学校，各自肩负起重要的协同育人职责。社会扮演着资源供给和事务协调的角色，家庭则提供与孩子紧密相关的服务和保障，而学校则继续承担着教书育人的崇高使命。为了更有效地助推学生的成长与成才，各供给主体之间需要加强沟通与协调，形成强大的合力。基于三个主体角色地位的不同，我们可以将"三位一体"协同育人模式细分为以下三类：以学校为主导的三结合教育、以家庭为核心的三结合教育，以及以社会为基础的三结合教育。每种模式都强调不同主体间的紧密合作，共同致力于学生的全面发展。

其中，以家庭为核心的三结合教育模式的特点在于它充分发挥家庭教育的基础作用，在保障家庭教育成效的同时，积极配合与参与学校教育和社会教育。家庭教育作为育人体系的基石，在与学校教育互动时，能够参与教育反馈，实现双方优势互补；在与社会教育对接时，则需要审慎鉴别和利用各种资源，增强决策能力。家庭作为一个复杂的生态系统，需要与外部环境进行信息与能量的交流，通过正式和非正式的方式影响组织、社区以及社会资源的重新分配，确保所有家庭都能以积极的态度和较高的能力参与到学校教育中。因此，我们需要以学校和社会资源为桥梁，为家庭教育提供多样化、高效的教育途径和方法。

第三章　家庭教育的核心关系

第一节　与父母关系：与原生家庭的和解

一、原生家庭的概念和衡量指标

英国人类学家雷蒙德·弗思指出，舞台上或银幕上常见的两男一女或两女一男的三角爱情故事，其根源在于社会结构中真正的三角关系——由父母和共享情感的子女构成。这种家庭的三角关系被誉为"永恒的三角"。基于这一观点，费孝通认为婚姻的意义在于构建社会结构中的基本三角。夫妇关系不仅是两性间的结合，更是共同承担责任的合作关系。在婚姻契约中，形成了两种紧密相连的社会关系——夫妇与亲子。这种关系如同三角形的三条边，缺一不可。在萨提亚家庭治疗模式中，萨提亚也强调了家庭的基本三角关系，即父亲、母亲和孩子。由于我们最初的世界观在家庭中初步形成，原生家庭的基本三角关系不仅是最早接纳孩子的，也是最具影响力的关系。一些心理学流派的研究表明，个人的早年经历对其后续成长具有至关重要甚至决定性的影响。例如，经典精神分析理论认为人格结构在6岁前已基本形成；沟通分析理论则认为6岁前的经历构成了人生的剧本；依恋理论强调3岁前与父母建立的依恋模式对后续关系模式的影响；新精神分析学派埃里克森的人生发展8阶段理论则将自我意识的形成和发展分为8个阶段，其中前4个阶段（0至12岁），原生家庭的父母对孩子成长起着决定性作用。这些心理学流派都强调了早期经历和原生家庭环境在孩子人生中的重要作用。

列夫·托尔斯泰在《安娜·卡列尼娜》中深刻地写道："幸福的家庭都是相似的，不幸的家庭各有各的不幸。"那么，我们究竟如何准确衡量家庭的幸福与不幸呢？清晰描绘幸福家庭的图景，无疑有助于我们明确家庭教育的方向和目标。为此，中国科学院心理研究所沟通研究中心在《家庭教育手册》中提出了六点衡量标准，为我们描绘了一个充满爱与活力的家庭蓝图，可作为我们学习和行动的指南。这六点包括：

（1）坦诚直接的沟通。在充满活力的家庭中，成员间的沟通方式是平等且真实的，这种坦诚的沟通能够加深彼此的了解，拉近心灵的距离。

（2）富有弹性的规则。规则是家庭的基石，但过于严格则会束缚家庭的灵活性。一个幸福的家庭应当既有明确的规则，又能够根据实际情况作出灵活的调整。

（3）明确的家庭界限。每个家庭成员都需要一定的独立空间，同时也需要尊重彼此之间的差异，这有助于维护家庭的和谐与稳定。

（4）幽默乐观的家庭氛围。一个积极向上的家庭氛围能够为所有成员提供爱与温暖，让家庭成为欢乐的能量场。

（5）良好的社会交往。家庭并非孤岛，一个幸福的家庭应当具有开放的心态，积极与外界社群、社会保持联系，不断学习新事物，以丰富家庭生活的内涵。

（6）较高的自我价值感。家庭成员之间应充满温情与信任，相信自己、信任他人，共同营造一个充满爱的家庭环境。

二、原生家庭对个体成长的影响

在个体的成长与发展轨迹中,原生家庭的教养方式、沟通模式、价值观塑造、经济状况以及家庭结构等因素,均对孩子的生理成长、心理情感发育、学习能力及人际交往能力产生深远的影响。这种影响甚至在子女成年后独立生活时仍然持续,通过多种方式对他们的婚姻生活、情感状态和职业道路发挥着不可忽视的作用。

我们将依据四种教养模式来深入分析原生家庭对个体成长的深远影响。在上一章节中,我们已经对父母教养方式的概念和分类进行了基本的介绍。现在,基于原生家庭父母对孩子关爱和要求的两个核心维度,我们可以将父母教养方式细分为以下四类——专制型、权威型、溺爱型和忽视型,具体分类详见表3-1。

表3-1 父母教养方式的分类

"关爱"维度	"要求"维度	
	严格	不严格
频繁	权威型	溺爱型
不频繁	专制型	忽视型

1.专制型父母

专制型父母倾向于严格控制子女的言行举止和情感想法,而缺乏与子女的情感交流和关爱表达。这种教养方式背后往往隐藏着父母深深的不安全感,他们试图通过完全掌控子女来寻求自我价值的确认。这种控制常常表现为身体或言语上的虐待,意图占有和控制子女的自主权。他们常使用的言辞包括:"按我说的做,否则我不再理你!""按我说的做,否则我就不再给你钱花!""如果你不按我说的做,你就不再是这个家的一员""你就不能做对哪怕一件事吗?"在这种专制环境下成长的子女被要求无条件服从,他们的自主权利被剥夺，难以形成独立的人格。成年后，他们可能表现出卑躬屈膝的"奴性人格"，完全按照父母的要求生活，缺乏自信，害怕犯错和失败，难以踏出舒适区。一旦他们有机会成为掌权者，他们可能会变得比自己的父母更加专制，因为只有通过超越父母的专制，他们才能摆脱其影响。这些个体可能会成为工作狂或表现出其他上瘾症状，成为"空心人"，因为他们的内心需求从未得到真正的满足，也不清楚自己真正需要什么，只能依赖外界标准不断填补内心的空虚。研究指出，专制型教养下的孩子虽然表现出较好的服从性，但他们的自我概念发展程度较低，更容易出现违纪和反社会行为。针对大学生的研究还发现，心理控制过度的专制型教养方式下的学生更容易表现出功能失调型完美主义，与权威型教养方式下的正常型完美主义形成鲜明对比。

2. 溺爱型父母

溺爱型父母的表现形式是给予孩子过度的自由和关爱，很少设定限制和约束，对孩子几乎没有任何要求，对孩子的需求几乎无条件满足。他们是"帮手型"父母，对孩子无微不至地照顾，过度保护，甚至可能让孩子感受到一种"窒息"的感觉。这种溺爱的本质，其实是父母通过牺牲规则和秩序，以讨好或贿赂的方式无条件满足孩子，从而期望获得孩子对自己的喜爱、认可和欣赏，进而与孩子建立更为紧密的关系。这种溺爱实际上是父母在寻求孩子爱的一种控制方式。溺爱型父母常挂在嘴边的话是："我都是为你好。""等你长大了，你就懂了。"溺爱型父母以隐性的方式，让孩子持续处于依赖父母的关系中。在溺爱型教养方式下成长的孩子，一方面，他们往往不愿意进入规则较多的环境，如学校，因为他们没有养成约束自己行为的习惯，规则和竞争可能会让他们感到情绪低落和压抑，从而容易形成"宅男宅女"的性格。另一方面，他们很难培养出爱他人的能力，因为当自己的需求被无限满足后，他们不再需要自己去满足自己，更不会训练自己去满足他人的能力。因此，在与人相处时，他们很难形成深度关爱与表达，容易成为以自我为中心的"精致利己主义者"。

3. 忽视型父母

忽视型父母对孩子的成长几乎处于放任自流的状态，他们既不设立约束和规则，也不与孩子进行情感交流或表达关爱。在这样的环境中，孩子往往难以明确自己的身份和角色。忽视型家庭的孩子普遍缺乏存在感、安全感和价值感，他们在学业、生活、工作中表现平平，有时即便取得优秀成绩，也往往是为了获得父母那微乎其微的关注与认可。他们可能通过辍学、酗酒、抽烟等叛逆行为试图引起父母的注意。忽视型父母未能履行其作为父母的责任，反而将家庭责任转嫁给孩子，让孩子在家庭中扮演照顾者的角色。这种角色错位导致孩子的自我认同产生混乱，他们可能在年幼时就承担起照顾父母和其他兄弟姐妹的责任，表现出少年老成的特质。

苏珊·福沃德以父母酗酒的家庭为例，揭示了在这种环境下成长的孩子如何被迫承担家长的角色，并发展出超乎寻常的容忍度。这些孩子可能在爱与虐待之间建立起一种扭曲的心理联系，认为没有虐待就没有爱。成年后，忽视型子女可能在婚姻中再次选择类似于父母的伴侣，因为这种熟悉感为他们提供了某种舒适感。他们与父母在这种成年婴儿与幼年照顾者的身份中相互依存。研究表明，来自酗酒式忽视型家庭的大学生往往具有较高的家长能力和照顾他人的能力，但同时也伴随着内在的不公平感。他们可能发展出更强的操控欲来弥补内在的不安全感，导致在人际关系中出现占有、嫉妒和背叛等行为。此外，忽视型孩子倾向于表现出更多的违纪行为，且这种教养方式最不利于培养孩子的非认知能力。他们难以融入新环境，遵守新规则对他们来说相对困难。有研究对学前儿童的焦虑与父母教养关系进行了追踪调查，发现忽视型（放任型）的教养关系与广泛性焦虑和社交恐惧之间存在显著的正相关关系，并呈现出双向预测的趋势。

4. 权威型父母

权威型父母在关爱和要求两个维度上都表现得恰到好处。他们为孩子设定明确的纪律、规则和要求，同时也对孩子的情感需求给予高度的关注和回应。目前的研究普遍认为，权威型父母的教养方式是最为理想和有益的，能够让孩子体验到最大的幸福感。作为孩子的引路人，权威型父母不仅帮助孩子从单纯幼稚的孩童状态逐渐学会遵守规则和秩序，融入群体生活，与他人和睦相处，完成社会化过程；而且能够给予孩子温暖的情感表达，及时回应孩子的需求，对孩子的精神和心理状态给予全面的照顾和陪伴。在这样的环境中成长的孩子，一方面能够遵守规则，享受与人交往的愉悦，形成成熟的亲密关系；另一方面也能够保持身心健康，自然发展出良好的学习能力和认知能力，为未来的学业和职业发展奠定坚实基础。权威型教养方式下的孩子在职业、社交和亲密关系方面通常都有出色的表现。个体心理学家阿德勒认为，职业关系、社交关系和亲密关系是人生的三大支柱。权威型父母正是通过其科学的教养方式，帮助孩子在这三个方面达到和谐与平衡，从而赋予他们的人生以深刻的意义和持续的愉悦感。有意义的人生意味着建立和谐的人际关系，成为整体的一部分，并愿意为整个人类社会贡献自己的力量。研究表明，权威型教养下的孩子通常具有更高的社会心理发展水平、自尊水平和自我效能感，更强的独立性和社交能力，更少表现出反社会行为，对学校的态度也更加积极。他们的社会性发展呈现出良好的状态，权威型教养方式最有利于培养子女的非认知能力。在成年后，权威型教养下的孩子能够形成出色的自我控制能力和自律精神。有研究发现，权威型教养方式下的孩子在时间管理方面的表现优于专制型和忽视型教养下的孩子，他们更懂得珍惜时间，更善于规划自己的学习和生活。而在小学生适应学校的研究中，权威型教养方式也被发现能够正向预测学生的学业行为，同时避免专制型教养方式可能带来的同伴关系和学业行为上的负面影响。

大脑科学研究揭示了一个重要事实：婴幼儿时期的教养环境对大脑发育具有深远的影响。在充满温暖、爱意和安全感的环境中，婴幼儿的大脑突触会迅速增长，生理发育也会更加正常。在未成年人的生理发育阶段，父母对子女的关爱依然扮演着举足轻重的角色。例如，一项针对广东省流动初中生的研究发现，三分之一的流动青少年存在睡眠障碍。其中，父母情感温暖、对子女关怀更多的家庭，子女的睡眠质量普遍更好；相反，如果父母对子女过于严厉、冷漠或拒绝，子女的睡眠质量则普遍较差。这一发现再次强调了父母在子女成长过程中的重要作用，以及温暖、关爱的家庭环境对子女身心健康的积极影响。

三、原生家庭影响的代际传递：错位与复制

有"毒"的家庭环境就像高速公路上接连发生的追尾事故，其恶劣影响会不断地从一代传递到下一代。除了特定的教养方式外，原生家庭对子女的影响还呈现出显著的代际传递性，这种影响尤其体现在身体暴力、言语暴力的传承，职业选择与发展以及婚姻满意度等多个方面。

暴力和专制的原生家庭模式往往会延续至下一代。一项针对2500名大学生的调查显示，那些在童年时期经历过暴力的个体，成年后在恋爱关系中依然可能表现出暴力行为。在Desol和Margolin关于婚姻家暴的研究中，他们深入分析了家庭暴力的性格特征，如反社会性格、心理抑郁、对暴力的认同等，同时也考虑了婚姻问题和矛盾解决方式等环境因素。而能够摆脱家庭暴力"遗传"的关键因素包括构建稳固的社会关系网络，以及有意识地与原生家庭保持适当的距离和界限。此外，言语暴力，如冷漠的言辞和敌意表达，同样会在家庭中代代相传。Whitton的一项长达17年的跟踪研

究，涉及47名被试者，发现原生家庭中的言语暴力能够正向预测其在再生家庭中的言语暴力倾向。这一发现揭示了家庭沟通模式，特别是充满暴力和敌意的沟通方式，对子女的亲密沟通方式和关系形成具有长期的负面影响。

原生家庭的状况对子女的职业选择和职业发展轨迹具有显著影响。例如，一项针对126名社会学硕士的原生家庭调查显示，其中69%的同学反映他们的原生家庭存在一些问题，包括虐待（44%）、精神疾病（43%）、强迫症（17%）和/或暴力（35%）。在这些家庭中，有精神疾病和暴力问题的学生更倾向于承认家庭对他们的影响，并更可能选择心理健康或生理健康作为职业发展方向。在另一项关于中国"两院"女性院士原生家庭的研究中，刘欣和李林泱发现，在公开父母职业信息的院士中，教师占比高达50%，科学家占比25%，医生也占25%。这显示出原生家庭对教育的重视程度对女儿的职业选择产生了深远的影响。此外，原生家庭中父母的性别偏见对女性成年后的工作领域同样产生了深远影响。基于225份数据的分析显示，父母的性别偏见会降低女性的自尊，加剧女性在职场上的不稳定性（"职业拖鞋"现象），对女性工作绩效产生负面影响，并削弱她们的工作创造力。

原生家庭对子女的影响深远且持久，这种影响往往通过代际传递的方式延续。其中心理机制主要源于错位的家庭关系以及由此产生的复制心理。一方面，角色错位是一个显著的现象。在忽视型教养方式下，孩子被迫扮演"小大人"的角色，承担起照顾家长的责任；而在专制型教养方式中，孩子则提前成熟，扮演守纪守规的"大人"形象。这种"孩子越位"的现象，其实质是父母也未能扮演好自己的角色。当父母在小的时候没有充分享受做"孩子"的时光，他们可能试图在孩子身上寻求补偿，让孩子给予他们曾经渴望的关爱。因此，一代人在成长过程中未能充分体验"小孩子"的角色，成年后又可能表现出"大孩子"的行为模式，从而形成了"小大人"到"大孩子"的代际循环。

另一方面，家庭成员之间互相复制的行为深植于彼此间的忠诚之中，特别是亲子关系中的忠诚表现得尤为显著。孩子倾向于无条件相信父母，因为这种信任能带来安全感和存在感的满足。他们通常通过模仿父母的命运来表达对父母的忠诚，无论是父母的不良习惯、疾病、离世、离异还是特殊的遭遇，孩子都可能展现出追随的行为。通过追随和复制父母的行为、习惯，孩子能够增强与父母的亲密感和情感联结，从而获得安全感。一旦孩子决定打破父母和家族传统的习惯，他将面临背叛者的内心挣扎，需要鼓足勇气跳出家族舒适圈，并承受由此带来的孤独和挑战。

四、如何与原生家庭和解

对原生家庭的深入剖析，旨在帮助我们更清晰地认识自身思维模式、行为模式和沟通模式的根源，而非简单地将所有责任归咎于原生家庭。一个成熟的成年人应当具备的首要特质是，愿意主动承担起自己生命的责任。

（1）为自己负责。

请铭记苏珊·福沃德在心理治疗中倡导的理念，并勇敢地大声说出："作为一个成年人，在和父母的关系中，我需要为以下事项负责。"以下是你需要承担的责任列表：

① 成为一个独立于父母的个体，自我决策，自主行动。

② 诚实地审视和评估自己与父母之间的关系，不回避，不粉饰。

③ 直面童年的事实，不逃避，不扭曲，以真实的视角回顾过往。

④ 勇敢地承认并正视童年经历与成年后生活之间的内在联系。

⑤ 坦诚地向父母表达自己真实的想法和感受，不畏惧他们的反应。

⑥ 面对并消除父母对自己生活的潜在控制，无论他们是否健在，都要坚定自己的立场。

⑦ 当自己的行为变得残忍或刻薄，伤害到他人时，勇于改变，寻求成长。

⑧ 寻找和采用合适的方式，来治愈和疗愈内心的童年创伤。

⑨ 重新获得自己作为成年人的力量和自信，自主掌控自己的生活。

（2）放下期待+埋葬练习。

个体心理学强调，每个人都独具特色且追求归属感。每个人都是独一无二的，没有人能够拥有完全相同的生命轨迹。即便是双胞胎，他们对世界的感知和理解也各有千秋，正如古希腊哲学家赫拉克利特所言："人不能两次走进同一条河流。"因为世间万物都在不断变化，我们应当接受这种变化，尊重彼此的差异。父母基于他们自身的原生家庭经验来养育子女，而子女则需要放下对完美父母的期待，接纳他们现有的样子。萨提亚曾指出："无论何时，父母都会尽力做到最好。他们往往会重复自己成长过程中熟悉的家庭模式，即使这种模式并不理想。"

为了释放过去的执着，你可以选取一瓶干花或其他物品作为象征，代表心中的坟墓，并置于面前。面对它，你可以真诚地表达：

"在此，我埋葬了对美好家庭的憧憬，对父母的过高期望，以及幻想童年能够改变父母的梦想。我深知，理想的父母永远无法成为现实，我为曾经的失落感到难过。但如今，我选择接受这一事实。愿我的幻想得以安息，愿我能以更加成熟和宽容的心态面对未来。"

（3）划清界限；学会表达情绪，比如愤怒和悲伤。

在与原生家庭和解的过程中，个体回顾童年时光时，难免会产生情绪波动。如何健康、有效地释放和疏导这些情绪，成为一个亟待解决的问题。我们建议你选择恰当的方式来疏导情绪，特别是愤怒。关于这一点，第四章中有深入的探讨。

你需要意识到在与原生家庭父母的互动中，产生负面情绪是自然而然的，而关键在于学会如何疏导这些情绪，而非一味压抑。你可以通过运动出汗、写信倾诉，或在安全的环境中大声呼喊、拍打枕头等方式，让身体成为情绪的出口。

只有当个体开始愿意为自己的情绪负责，才能真正运用自由意志，踏上觉醒的自由之旅。虽然这些建议并不容易实施，但为了打破原生家庭的桎梏，长期坚持下去是值得的。正如胡适在《人生有什么意义》中所言："怕什么真理无穷，进一寸有一寸的欢喜。"让我们以积极的态度面对过去，走向更自由的未来。

第二节 亲子关系：孩子是父母的镜子

一、亲子关系的基本内涵和特征

亲子关系在家庭关系中占据着举足轻重的地位。无论是传统家庭中传承血脉、延续后代的使命，还是现代家庭中为家庭成员提供情感支持和温暖港湾的功能，亲子关系都在其中扮演着至关重要的角色。对于亲子关系的内涵，不同学者给出了各自独到的见解。

朱闻哲对亲子关系的定义深入而全面。他认为，亲子关系是建立在血缘关系和共同生活基础上的家庭内部人际关系，其核心是父母与孩子之间的相互影响和相互作用。这种关系包含三层含义：首先，从生物学角度来看，亲子关系基于血缘纽带；其次，从社会学视角，它涉及法律、制度、地位等层面的关系，即父母与孩子之间的权利和义务；最后，从心理学层面，亲子关系体现了特定的情感态度和行为方式，是最亲密的情感联系。王振宇等认为，亲子关系是儿童与父母之间建立的一种人际关系，它在家庭生活的日常中逐渐塑造和发展。婴儿从出生的那一刻起，与父母的交往（尤其是与母亲的交流）便开始了。关颖认为，亲子关系是家庭教育中两个主体要素——父母与子女之间的核心关系，因此，对家庭教育的研究实质上在很大程度上是对亲子关系的研究。亲子之间的互动方式、内容各不相同，这些差异直接影响了家庭教育的效果。简而言之，亲子关系是以血缘关系和共同生活为基础，融合了抚养、教养和赡养的自然关系与社会关系的统一体。

在家庭关系中，亲子关系以其血缘的紧密性独树一帜，拥有与众不同的特质。首先，亲子关系具有不可选择性和与生俱来的本质，它基于家庭中血统的纽带，是一种自然形成的人际关系。其次，这种关系具有不可动摇的永久性，一旦形成，便无法被任何外力所改变，且受到法律的明确承认与保护。再次，亲子关系展现出了多重性，家庭成员彼此间扮演着多重角色。对于父母而言，子女是其直系后代，而对于祖父母或曾祖父母，他们则是孙子女或曾孙子女。反过来，父母对于子女是抚养者，而对于祖父母或曾祖父母，他们是子女或孙子女。最后，亲子关系所蕴含的亲和性是其他关系所无法比拟的。这种深厚的情感源于血缘的联系以及长期的抚养与被抚养的过程。父母为子女倾注心血与期望，而子女则对父母抱有深深的信任和依赖。这种情感纽带是其他任何关系都无法替代的。

二、转型期家庭教养方式和亲子关系变迁

在传统家长制下，亲子关系往往呈现为典型的父权专制模式，子女完全服从于父母的权威。这种"父为子纲"的准则，曾是封建家庭中父母与子女关系的核心。在这种关系中，父母与子女之间存在着明显的支配与被支配的界限。父母的意愿被视作子女的意志，父母的话语成为子女必须无条件遵从的"法律"，任何违抗都将受到严厉的惩处，甚至可能面临生命的威胁，而父母则无须为此承担法律责任。然而，这种关系模式严重压抑了子女的个性发展，阻碍了他们形成独立健全的人格。子女在这样的环境中成长，往往容易形成自卑、隐忍和屈服于强权的奴性性格，这无疑是对他们未来人生的巨大束缚。

在现代转型期的家庭教养方式中，变迁体现在多个显著方面。首先，

家长教养方式的代际演变呈现出权威型与专制型并存的局面，且明显呈现出从专制型向权威型转变的趋势。在这一过程中，父母的过度干涉和保护逐渐减少，而亲子间的民主交流与沟通则显著增加。其次，父亲在子女教养中的角色日益凸显，更多地参与到子女的成长与教育之中。再次，子女对情感的需求和对自我空间的要求也日益提升，这要求父母在教养过程中更加注重子女的内心需求和个性发展。最后，父母的批判性思维和对子女的心理控制也在增加，这种变化有助于更加科学、合理地引导子女的成长。

在社会转型期，家长教养方式经历了显著的变化，传统的家长权威、子女服从、男尊女卑、差序格局等观念逐渐减弱。通过线上线下相结合的方式，杜军等人在全国具有代表性的10个城市中，对1031名"80后"家长进行了教养方式的调查。研究结果显示，权威型和专制型教养方式的得分最高，显示出"80后"父母普遍采用这两种并存的教养方式。专制型教养方式，作为传统家长制下的典型模式，强调对子女的高度控制和严格要求，子女需无条件服从，父母较少表达热情和回应。而权威型父母虽同样对孩子有高要求和控制，但他们更注重对孩子的需求给予热情回应。"80后"父母成长于社会转型初期，经历了社会经济与文化的巨大变革，受到现代教育理念的影响，形成了独特的价值观。他们敢于挑战传统的家长权威，寻求与孩子平等沟通、民主交流的教养方式，更加关注孩子的心理需求和个性发展。然而，受传统"学而优则仕"观念的影响，他们仍然重视学业成绩，倾向于用专制方式督促孩子学习，以增强其竞争力。值得注意的是，家长教养方式正逐渐由专制型向权威型转变。在与美国儿童的对比研究中，孙可平发现美国儿童对父母权威的认可程度高于中国儿童，这可能表明中国儿童在接受父母要求时感受到的强迫程度相对较低，父母较少使用强迫手段。这一发现为我们提供了宝贵的国际视角，有助于我们更全面地理解家长教养方式的变迁。

父母在教养方式上呈现出显著的差异，特别是父亲相较于母亲更为溺爱孩子，传统的"严父慈母"形象正悄然改变。随着新中国对男女平等和民主观念的推崇，以及社会中男尊女卑现象的减少，这一变化尤为明显。相较于传统的严父形象，"80后"父亲不再刻意塑造权威，而是倾向于与孩子平等沟通，积极参与子女的教养过程。父母双方共同参与到孩子的成长与教育之中，这在中美对比调查中也有所体现。具体而言，中国母亲的母性干预程度低于美国母亲。在新中国倡导男女平等的背景下，双职工家庭普及，父亲和母亲在子女教养中扮演了同等重要的角色。因此，相较于美国家庭，中国父亲更多地参与到子女的养育中，母亲不再需要独自承担抚养子女的重任。

具体而言，在"80后""90后"和"00后"子女对父母教养方式的感知和体验中，呈现出几个显著的趋势。首先，子女对于心理关爱和自我空间的需求不断增加，而父母亲的积极教养方式和消极教养方式均有所下降。积极教养方式中的情感干涉理解有所减少，而消极教养方式中的惩罚严厉、过度干涉和过度保护则呈现下降趋势。国内广泛使用的EMBU父母教养方式测量量表最初由Perris等人编制，后由我国心理学家岳冬梅等人在1993年根据中西方文化差异进行了修订。该量表共包含66个题目，分别评价父母亲的教养方式，将其细分为父亲情感温暖理解、父亲惩罚严厉、父亲过分干涉、父亲拒绝否认、母亲情感温暖理解、母亲过分干涉保护、母亲拒绝否认、母亲惩罚严厉。研究者辛宇琦、周建秋等根据1999年、2009年和2019年的抽样数据，从代际差异的视角分析了父母教养方式的变化趋势。他们发现，"80后"和"90后"对于父母情感温暖理解基本一致，而"00后"对于父母情感温暖的理解则低于前两个代际。这表明"00后"对于父母的情感需求和情感理解在质量和数量上都提出了更高的要求。除了物质需求外，"00后"的精神心理需求也不断提高，期待与父母进行有效的情感交流，并希望能够感受到父母的关爱、理解、支持和信任。王丽敏等在

1999年、2009年和2016年的调查分析中，也得出父母亲的消极教养方式感受下降的结论，特别是母亲的消极教养方式明显降低。与"80后"相比，"90后"在父母严惩、过度干涉和过度保护方面都有所改善。然而，2019年的数据显示，"00后"的父母的消极教养方式呈现上升趋势。青春期的"00后"学生对于父亲的惩罚严厉和过度保护比"90后"和"80后"更加敏感，他们对独立空间和自主权的需求明显提高，对于平等沟通和友好相处也更为敏感。另外，受中国传统文化中重视关系和社会价值的影响，中国家长更倾向于使用批判性比较和增加羞愧感的方法来管教子女。因此，中国儿童在批判性比较和羞愧感方面的得分高于美国儿童。

三、提高亲子关系质量的意义和基本原则

父母与孩子之间的关系，无论是在原生家庭还是再生家庭，都承载着不可忽视的重要性。优质的亲子关系不仅为子女的身心健康发展奠定了坚实基础，还有助于他们形成健全的个性和社会性，提升认知能力和学习能力，并对他们日后的职业发展产生积极影响。此外，这种关系还能在再生家庭中实现亲子关系的代际传递，为下一代奠定良好的家庭氛围和教育基础。

提高亲子关系质量的基本原则如下：

首先，自我角色的觉醒是关键。要提升亲子关系的质量，父母必须夯实自我认同和自我价值感。在《父母的觉醒》一书中，沙法丽·萨巴瑞结合东方正念思想和西方心理学，提出了父母的觉醒与改变是教育的真正起点。她引领我们踏上父母的觉醒之路，通过爱意与真诚实践家庭教育，解决亲子关系问题，并在此过程中实现自我精神的觉醒。亲子关系不仅对孩子的身体、心灵和思维成长至关重要，同时也是父母实现完整成长的重要途径。只有当父母深刻意识到自身角色的重要性和互利性时，他们才能有意识地引导和维护亲子关系。在萨提亚提出的家庭治疗模式中，衡量家庭功能是否健全的首要标准便是家庭成员的自我价值感。高自我价值感的家

庭成员能够营造出充满生机与活力的家庭氛围，提供优质的教养环境。正如萨提亚所说："正直、诚实、责任心、同情心、博爱和出众的能力在一个高自尊的人身上都能得到充分的体现。"因此，如果家庭中的父母能够对自己的角色有清晰的认知，并展现出这些积极的品质，那么家庭氛围将是和谐而愉快的，这将极大地有助于子女在健康的环境中完成发育、成长和社会化的过程。

其次，父母需要摆脱原生家庭的束缚，构建全新的价值观和思维、行为模式。原生家庭对每个人的价值观、个性和思维模式、行为模式都具有深远的影响。通常情况下，个体会不自觉地沿袭与父母相处的模式来处理再生家庭中的亲子关系。若要打破代际传递，建立全新的亲子关系，个体必须努力摆脱过去的创伤，以成为更加健全的父母。若原生家庭带来的创伤在再生家庭中未得到妥善处理，新父母可能会过于关注自己的伤痛或被其所困扰，从而无法充分回应孩子的需求。这可能导致孩子陷入空虚、失落和抑郁的境地，创伤也会不断代际传递，形成家族性的心理模式甚至身体疾病。此外，从原生家庭继承的情绪模式几乎会影响个体对所有事情的情绪反应，包括对金钱的看法、压力处理方式、身体管理、工作态度、成功与失败的感受、对食物的偏好、友谊和亲密关系的处理方式、自我管理能力，以及领导和跟随角色的处理。这一点在前面的讨论中已得到详细阐述。

再次，父母需要拓宽爱意的能量源泉。随着社会的转型和代际变革，家庭功能和教养方式亟须更新，特别是面对新生代群体日益增长的情感需求。孩子的每一个异常行为背后往往都隐藏着正面的动机，而这些动机的根源往往与爱的需求紧密相连。理解行为背后的真正驱动力，其实是对缺乏爱的恐惧的回应。因此，父母在关爱子女之前，需要先学会自爱。一个内心充满爱的人，必然懂得如何体现自我价值。萨提亚认为，我们每个人天生就拥有平等的内在价值。关于自我价值的问题，不在于我们是否拥有它，而在于我们如何展现和体现它。这需要我们满足自己的生理需求、心理需求和认知需求。通过均衡饮食、适度运动、充足睡眠来关注和呵护身体；善待自己的感受，尊重自己的情绪，发展自我感知能力；不断学习新方法，获得启发性的思维方式和学习经验；与他人建立友好和谐的人际关系；保持对外部世界的开放和包容心态；追寻生活的意义感，建立深刻的自我认同，从而提高自我价值感。这些具体的方法将在第四章中详细展开。

从次，父母需要平衡规则与自由。在父母教养方式的维度中，一方面涉及对子女的关心与情感表达，另一方面则是对子女的规则与要求。对于前者，新生代的父母和子女普遍认同我们需要增加情感表达并建立情感联结。然而，对于后者，却存在一些误区。若父母只一味关注孩子的需求，忽视了对子女的规则规范教育，或者过度严格地设定规则，都可能导致不良的教养类型——溺爱型或专制型。溺爱型父母教育下的孩子，可能丧失关爱他人的能力，内心空虚或成为利己主义者；而专制型教养方式会剥夺孩子发展个性的机会，使他们难以做真实的自己。在制定规则时，父母首先要明确规则的目标，即约束和引导孩子健康成长。同时，要设定明确的界限和规则的力度。在坚守原则的基础上，也要给予孩子一定的空间，根据具体情况灵活调整规则。最重要的是，父母应"以身作则"，确保自己能够遵守所设立的规则，为孩子树立榜样。

最后，父母需要更新家庭沟通模式。沟通交流是影响人的健康和人际关系状况的关键因素。一个清晰、有效且充满温暖的家庭沟通模式是家庭成员表达爱意和情感的桥梁。然而，在现实生活中，家庭沟通模式受到社会传统文化、代际沟通模式以及现代性发展的影响，往往呈现出简单化、冷漠化的特点，这导致了家庭亲子关系的紧张和误解。为了有效地进行家庭沟通，父母需要有意识地审视自己的沟通方式，并学会真实表达。他们需要在描述事实、表达感受、明确需求和提出要求等方面有意识地更新家庭沟通模式，以创造出一个充满爱与温暖的家庭氛围。这一点将在第五章中进行深入的探讨和阐释。

【学术研究速递】

新冠疫情封控期间亲子关系对于儿童心理健康的调节作用

王彦蓉[①]

新冠病毒于2019年在武汉暴发，中国中央政府于2020年1月23日暂时关闭离汉通道，人们的户外活动受到限制，居家隔离持续了76天，一直到2020年4月8日解除离汉离鄂通道管控措施。

隔离旨在保护人们的身体免受新冠病毒侵扰，但由于疫情期间所采取的限制措施而造成的心理代价也是不可忽视的。已有研究表明，隔离会对人的心理造成短期负面影响，包括困惑、愤怒、创伤后应激症状（Braunack-Mayer, et al., 2013; Caleo, et al., 2018; Cava, et al., 2005; Pan, et al., 2005; Reynolds, et al., 2008; Sprang & Silman, 2013），以及持续的情绪低落（Manuell and Cukor, 2011; Rubin, et al., 2005）。

相较于成年人，幼年儿童在面对家庭环境中的风险时更显脆弱，这些风险所造成的影响也可能根植于儿童的个体生活经验中而对其一生造成影响（Clark, et al., 2020）。在中国，有大约16%的儿童经历了某种程度的心理健康失调，例如焦虑、沮丧、注意力不足或多动，以及某些成瘾问题（Ran & Liu, 2012），长期隔离的影响尤其令人担忧。

在实施隔离这类紧急措施时，对于儿童心理福祉，尤其是社

[①] 此处翻译作者原文：The moderating effect of parent-child relationship on children's mental health during COVID-19 quarantine, Chinese Sociological Review, 54: 1, 88-105, doi: 10.1080/21620555.2021.2004377（有删改）。

会情感发展的关注也得以产生（Wang, et al., 2020）。作为评判儿童心理健康的通用维度，社会情感力是幼年儿童探索家庭环境、用适当的方式表达情感，构建与成年人和同龄人之间紧密、安全的关系的能力（Yates, et al., 2008）。高度的社会力能够帮助个体与他者建立积极的关系（Jones & Bouffard, 2012），高度的情感力能够帮助个人控制情绪以实现目标（Campos, Mumme, Kermoian, & Campos, 1994）。社会情感力对于技能学习和学业表现同样至关重要，进而影响到儿童在学校的表现（Denham, 2006; Jones & Bouffard, 2012; Zins, Bloodworth, Weissberg, & Walberg, 2007）。低水平的社会情感力不论是短期还是长期，均会对儿童的福祉造成负面影响，造成如个人心理痛苦和破坏行为等问题（Shaw, Gilliom, Ingoldsby, & Nagin, 2003）。

以往研究已论证了隔离对儿童心理健康会造成负面影响。Sprang & Silman（2013）比较了隔离儿童和未被隔离儿童的创伤后应激反应评分，发现前者的平均得分是后者的4倍。被隔离的儿童出现急性应激障碍、适应障碍和悲伤的可能性也较高。2020年4月，一项针对245名意大利母亲的在线调查表明，在隔离期间，家中2~5岁学前儿童的自我控制困难、情绪症状、行为问题和多动问题有所增加（Di Giorgio, et al., 2020）。此外，一项基于西班牙和意大利儿童（平均年龄约为8岁）的比较研究发现，隔离期间，西班牙父母报告他们的孩子有更多的问题行为，包括注意力难以集中、无聊、烦躁、不安、紧张、孤独感、不安和担心（Orgilés, et al., 2020）。

总而言之，幼年儿童在隔离期间的压力源可以分为两大类：(1) 儿童日常生活流程和习惯被打破；(2) 主要照顾者在隔离期间糟糕的心理状态。儿童的日常生活流程被打破对其心理健康所造成的负面影响是可以预见的。Orgiles（2020）的研究表明，在隔离期间，西班牙儿童将更多时间花在电子屏幕和睡觉上，而非体育运动上，这对他们的身心健康会造成负面影响。Di及其同事（2020）进一步发现了意大利儿童睡眠的低质量会受到情绪表现和自我管理难度的影响。

隔离期间，主要照顾者的压力对儿童情绪所产生的负面影响也是可预料的。儿童的社会情感力与其主要照顾者之间的情感纽带紧密相关，同时也与他们对家人的心理调试密切相关。研究表明如果父母出现焦虑失调症状，那么其孩子也更容易出现焦虑失调，其可能性超过平均水平（Murrary, et al., 2009）。如果母亲们意志消沉，那么她们的孩子更可能表现出较低的社会参与度，表现出更多负面情绪和更少的有克制的成熟行为（Feldman, et al., 2009）。这类父母效应在居家隔离期间甚至会有所强化，因为父母是孩子们在隔离期间所能寻求安慰和寄托依靠的最为亲近的成年人。最近一项关于新冠疫情隔离对意大利和西班牙儿童短期心理的影响研究表明，儿童的社会情感问题与主要照顾者的压力水平有关。隔离期间压力水平更高的父母，其孩子通常也更多地表现出担忧、不安、焦虑、消沉、犹豫不决、紧张、沮丧、无聊、烦躁、更加易怒等负面情绪，同时会出现更多行为问题（Orgilés, et al., 2020）。

加强亲子关系是消解上述压力源以及减缓隔离对儿童所产生的负面影响的有效方式。作为儿童成长原初环境的提供者，父母主要在照护和教育方面对幼年儿童负责。亲子关系是儿童发展过程中最为重要的因素之一，研究表明，儿童与其照顾者的关系对于自身的社会、情感以及认知发展都至关重要（Ainsworth, 1973; Bowlby, 1969; Christ and Christ, 2006; Maggi, et al., 2010; Perrin, et al., 2016）。良好的亲子关系有利于调整儿童的日常生活流程、应对父母的焦虑，同时促进亲子互动。具体而言，良好的亲子关系有助于儿童的社会情感力发展。良好的亲子关系让孩子确信自己与父母联结,从而感到安全,同时促进家庭中关于儿童情绪的交流(例如内在表述对应的动作标签以及不同表达方式所带来的影响)。这已被证明能促进学龄前儿童对情绪的理解(Brown & Dunn, 1996; Laible & Thompson, 1998; Thompson, 2000)。

更重要的是,家庭关系能够充当应对社会风险的缓冲,在孩子们面对逆境时提供支持(Conger & Conger, 2002)。研究表明高质量的家庭关系有助于儿童应对灾难和逆境(Masten & Narayan, 2012)。在新冠疫情大流行中,具备培育、引导和保护三大特征的家庭领导力至关重要(Walsh, 2015)。值得强调的一点是,儿童能否健康平稳地度过新冠疫情,取决于其与父母联结的安全性和父母态度的乐观程度(Buchanan, 2014; Uzun, et al., 2021)。此外,有研究表明,改善过的家庭关系对儿童的心理幸福感能够起到一定的保护作用(Zhang, Lu & Du, 2021)。

在新冠疫情暴发之时,亲子关系在干预心理危机方面的重要性在国家卫生健康委员会(2020年2月)和世界卫生组织(2020年2月)发布的防疫指南中都有所体现。指南提出,家长们需要帮助孩子培育自律技能,与孩子就病毒展开直接交流,将孩子纳入家庭活动中,提高孩子的自足技能。

为了给亲子关系在新冠疫情中的保护角色提供实质性支撑,本研究使用了基于育儿项目的独特数据。该项目旨在帮助家长们学习更多关于孩子们心理健康的知识,掌握照顾技能,提升家庭关系和照顾水平。综上,本研究基于定性与定量相结合的方式,旨在探索压力情境下亲子关系对儿童心理健康的调节效应。

公立幼儿园T成立于1956年,其作为笔者所在机构的长期研究伙伴而被选为本研究的调查点。T幼儿园有8个班级和300余名3~6岁的学前儿童。本研究从5班和6班中随机选取了61位4~5岁的研究对象。整个项目设计的初衷在于追踪孩子们的总体发展,以及评估随着时间的推移,良好的育儿项目对儿童发展所产生的影响。

从2019年9月开始,T幼儿园所有在读儿童的家长都被邀请参与到一项育儿项目中。整个项目具有多种形式,例如育儿技能课程、在线互助小组、亲子关系讲座等。具体而言,项目内容主要围绕六大主题展开:(1)育儿方式;(2)儿童心理和能力建设;(3)行为和心理建设之间的关系;(4)家庭管理;(5)父母对孩子的态度;(6)助力儿童心理成长。该项目旨在帮助家长调节孩子们的行为,在孩子们痛苦、焦虑、沮丧的时候提供情绪引导,最为重要的是,建立和保持良好的亲子关系。

家长们于2019年9月签署了知情同意书,孩子们则每两个月会接受一次一般发展评估。本研究所使用的数据自2020年1月10日至12日开始收集,即在当年寒假之前已开始数据收集工作。在2020年3月13日至17日,通过向家长们发送线上评估量表来获取数据。最后,共有31位家长完成了全程调查。在调查过程中,对全部31位家长都通过微信视频或语音通话进行在线访谈。在这31个家庭中,没有家长或孩子感染新冠病毒。样本招募和数据收集流程图详见图3-1。

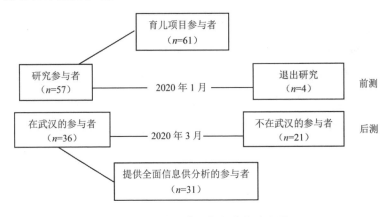

图3-1 样本招募和数据收集流程图

本研究采用了混合研究方法，将定性访谈嵌入实验前设计中（一组前测—后测设计），所收集到的数据分别被视为前测和后测结果。为了进行定性分析，对家长访谈做了录音和录音转文字处理。本研究采用定向编码和开放编码两种方法研究亲子关系的变化，然后将其整理成主题进行分析。

父母困扰程度通过十项霍普金斯检查表（HSCL-10）来衡量，该检查表对检测心理症状和精神痛苦具有良好的敏感性和适用性。每个问题包括四个回答类别（"一点也不""一点""相当多"和"特别多"，评分分别为0到3）。问卷结果是所有问题得分的加总。得分越高，父母困扰程度越高。

亲子关系则通过简化版的中国父母养育压力量表（7项）来衡量，评估个体作为父母的主观满意度。每个问题包括五个回答类别（"非常不同意""不同意""一般""同意"和"非常同意"，评分分别为1到5）。分数越高，父母越有可能与其孩子相处融洽。

儿童的社会情感力通过年龄和阶段问卷的社会-情感第二版（ASQ:SE-2）来衡量。该问卷包含一系列由家长填答的筛选问题，用于评估以下几个行为领域：适应性功能、自主、情感、社会交流和互动（Squires等，2015）。每个项目都有三个响应选项，通过频率来表明儿童的社交情感技能水平或问题（"经常或总是""有时"或"很少或从不"）。基于答案数值能够反映能力或问题行为。分数越高的孩子，其社会情感力可能越低。

中文版年龄和阶段问卷第三版（ASQ-C）用于评估儿童的一般发育表现。它包含五个主要的发展领域：交流能力、粗大运动能力、精细运动能力、问题解决能力和个人社交技能（Bian等，2012）。每个领域包含六个问题。每个问题的回答是以下之一——"是""有时"或"还没有"，分数分别为10分、5分、0分。将六个问题中每个问题的分数相加以获得ASQ-C领域分数。与ASQ:SE-2不同，ASQ-C分数越高，孩子的发育表现可能就越好。

孩子的年龄、性别（男孩为1，女孩为0）、是否为家中独生子女（1为是，0为否）等基本信息均包含在本研究中。本研究还收集了与疫情相关的信息，如居家隔离天数和社区类型（1为农村住房或安置房，2为单位公寓、廉租房或公租房，3为普通商品房）。表3-2显示了本研究中分析样本的描述性统计数据。

表3-2 样本描述性分析结果 (N=31)

变量	前测	后测	t	效应大小（ES）
社会情感力	55.32 (33.79)	48.55 (25.34)	1.36*	0.24
交流能力	55.00 (8.56)	56.61 (5.23)	1.20	0.22
粗大运动能力	50.16 (11.87)	51.13 (10.06)	0.64	0.12
精细运动能力	48.87 (12.83)	47.58 (12.24)	0.84	0.15
问题解决能力	57.10 (5.13)	56.94 (4.22)	0.18	0.03
个人社交技能	54.68 (6.18)	56.13 (5.28)	1.14	0.20
亲子关系	28.42 (4.01)	29.13 (3.60)	1.00	0.18
一般变量	前测/后测			
男性	0.52			
年龄（按月计）	59.06 (3.27)			

续表

一般变量	前测/后测			
独生子女	0.61			
居家隔离天数	48.58 (14.85)			
父母困扰程度	3.90			
社区类型	(3.16)			
1=农村住房或安置房	45.16			
2=单位公寓、廉租房或公租房	9.68			
3=普通商品房	45.16			

注：在"前测"和"后测"一栏中，括号外的数字代表分类变量的百分比和连续变量的平均值，括号内的数字是标准差。m=平均分量表得分；se=标准差；t=前测和后测配对t检验的t值；ES=效应大小。*p<0.10。

表3-3中模型1和模型2的回归分析结果表明，父母的困扰程度与孩子的社会情感力呈负相关，而亲子关系与孩子的社会情感力呈正相关。基于亲子关系的中位数，将该变量划分为低水平和高水平。模型3引入了父母困扰程度与亲子关系的交互项，结果表明，在控制了儿童人口统计学变量和隔离相关变量后，亲子关系对父母困扰程度与儿童社会情感力的关联存在正向调节作用。具体而言，对于亲子关系较弱的家庭，父母困扰程度每增加1个单位，则孩子的社会情感力得分增加6.372个单位；对于有着高水平亲子关系的家庭，父母困扰程度每增加1个单位，孩子的社会情感力得分只增加0.843个单位。这表明在武汉隔离期间，高水平的亲子关系能够有效缓解父母困扰程度对儿童社会情感力发展的负面影响。

表3-3 亲子关系对父母困扰程度与儿童社会情感力关系的调节作用($N=31$)

变量	模型1	模型2	模型3
父母困扰程度	3.952** (1.298)	3.659* (1.455)	6.372*** (1.315)
高水平的亲子关系		−4.268 (9.039)	15.519 (9.825)
高水平的亲子关系* 父母困扰程度			−5.529* (2.275)
男性	−1.452 (6.861)	−1.217 (7.012)	3.989 (6.693)
年龄（按月计）	−1.267 (1.039)	−1.307 (1.063)	−1.501 (0.965)
居家隔离天数	−0.261 (0.239)	−0.270 (0.245)	−0.250 (0.221)
社区类型			
农村住房/安置房（参照组）/单位分房/廉租房/公租房	17.510 (11.030)	16.890 (11.337)	11.254 (10.511)
普通商品房	−24.83** (7.071)	−24.93** (7.206)	−30.204*** (6.869)
常量	33.121*** (6.473)	40.600* (17.145)	140.547* (57.880)
样本量（N）	31	31	31
R^2	0.242	0.248	0.746

括号中为标准差；*$p<0.05$，**$p<0.01$，***$p<0.001$。

根据样本中亲子关系得分的中位数将亲子关系分为高、低两个层次。

此外，通过对前测及后测得分做比较和配对 t 检验来区分儿童发展的变化。结果如表 3-2 所示，从前测到后测，儿童的交流能力（从 55.00 到 56.61）、粗大运动能力（从 50.16 到 51.13）和个人社交技能（从 54.68 到 56.13）得分均有所提升，而精细运动能力（从 48.87 到 47.58）和问题解决能力（从 57.10 到 56.94）得分则有所下降，但是在上述所有发展领域中的变化都不显著。

然而，社会情感力在统计学上显著下降，本研究对该指标做了反向赋分，其得分从 55.32 到 48.55，中等效应大小为 $r=0.24$。换而言之，在本研究中，儿童在隔离期间的社会情感力有所提升。这一结果与以往的研究结果相反，以往的研究认为隔离对儿童的心理健康有负面影响。

为了回答这个问题，我们可以从表 3-3 的模型 3 中得到一些提示，其中高水平的亲子关系可以减轻父母困扰程度的负面影响。前测与后测亲子关系的改善无统计学意义，但良好的亲子关系有利于幼儿社会情感力发展的可能性很大。由于亲子关系的变化是微妙的，在日常生活中需要很长的时间才能发生，父母对育儿方案的反馈可以帮助我们更好地理解这个过程。因此，本研究在隔离期间进行定性分析，以揭示育儿实践的贡献。

总体而言，访谈显示，儿童在隔离初期遭受了各种问题，如哭泣、尖叫、饮食不良、睡眠障碍、反抗、发脾气和依赖父母等。大约一半的父母报告他们的孩子在家里脾气不好，正如下面这些引语所说明的：

"我儿子抱怨在家很无聊……他很想出去和其他的小孩一起玩耍。"（S55B 的母亲，55 个月大，男孩）

"在隔离开始的时候，我女儿变得易怒。当她生气的时候，她

> 会一直大喊大叫和哭泣。有时,她会故意和我对着干。"(L62G的母亲,62个月,女孩)

然而,家长们表示,在这个特殊的时期,他们很享受和孩子们在一起的时光。积极的亲子关系可以归纳为三个主题,与前面提到的育儿项目的六个主题相关。主题A:主题1和4所涵盖的提高育儿技能。主题B:主题2、3和6所涵盖的加深对于儿童心理需求的理解。主题C:主题4和5所涵盖的促进亲子互动。这与类似研究的结果一致,也就是说,通过专业人士或其他社会支持建立亲密关系的家庭更有可能证明能够更好地应对新型冠状病毒疾病大流行(Prime,Wade& Browne,2020)。

主题A:提高育儿技能

面对隔离期间孩子们的坏脾气,两位家长表明育儿项目帮助他们理解了孩子们的心理特征和发展阶段,让他们知道了怎么应对孩子们在家中产生的焦虑情绪:

> "以前,当我的孩子喊叫或者大哭的时候,我会非常生气,甚至会冲她大喊。在加入课程之后,我学会了聆听她的需要并针对性地干预她的行为。我首先轻声对她说话以便她能停止哭泣……更重要的是,我学会了如何控制我的脾气。我知道我是她的角色模范。我想要成为最好的妈妈。"(D57G的妈妈,57个月,女孩)

一些家长对育儿项目在提高与孩子交流技能方面的效果表示了认可。例如,一位母亲说道:

> "我过去工作很忙,也没有意识到和我的女儿沟通是一件非常重要的事。刘教授建议我们每天给孩子讲些工作当中的故事,我发现这能让女儿更好地理解我。她现在也会给我说自己的故事。由于新冠疫情,我需要在家工作,我的女儿总是帮我关好门,并且自己安静地看书或者玩游戏。我十分感动于她的体贴。"(W57G的妈妈,57个月,女孩)

主题B:加深对于儿童心理需求的理解

隔离期间,针对孩子们不规律的生活方式,绝大多数家长向线上互助小组发起求助。基于专家们的建议,对于多数孩子而言,日常生活流的建立意味着稳定的心理健康状况。正如一位母亲所言:

> "感谢线上互助小组,我向王教授和其他家长们学习如何在日常生活中构建秩序。我们意识到规律的日常活动对于维持孩子们的安全感十分必要。这样特殊的时期,有条理的生活对于帮我儿子维持情绪稳定至关重要。"(H60B的妈妈,60个月,男孩)

一位母亲还提到育儿项目改善了家中的照料氛围,提高了孩子的独立性:

> "我的婆婆总是帮孩子处理一切善后工作,甚至包办一切事务。我和婆婆一起参加育儿课程之后,我们有了良好的团队合作体验,就许多家中的规矩达成了共识。我儿子比之前更独立了。"(D55B的妈妈,55个月,男孩)

此外，家长们也被鼓励帮助孩子们谈论自己的感觉并用合适的方式给予他们安抚。结果，三位家长很高兴地表示自从新冠疫情暴发以来，他们的孩子变得富有同情心并通晓事理，下面的陈述说明了这一点：

> "我的女儿曾问我，我们家的人会不会因为感染新冠病毒而去世。幸运的是，刘教授分享了关于新冠疫情的动画片并告诉我们如何与孩子交流。我平静地向女儿解释病毒如何攻击我们的身体，我们要怎么做才能保护自己和他人免受新冠病毒的侵扰。女儿回应道，她会保护爸爸和我，让我们远离各种各样的危险。如果我要出门，她会提醒我戴好口罩；当我回家时，她会帮我洗手。她甚至学会给阳台上的花浇水以保护它们。"（L62G的妈妈，62个月，女孩）

主题C：促进亲子互动

14位家长报告说，居家隔离增加了他们与孩子互动的机会。一位母亲报告说，她的女儿：

> "……开始编造许多故事，甚至讲笑话。一些笑话来自我们的故事，一些来自电视节目。令人印象深刻的是，她能够理解我们成年人在谈论什么，并以不同的方式重新组织语言。"（L62G的母亲，62个月，女孩）

三位家长鼓励他们的孩子参与家务劳动，在这个过程中，家长和孩子协作完成具体的任务。正如一位母亲所言：

> "……她最近让我教她怎么做饭。我依旧记得刘教授在育儿项目中告诉我们作为家长要鼓励孩子们做家务。所以,我教孩子做了一些简单的菜,她做得非常好,实在令人惊喜!这是我第一次发现孩子离我这么近。"(G60G的母亲,60个月,女孩)

具体来说,父亲的亲子互动次数增加了,这极大地加深了父子之间的感情。正如一位母亲所指出的:

> "我的丈夫之前没有花太多时间和儿子相处。现在,儿子会更频繁地和爸爸交流,或者说,大量交流。尤其是,我儿子总是哄骗他的父亲和他玩游戏。我丈夫曾经告诉我,他刚刚意识到和这个小男孩一起玩很有趣。"(D55B的母亲,55个月,男孩)

总之,父母访谈的定性结果表明,提高育儿技能、加深对于儿童心理需求的理解、促进亲子互动,可以培养良好的亲子关系。正如Prime等(2020)解释的那样,支持性的亲子关系能够为孩子创造参与积极、共享家庭活动的机会,使他们从父母的情绪辅导和调节支持中获益,并且可以向亲密的家庭成员倾诉心声。这有助于儿童的社会情感力发展,并保护他们免受负面影响。

基于上述定量及定性分析,本研究可以得出以下3条结论:

首先,在疫情期间,T幼儿园的孩子表现出了各种各样的问题行为,他们的潜力和问题解决能力都有所削弱。这与已有研究观察到的其他国家隔离期间对儿童产生的负面影响是一致的。然而,在我们的样本中,儿童的总体潜能、沟通能力、人际交往技能以及社会情感力都有所提升,其中社会情感力具有数据上的显著性。这与已有研究相悖,表明居家隔离并未对本研究样本的心理健康产生负面影响。

其次，家长们在疫情期间存在悲伤、痛苦等负面情绪，这些负面情绪与儿童的社会情感力呈负相关。同时，亲子关系对于儿童的心理健康有着正向的调节效应。与家长们的访谈证实了这一发现。访谈结果表明，基于有效的养育项目建立起来的良性亲子关系，能够为幼年儿童编织起保护网，让他们免受外界环境改变带来的伤害。

最后，在面对像新冠疫情这样的灾难时，旨在提升亲子关系的养育项目在减缓儿童的情感问题上起到了难以替代的作用。养育项目通常聚焦于照护技能、儿童的心理需求以及亲子互动。新项目的实施则以多种形式同时在线上和线下展开。在所有的形式中，专业的授课和家长互助小组尤其有效。

值得注意的是，上述结论仅针对本研究所使用的样本。这些家长在新冠疫情暴发前后都有能力和意愿参与养育项目，他们以及家中的孩子都没有感染新冠病毒或被认定为疑似感染者。对于这类家庭中的孩子，疫情大背景下所导致的居家隔离给他们带来的冲击在某种程度上能够有所减缓（Wang, et al., 2020）。

对于被迫与照护人分离的儿童，隔离期间的体验则大为不同，包括因照顾者感染或死亡引起的分离，以及儿童自身感染或被认定为疑似病例而被隔离在医院或医疗观察中心（Liu, et al., 2020）。由于缺少来自家庭的保护，这些孩子出现心理和行为失调的概率更高。

为了解决这一问题，中国国家卫生健康委员会发布了指导方针，列出了针对隔离在家或集中医疗观察中心的儿童的具体干预措施（2020年3月）。这些措施包括增加儿童与父母交流的时间、提高陪伴质量等。上述举措重申了本文的核心要义，也即面临自然灾难或人为不幸时，良好的亲子关系在保护儿童免于心理风险以及加强儿童社会情感力上均发挥了重要作用。

第三节　夫妻关系：亲密感的主要来源

一、夫妻关系的概念、变迁和本质

在家庭内部，交织着多种复杂的家庭关系，如夫妻关系、亲子关系、同胞关系、祖孙关系、翁婿关系以及婆媳关系等。从家庭教育的视角来看，夫妻关系无疑是家庭的核心。一段健康的夫妻关系不仅是家庭稳定的基石，更是营造温暖、充满爱的家庭氛围的源泉。夫妻关系，即男女双方基于合法婚姻而结成的配偶关系，是一切家庭活动的起点和基础。它建立在生物、心理、社会等多重条件之上，并随着时间不断发展深化。在个体心理学家阿德勒看来，夫妻关系的本质和基本前提是合作。他强调，"爱情及其实现形式——婚姻，是对异性伴侣最亲密的承诺，通过生理吸引、相互陪伴和共同育儿来表达。爱情和婚姻的本质是合作，这种合作不仅是为了两个人的幸福，更是为了整个人类社会的福祉。"阿德勒十分注重在人际关系中实现自我价值与社会价值的统一，这一观点对于夫妻关系同样具有深刻的启示意义。

婚姻关系的本质随着社会的进步和变迁而不断演变。首先，在夫妻双方的地位上，从传统的"夫主妻从"模式逐渐转变为"夫妻平权"。在传统社会中，男尊女卑、夫权至上的观念盛行，婚姻的主要功能在于家族繁衍，男性在家庭中占据主导地位，女性则处于从属地位。费孝通在《乡土中国》中曾指出："家是一个延续性的事业社群，主轴是父子，婆媳关系则是纵向的，而非横向的。夫妇关系在其中扮演的是配轴角色。"在这种结构中，事业的需求往往排除了夫妻之间普通的情感交流，夫妇间需要相敬如宾，女性恪守三从四德，亲子间则强调责任和服从。其次，传统社会价值观对夫妻关系的亲密性情感表达并不重视，夫妻之间往往显得淡漠而矜持。同性间的友情往往更加被看重，男性下班后更愿意在外界的茶馆、牌场、酒馆寻求慰藉，而女性则更倾向于与同性相处。再次，在择偶方面，传统的家长制下，父母掌握着择偶权，婚姻多由父母之命、媒妁之言决定。然而，随着新中国的建立、合作化和改革开放的推进，中国家庭状况发生了翻天覆地的变化。个人逐渐从血缘、家庭和亲缘的权力束缚中解脱出来。到了20世纪末，大部分中国人已将夫妻的独立性视为家庭理想的一部分。夫妻关系逐渐成为家庭关系的核心，女性地位显著提升。阎云翔在中国北方农村的研究发现："无论是大家庭还是核心家庭，横向的夫妻关系已经取代了纵向的父母、子女关系，成为家庭关系的主轴。"父权权威下降，年轻一代尤其是女性的地位得到提升，她们从家庭中的劳动力转变为婚姻生活中平等的一员。这一变化与国家推行的男女平等、集体化生活、公共教育等政策密不可分，同时也离不开年轻女性为争取自身权利做出的积极努力。在情感表达方面，随着进城务工机会的增多、媒体和大众文化的传播，当代青年在表达最亲密、最热烈的感情时变得更加公开和直接，更加注重情感交流。最后，在择偶方面，阎云翔称之为"择偶中的浪漫革命"，表现为恋爱中亲密关系的增多以及择偶标准的变化。如今的择偶标准更加多元化，包括个人性格、素质、外貌、对他人的关心与尊重、表达感情与交流的能力等。

　　一方面，婚姻关系的本质在于平等、平衡与互利。阿德勒强调，"平等是婚姻关系的核心需求，只有当双方都能对伴侣展现出足够的关注和兴趣时，平等才能得以体现，而幸福且成功的婚姻正是建立在这种平等之上。每个人都渴望被需要，如果双方都能感受到在关系中的价值感、不可替代性、被认可和被需求，那么婚姻与幸福的基石就会牢固地奠定。"这一点在传统社会中女性地位和家庭矛盾的关系中得到了明显印证。在传统父权家长制下，女性出嫁前从父，出嫁后从夫，长期处于被压迫的卑微地位。然而，当她们成为母亲时，这种被压迫的局面开始有所改变，她们可能会过度控制孩子以弥补过去所受的不公，并通过这种方式获得一定的地位和价值感。另一方面，当儿子结婚后，她们可能会将过去的压迫经历投射到儿媳身上,将儿媳视为争夺家庭地位和儿子心中地位的潜在对手。自古以来,婆媳矛盾大多源于父权制度下亲子关系与夫妻关系中的不平等。不平等的夫妻关系在本质上表现为亲子关系的延伸,如父亲与女儿、儿子与母亲、儿子与女儿以及父亲与母亲之间的关系。前两者属于互补关系,一方期待另一方无条件的爱,如同孩子对父母的期待,希望获得那种安全感,这可能导致伴侣关系的危机。或者,一方可能错误地认为自己有权苛责、教育或改变另一半,这是将亲子关系中父母对孩子的权力错误地应用于伴侣关系中的表现,同样会导致伴侣关系的失衡和危机。如果一方长期单方面付出,而另一方只是接受,这种不平衡的状态最终会导致婚姻关系的破裂。因此,现代婚姻关系的基础在于夫妻双方建立平等、平衡、互利的相处模式。

二、影响夫妻婚姻质量的有关因素

进入转型期的夫妻关系受多重因素交织影响,其中包括夫妻双方的相似性、原生家庭背景、个性特征、沟通方式,以及彼此间的亲密程度等。这些因素共同塑造着夫妻的婚姻质量,成为衡量婚姻稳定性的关键指标。婚姻质量可以从多个维度进行考量,包括:"夫妻关系满意度",即双方在情感上的契合与满足;"物质生活满意度",即对生活条件的评价和接受程度;"性生活质量",反映了双方在生理和情感层面的和谐与满足;"双方凝聚力",即夫妻之间在情感、价值观和目标上的统一与默契;"婚姻生活情趣",体现了夫妻在共同生活中创造的乐趣与美好;"夫妻调适结果",即双方在面对婚姻中的困难和挑战时的适应与应对能力。这些维度共同构成了婚姻质量的全面评价,为夫妻双方提供了清晰的婚姻生活指南。

首先,夫妻双方在人口学变量、人格特点、食物偏好、政治态度和价值观等方面的相似性越高,他们的婚姻幸福度往往也越高。这一观点得到了广泛研究的支持,并且在婚姻家庭治疗理论中,无论是行为取向的婚姻治疗、沟通取向的萨提亚家庭治疗，还是结构性家庭治疗，都强调了夫妻相似性在婚姻质量中的关键作用。以澳门夫妻的调查为例，结果显示，夫妻在价值观方面存在显著的相似性，这种相似性明显多于随机配对的夫妻，证明了三观一致是伴侣选择中不可忽视的重要因素。然而，当夫妻双方在一些核心价值观上存在分歧时，这些分歧往往会成为夫妻关系冲突的主要来源。例如，子女教育问题和家务分工问题，分别占据了夫妻冲突原因的41.5%和30.6%。特别是在家务分工方面，根据刘爱玉在2010年的调查，男性承担的家务劳动量远低于女性。女性承担了大部分家务劳动，包括做饭（61%）、洗碗（63.3%）、洗衣做卫生（72.6%）、日常家庭采购（65%）以及照料孩子（56.2%）。这一现象除了受到经济依赖关系、工作时间和夫妻情感的影响外，夫妻双方的性别角色观念也对其有显著影响。因此，理解和尊重彼此的价值观与角色期待，是维持婚姻关系稳定和幸福的重要基础。

其次，原生家庭对再生家庭中夫妻的婚姻质量具有显著影响。正如上一章节所述，原生家庭既可能成为再生家庭的社会支持，也可能成为其束缚。具体而言，张杉等人通过对263对夫妻的原生家庭进行调查发现，个体的原生家庭父母冲突与再生家庭的婚姻质量呈显著负相关。具体而言，丈夫的原生家庭冲突可以预测其自身及妻子的冲突解决模式，而妻子的原生家庭冲突同样能预测丈夫的冲突解决模式。原生家庭中的父母冲突能够通过影响夫妻的冲突模式，进而对婚姻质量产生不利影响。另一方面，另一项针对341名夫妻的研究表明，夫妻双方对彼此原生家庭情感支持的感知对婚姻质量具有积极作用。特别是，丈夫对配偶原生家庭经济支持的感知能提升其自身的婚姻质量，而丈夫对自身原生家庭工具性支持的感知则可能对双方婚姻质量产生消极影响。此外，有调查指出，原生家庭中对角色的肯定以及情感的积极回应，能够正向提升夫妻双方的婚姻满意度。原生家庭对子女的关爱有助于增强他们的自信心和自我价值感，使他们更有信心处理好再生家庭的婚姻关系。同时，原生家庭父母给予的情感支持和帮助，始终为子女提供情感上的支撑，成为他们婚姻质量的有效社会支持。

再次，夫妻双方的沟通模式对婚姻质量具有不可忽视的影响。不同的沟通模式会导致婚姻质量的显著差异。根据调查，建设性沟通能够显著正向预测夫妻双方的婚姻质量感知，而回避型沟通和要求/回避型沟通则对婚姻质量产生显著的负向影响。即使在互补型婚姻关系中，夫妻双方因为彼此的差异性而相互吸引，但婚姻的幸福与否仍取决于双方如何满足各自的需求。更新沟通模式对于提高婚姻满意度至关重要。具体而言，通过大数据分析，我们发现以下几种沟通模式有助于增加婚姻满意度：

（1）闲聊和表达爱意的言语与非言语沟通，增强彼此间的情感联系。

（2）任何双方认为具有建设性的正向沟通方式，促进积极氛围的营造。

（3）有效的冲突解决方法，如重新校准和确认反应（R-R反应）、使用代词"我们"，有助于共同面对和解决问题。

（4）高效沟通技巧的运用，如使用"我"而不是"你"，以减少指责和冲突。

（5）"正向"沟通方法，如清晰表达，激发正向理解力，促进双方更深入的理解和接纳。

此外，沟通能力也深植于夫妻双方的个性之中。当夫妻双方都擅长沟通表达，且愿意不断学习和更新沟通模式时，婚姻质量的稳定性和水平将会得到显著提升。

最后，夫妻双方的亲密程度是决定婚姻质量的关键因素。这一点与传统中国价值观中强调的夫妻间相敬如宾、含蓄表达情感的观点有所不同。在现代婚姻观念中，亲密程度被视为婚姻质量的首要因素，它要求夫妻双方能够满足彼此在情感上的需求。Chiung-Tao Shen针对中国台湾夫妻的研究进一步证实，在衡量婚姻质量时，夫妻间的亲密程度是排名首位的指标。夫妻亲密程度不仅涉及彼此间的信任、关爱和支持，还包括愿意共同度过人生的各个阶段、分享彼此的情感和想法。这种以共同感情为基础的婚姻更能带来高质量的体验,当夫妻双方拥有共同的爱好、共同语言以及共同度过的美好时光时,这些都能为日常生活注入新的活力。随着社会的转型,夫妻关系也在朝着更加独立和亲密的方向发展。现代核心家庭规模的缩小和生育数量的减少,使得父母有更多的时间和精力专注于夫妻关系的经营。同时,现代社会提供了更多的公共娱乐活动和场所,为夫妻关系的增进提供了更多选择和机会。这些因素共同促进了夫妻关系的独立性和亲密性的提升。

三、夫妻婚姻质量对于家庭成员的影响

夫妻婚姻质量的高低对于生活在家庭中的其他成员,尤其是孩子的成长与发展具有深远的影响。教育学、心理学和社会学等多个学科对夫妻间冲突和矛盾对子女的影响进行了深入研究。社会学家B.A.瑟先科在《夫妻冲突》一书中指出,孩子在充满矛盾、父母要求不一致的环境中成长,将缺乏宁静、和平、幸福和稳定等儿童精神与心理健全发展所必需的条件。在这样的环境下,儿童患神经性心理疾病的风险增加,行为的放纵与缺乏自制力日趋明显,适应能力下降,且难以形成共同的道德规范。更为严重的是,孩子往往对父母产生反感和怨恨。

父母的婚姻质量对子女的心理健康具有显著影响。一项针对197名幼儿及其母亲的调查发现,父母的婚姻质量总分与幼儿的焦虑总分呈现显著负相关,同时,父母的婚姻质量总分以及夫妻间的交流和解决冲突的方式与亲子依恋呈现显著正相关。此外,针对3～12岁儿童的调查分析显示,父母的婚姻质量显著影响儿童的精神和心理发育,而在父母冲突较多的家庭中,孩子青春期精神心理疾病的发病率也相对较高。针对中小学生受欺凌及自伤行为的调查也揭示了父母婚姻关系与子女行为之间的关联。研究发现,父母婚姻关系与自伤行为呈现负相关,父母的婚姻状况对受欺凌程度与自伤行为水平之间的关系具有负向调节作用。具体而言,父母婚姻质

量越低,受欺凌子女自伤行为的风险就越高。对于青少年而言,父母的婚姻质量同样与他们的外化问题紧密相关。外化问题指的是违纪行为和广泛的攻击性,如违反学校纪律、打架斗殴、故意破坏公物、吸烟和离家出走等。研究表明,父母的婚姻质量能够直接正向预测青少年的外化问题,即婚姻质量越低,青少年出现外化问题的可能性就越大。

夫妻婚姻质量不仅直接作用于子女的身心健康,更通过代际传递的方式影响下一代家庭互动模式,进而塑造子女的婚恋观念。子女倾向于模仿父母在婚姻关系中的相处模式,从而形成自己独特的婚恋观。一项针对大学生关于父母婚姻关系的知觉与其自身婚姻观之间关系的调查显示,大学生对父母婚姻关系的积极知觉与其婚恋观之间存在显著正相关。这意味着,那些对父母婚姻持有更正面看法的大学生,在对待恋爱与婚姻的态度上更为积极,两性交往中的情绪体验也更为积极正向。具体而言,父母关系的亲密程度与大学生的情感表达密切相关。当父母之间的关系更为亲密,他们在处理矛盾时表现得更为恰当和成熟,这种积极的相处模式被子女所观察和学习,使得他们在情感表达上更为积极主动,更愿意投入并维护两性关系,使之更加长久和稳定。因此,大学生的婚恋观与父母的婚姻质量之间存在着密不可分的关系。

四、如何提高夫妻关系质量——学习"爱"

首先,"爱"的能力需要学习。

近年来,城乡离婚率持续攀升,而结婚率则呈现下降趋势。以成都为例,2010年结婚数量相对较少,而离婚现象却频发。在北京,年平均每天不到两对新人结婚就有一对夫妻选择离婚。自20世纪70年代以来,北京市的离婚率逐年攀升。高离婚率既有社会层面的原因,也有个人层面的因素。在个人层面,最为显著的是个体在转型时期缺乏对"爱"的学习和实践。"爱"是一种能力,它需要在社会从传统到现代的转变过程中被培养和维护。然而，在优胜劣汰、金钱至上的社会风气中，那些代表"温情""温暖"和"有爱"的品质往往被忽视甚至淘汰。缺乏"爱"的人，往往像前文所分析的那样，成为"空心人"或"利己主义者"，他们既不知道如何自爱，也不知道如何爱人。那么，"爱"究竟是什么呢？弗洛姆在《爱的艺术》一书中指出，爱是在保持个人尊严和个性的前提下，与他人结合的能力。它是一种主动的能力，能够突破人与人之间的隔阂，将彼此紧密地联系起来。爱主要是"给予"，而不是"接受"。在给予的过程中，我们体会到自己的强大、富有和能干，这种体验使我们感受到生命的活力和快乐。给予比接受更令人快乐，因为它体现了我们存在的价值。在夫妻和伴侣关系中，相较于选择爱自己的人，选择自己爱的人往往能带来更深层次的幸福。因为爱人比被人爱更快乐，分享比得到更快乐。我们的爱只有在给予和分享的过程中，才能找到流动和表达的渠道。爱的能力并非天生具备，而是需要学习和实践的。第一步就是敞开心扉，勇敢地跳入爱的漩涡中，去体验与人联结的亲密感，在相爱的过程中滋养身心。

其次，"爱"需要经营。

夫妻关系的维护就像经营一家银行，爱便是其中的存款。人类大脑的第二层——情绪大脑，负责判断他人是危险还是友善。当冲突发生时，若情绪大脑中的杏仁核接收到危险信号，大脑便会进入防御模式，选择攻击或逃避。然而，当夫妻间的情感账户储备丰厚时，即便是小争执也难以触动杏仁核，大脑会保持冷静，促进双方友好协商。美国心理学家威拉德·哈利提出了"爱情银行"的概念，他认为每个人的内心都有一个情感账户。当我们使对方感到快乐、被欣赏、被肯定或被爱时，我们就在这个账户中"存款"。相反，如果我们让对方感到痛苦、被批评、被误解或受伤，那么我们便在账户中"取款"。若我们时常"存款"，情感账户便会余额充足，爱便能化解许多小矛盾，大事化小，小事化了。反之，若我们频繁"取款"，账户便会赤字累累，任何小瑕疵都可能导致关系破裂，争吵不断升级。因此，我们应当持续经营爱情，确保亲密关系中的对方能感受到我们的善意和安全感，从而安抚对方的情绪大脑，稳定情感。

用话语来进行"存款练习"的步骤：

（1）个人准备。请每位参与者独立完成以下步骤。若有伴侣或亲友在场，可将其作为练习对象；若伴侣不在，请先在心中选定一个亲密关系对象（配偶、伴侣、亲人或密友），然后独自完成以下练习，之后与练习伙伴分享答案。建议回家后与伴侣共同练习，以增进亲密关系。

①欣赏与赞美。从所列出的正面人格特质形容词中，挑选出所有适用于你伴侣的形容词，并选出其中最能体现伴侣优点的三个形容词，在下面划线。若能附上具体实例则更佳。例如："爱心——你不仅持续为两个孤儿捐款，还不厌其烦地写信鼓励临终老人。"

②感激之事：回想一两件你感激伴侣为你做的事情，并具体描述。例如："谢谢你过去两周在我生病时悉心照料我。"或"我知道妈妈是个难以相处的人，但谢谢你为了我还是对她那么好。"

（2）确定发言顺序。决定谁先开始"存款"。

（3）分享赞赏与感激。发言者需真诚地表达对伴侣的赞赏与感激，确保语言发自内心，避免使用"但是……"或"不过……"等削弱赞赏效果的词汇。例如，避免说："谢谢你主动帮忙洗菜，但为什么弄得满地都是水？也不顺便把菜切了？"

（4）专心倾听。倾听者需全心领受对方的赞赏与感激。由于中国人不习惯直接接受赞美，但请学会接纳这份"爱的礼物"，不要拒绝或削弱存款者的爱心，以免让对方感到不适。

（5）互动练习。若伴侣或亲友在场，请面对面进行"存款练习"，尽量做到"手拉手，眼对眼"，以增强练习效果。若存款对象（如父母、亲友、恩师等）不在场，可请练习伙伴扮演该角色。此时有两种存款方式可选：

①双方手拉手并保持眼神接触，这种方式能带来意想不到的正面效果。

② "存款者"与"倾听者"右手相握,右肩靠近,"存款者"闭眼,用话语向心目中的对象表达赞赏与感激,"倾听者"通过身体语言(如适时轻拍"存款者"的肩膀)给予支持和鼓励。

(6)结束与致谢。练习结束后,请双方互相道谢,并给予对方一个拥抱,以表达感激和亲密。

(7)角色交换。随后,双方交换角色,重复上述步骤。

再次,爱的五种语言——增加爱的表达方式。

美国心理学家盖瑞·查普曼博士提出了"爱的五种语言"这一概念,旨在帮助我们更深入地理解并识别对方表达爱的方式,从而确保我们的爱意能够准确地传达给对方,甚至包括如何更好地爱自己。

爱的语言之一:肯定的言辞。爱的目的并非仅仅为了得到我们想要的,而是为了所爱之人的幸福去行动。这是不争的事实:当我们听到那些肯定的言辞时,我们会被深深激励,并愿意以同样的方式回报。

爱的语言之二:精心时刻。精心时刻的核心意义在于"同在"。这不仅仅指物理上的接近,更是指心灵上的贴近,我们与对方的注意力都聚焦于同一事物上。

爱的语言之三:赠予礼物。如果你的伴侣主要的爱语是接受礼物,那么,你就可以成为送礼物的专家。事实上,这是最容易学会和表达的爱的语言。此外,还有一种无形的礼物,那就是你自己,你可以把"在场陪伴"作为最珍贵的礼物,献给你的伴侣。

爱的语言之四:服务的行动。服务的行动,意味着去做你的伴侣希望你做的事情。你通过为他(她)服务,使他(她)感到快乐;通过为他(她)做事,表达你对他(她)的深深爱意。

爱的语言之五:身体的接触。身体的接触既可以建立关系,也可以破坏关系;它可以传达出恨意,也可以传递爱意。对于那些主要的爱语是身体接触的人来说,一个温柔的触摸远比"我恨你"或"我爱你"的言辞更加动人。

伴侣之间需要深入了解彼此表达爱的方式，即自己的"爱的语言"和对方的"爱的语言"。在这样的关系中，我们应该按照对方的需求去给予爱，同时也应鼓励对方按照我们的需求来表达爱。通过这种相互理解和满足，伴侣之间的情感将得到极大的加深，夫妻间的亲密程度也将日益增强。这样的关系将更加稳固和谐，为彼此带来无尽的幸福和满足。

最后，改善解决冲突的沟通模式。

维吉尼亚·萨提亚女士以其开创性的贡献，引领了美国家庭治疗的新篇章，并创立了备受赞誉的萨提亚治疗模式（the Satir model）。该模式将治疗方法巧妙地应用于家庭环境，旨在帮助每位家庭成员洞察自我与他人的应对方式，学习一致性表达与有效沟通，进而重塑和谐的家庭结构。

萨提亚女士指出，人类的生存姿态分为指责、讨好、打岔、超理智和表里一致五种类型。这些不同的沟通姿态映射出个体内心世界的复杂情感。通过萨提亚家庭治疗，我们能够打破不良沟通模式的桎梏，促进家庭成员间的相互理解与和谐，进而促进个体内部资源和力量的健康成长。

第四节　与自己相处：夯实高自尊的稳定内核

在现代社会，尽管物质经济迅猛发展，但人们的幸福感和生活满意度并未同步提升。社会不公感日益加剧，个人被剥夺感增强，性别观念出现向传统回归的现象，负面情绪如焦虑、抑郁和孤独持续上升，自尊水平也呈现下降趋势。根据对中国人幸福感的调查，近20年的经济快速增长并未带来相应的幸福感提升。研究指出，中国人的幸福感在2004年前呈下降趋势，2007年后虽有所回升，但长期来看仍呈稳中略降态势。这主要归因于欲望上升、社会比较和环境污染等多重因素。中国科学院心理研究所社会预警研究组的多年追踪调查结果显示，民众对社会公平状况的评价一直徘徊在中等水平。从2005年到2009年，这一评价持续平稳增长，但2010年和2011年却出现显著下降，低于2005年的水平。2010—2018年间，社会公平感的年均值虽有波动上升，但2010年和2013年出现了明显的低谷。特别地，社会底层的弱势群体如农民工、低保户和"漂族"感受到了更强的被剥夺感。关于性别观念的调查揭示了明显的传统回归趋势，尤其是在2000年和2010年的数据中。年轻世代、女性、农村居住者和高受教育程度的群体，在性别观念上回归传统的速度更快。此外，转型期中国人的情绪变化调查显示，青少年和老年人群体的焦虑情绪和抑郁情绪均呈上升趋势。针对中国大学生的自尊水平调查则显示，其自尊水平显著下降，且这一趋势不受地域和性别的影响。上述在转型期间凸显的个体发展问题亟待我们关注。同时，之前章节提及的专制型父母教养方式、夫妻关系质量问题和亲子关系中的挑战，以及新生代面临的自我认同危机，都提醒我们要重视个体与其所处环境之间的关系。这些问题不仅关乎个体的福祉，也影响着社会的和谐与稳定。

个体心理学家阿德勒认为，所有的烦恼都源于人际关系，而人际关系的烦恼实质上又与个体与自己的关系紧密相关。原生家庭、亲子关系、亲密关系，在未经察觉和学习之前，都在映射出个体与自我之间的关系。个体自出生起便受到家庭、社会及文化的影响，在父母的指导下开始社会化进程，并承载着来自社会的期望，尤其是父母的期待，如光大家族、出人头地等。然而，个体对于完美父母的期待终将落空，因为完美的父母形象本身就是不存在的。成年后，在亲密关系中，个体将未实现的期待投射到伴侣身上。经过关系的蜜月期后，争吵和冲突往往源于彼此的期待无法相互满足。接着，个体可能选择关系破裂，或将未竟的期待转移到子女身上，期望他们光大家族、出人头地。这种代际间和伴侣间彼此需求和期待的投射，导致了家庭中各种关系的纷争、界限模糊、混乱与痛苦。家庭矛盾和纠纷源于个体间不明确自我意识的互动，给个体带来生理、心理和社交上的多重困扰。若将这些矛盾和冲突简单地归咎于现代化转型，提倡回归过去自给自足、自然自发的单调生活，那么个体将难以实现从传统农业文明到现代工业文明的转变，也无法完成个人的现代化转型。诚然，在转型过程中，我们经历了精神生活的焦虑、抑郁和孤独，但我们也摆脱了自然蒙昧下的束缚和压抑。当我们学会与自己相处，学会面对孤独和恐惧时，我们便能收获现代自由带来的创造力和表达力。正如衣俊卿在《文化哲学十五讲》中所述："我们注定要承受大变革时代心灵震动所带来的痛苦与煎熬，我们命定要面对渴望自由与逃避自由的心理冲突。告别昨日封闭的但熟悉的日常生活世界，投身于富有创造力但充满竞争与不确定性的陌生新世界。若不愿成为新世纪中国现代社会化的局外人，我们每个人都不得不经历一次生存方式上的脱胎换骨式的转变。"从历史转型的角度看个体视角的变迁，将赋予我们更多向前探索的勇气，而勇气正是推动改变的首要动力。

一、与自己相处的难点——探索冲突背后的根源

家庭关系冲突的核心在于个体间情绪的相互激发，而情绪的深层根源往往是恐惧。克里希那南达和阿曼娜认为："恐惧是功能失调、偏见、防御、暴力以及崩溃的根源。它潜藏在我们的相互依存、人际冲突、逃避亲密、自我贬损、掌控欲、固执己见以及追求完美等行为的背后。"恐惧不仅影响情绪和认知，还深入生理层面，特别是情绪大脑中的杏仁核，它主导着对恐惧情绪的反应。在《拥抱你的内在小孩》一书中，克里希那南达将我们内心深处"充满深沉恐惧和缺乏安全感的内在空间"形象地称为"内在小孩"。个体自诞生起，便经历着与生俱来的原始恐惧，从母亲温暖安全的子宫中来到这个充满未知与挑战的世界。因此，每个人从出生起就不得不面对恐惧。除了出生时的原始恐惧，我们在成长过程中还会遭遇各种恐惧体验，如惊吓、羞愧、被遗弃、被控制、被剥夺以及信任感的丧失等。

恐惧可以归结为两大类：生存恐惧与爱的恐惧。生存恐惧涵盖了对于金钱和物质的匮乏感，害怕失去控制权，担忧自己的无用，甚至恐惧平凡与低人一等。金钱、权力和名利所驱动的成就动机，往往构成了个体自我价值的外在导向，使人们深陷物质主义、权力主义和消费主义的旋涡，难以构建真实的自我价值。而对于爱的恐惧，最直接的便是害怕不被爱、不被认可和肯定，恐惧关系中的冲突，甚至害怕对关系的投入。为了避免纷争和冲突，我们可能选择妥协退让；为了避免投入感情后被背叛，我们可能选择冷漠封闭。正如有人所言，"恐惧是我们反应背后的真正驱动力"，悲伤、孤独、焦虑、愤怒、无力等负面情绪背后，往往隐藏着恐惧的阴影。认识并了解恐惧的根源，有助于我们更好地与之共处。在自我探索的过程中，我们必须认识到一个事实：无论父母多么完美，我们都无法避免儿童时期的创伤。真正的成长并非源自对伤害我们的人、事、物的责备或抱怨，而是通过理解去感受它们的影响。只有当我们正视恐惧的存在，接受其产生的缘由，勇敢地面对内在小孩的脆弱，并洞察恐惧背后的意义时，我们才能坦然面对自己，形成坚实的自我价值和自尊感。因此，恐惧本身并不可怕，真正可怕的是那些未被认识、未被感受、未被接纳的恐惧，它们会在我们的成长和人际关系中造成巨大的伤害。

我们需要深入探究个体在恐惧意识支配下的行为表现。萨提亚提出了四种生存姿态，这些姿态源于孩童时期，在无助和恐惧的状态下，与主要抚养者（通常是父母）之间形成的四种特定的沟通模式和生存模式。为了应对外界，我们可能会戴上保护的面具，展现出讨好、指责控制、头脑分析或逃避忽视的行为。"这些生存姿态源于一种低自尊和失衡的心理状态，个体在这种状态下倾向于将自己的权力让渡给他人。之所以会形成这些生存姿态，完全是因为人们想要保护自己的价值感，避免受到来自言语或非言语的、可感知的或假定存在的威胁。"为了应对生存的恐惧，个体在自我、情境和他人的三角关系中发展出四种沟通姿态——讨好、责备、超理智以及打岔。为了更好地理解这些生存姿态，我们可以采用四张表格来进行阐述和解释，如表3-4～表3-7所示。

表3-4 讨好反应

言语	情感	行为
同意： "这全是我的错" "没有你我什么也不是" "我在这儿就是为了让你高兴"	乞求： "我很无助" 恳求的表情和声音 虚弱的身体姿势	依赖性的受难者： "好得过分"的行为操守 道歉、请求宽恕、哀诉和乞求屈服
内心体验	心理影响	生理影响
"我觉得自己无足轻重" "我毫无价值"	神经质 抑郁 自杀	消化道疾病 肠胃问题 糖尿病 偏头痛 便秘
	轻视"自我" 资源：关心、敏感性	

表3-5 责备反应

言语	情感	行为
否定： "你从来没做对过一件事" "这怎么回事" "这全是你的错"	责备： "在这我是头儿" 强有力的身体姿势 僵硬紧绷	攻击： 评判 命令 寻找错误
内心体验	心理影响	生理影响
孤立： "我是孤独而且不成功的"	偏执狂 违法 杀人	肌肉紧张和背部问题 血液循环问题和高血压 关节炎 惊恐 哮喘
	轻视"自我" 资源：自信	

表3-6 超理智反应

言语	情感	行为
极度客观： 经常提到准则和"正确的"事情 抽象的言语和冗长的解释： "一切都是学术的" "一个人必须有才智"	严厉、冷淡： "一个人必须冷静、镇定——不惜任何代价" 僵硬的身体姿势 "如果要表达，就一定要做到最好"	独裁主义： 僵化的、原则性的行为 理性化的行动 操纵的 强迫性的
内心体验	心理影响	生理影响
"我感到脆弱和孤立" "我不能表现出任何感受"	强迫性的 反社会的 社会退缩 紧张症	干燥症疾病，包括黏液、淋巴液以及其他分泌液干涸 癌症 单核细胞增多症 心脏病 背痛
	轻视"自我" 资源：才智	

表3-7 打岔反应

言语	情感	行为
无关的： 毫无意义，脱离重点 常常在对话当中离题千里	混乱： "我并不真的在这里" 有持续活动的特点 生硬和松散的身体姿势	心烦意乱： 不合时宜的行为 多动操纵的 强迫性的

续表

内心体验	心理影响	生理影响
"没人关心这个" "没有属于我的地方" 缺乏平衡 通过打断获得别人的注意	迷茫 不合时宜 精神病	中枢神经系统问题 肠胃疾病、恶心等 糖尿病 偏头痛 便秘
	轻视"自我" 资源：有趣、自发、创造性	

通过对上述四种生存姿态的细致描述，我们得以理解每一种姿态的根源都是对幼儿时期脆弱无助的自我进行的保护。在幼儿时期，个体与主要抚养人之间的互动模式塑造了不同的依恋和反应模式。例如，讨好者面对外界强势和暴力的环境时，会选择妥协和乞求的方式来讨好他人，以期在妥协中建立起相对安全的环境，从而保障自己的生存。而责备者，在高期待和高要求的环境下，由于不被允许犯错和脆弱，他们会选择戴上强势的面具，将所有责任归咎于他人，以此获得自我清白感和安全感。超理智者则在面对纷繁复杂的信息和失控感时，运用强大的理智来分析和梳理这些信息，从而确保对环境和他人拥有一种可控感和安全感。最后，打岔者可能由于抚养人的忽视，难以在家庭中找到自己的定位，难以建立起自我价值感，因此，他们通过打岔、走神或一些不合时宜的行为，试图获得他人的关注和认同。

二、与自己相处的原则

首先，真实——表里一致，"勿自欺"。

当个体因恐惧而触发各种反应机制和生存姿态时，他们往往未能真实、坦诚地与周围的人、事、物进行互动。讨好者往往过分关注他人的需求和情境，而忽略了自己真实的感受和需求；责备者则一味聚焦于自己的需求和情境，忽视了他人同样重要的感受和需求。超理智的人则过度关注环境变化，却忽略了自身和他人的需求和价值。至于打岔者，他们似乎对自身、他人和情境都缺乏足够的重视，仅通过不合时宜的行为来寻求关注。这四种生存姿态均未能实现真正的自我表达与人际交流，因此，我们需要努力克服恐惧，实现真实的自我表达。

真实是自我相处的基石。只有当我们正视并理解恐惧情绪在人际关系中如何运作，我们才能与真实的自我和谐共处。我们要认识到，每一种反应模式都是过往为了保护自己而建立的应对策略，它们曾是为保护那个弱小无助的内在小孩而存在的。然而，随着个体的成长和外界环境的变化，这些旧有的应对策略和限制性信念可能已不再适用。就像成年人若仍穿着幼儿时期的衣服，仅仅因为那时的衣物曾带来过外界的肯定和认可，这种做法显然不合时宜。如果成年人继续被幼儿时期形成的信念系统所束缚，那么身心的压抑将是难以避免的。这些压抑感都源于我们内心的限制性信念系统。因此，如果我们无法如实洞察保护机制在生活中的具体呈现，就很难理解自身生存姿态背后真正的需求和渴望。如果我们不能以真实的态度面对这些保护机制，那么我们可能会一生都生活在面具之下，与生命中重要的人在保护层的冲突中互相伤害，陷入焦虑、抑郁和孤独的旋涡。为了打破这一困境，我们需要走进保护机制，探寻生存姿态背后的恐惧，了解其根源。当我们真正理解并接受对物质和爱的匮乏感时，我们才能开始真正接纳我们所拥有的一切。

将真实作为我们思考、行为和沟通的准则，萨提亚提出了第五种反应姿态——"表里一致"。这种姿态的特征包括：欣赏自己的独特性，自如地表达自我和与人交流，坚持个性，信任自己和他人的意愿，勇于承担风险，善于利用内外部资源，对亲密关系保持开放态度，自由地成为真实的自己并接纳他人，爱自己且爱他人，对变化持有开放和灵活的态度。在"表里一致"的姿态中，我们既关注自己的感受和需求，肯定自己的价值，也考虑他人的感受和需求，并适应当前的情境，使言语和非言语的表达都保持坦诚和一致。

其次，正念觉察——超越角色以自我观照。

如果说真实是与自我相处的首要原则，那么正念觉察就是将这一真实性原则落实到位的思维方式。正念觉察强调的是不加偏见的观察、耐心的等待以及非评判的态度。我们建立起真实的自我信念后，会意识到所有的保护机制本质上都是在守护内心深处的脆弱。然而，正是通过对这些脆弱的觉察，我们才能够获得真正的成长和蜕变。

正念起源于东方佛学，是一种指导人们调节身心、缓解痛苦的禅修技术。尽管它源于宗教背景，但正念本身并不带有任何宗教色彩，因此也受到了西方心理学的广泛关注。经过西方心理学的深入研究、吸收与改造，正念已成为现代心理健康领域的重要发展方向。从理论上看，现代正念研究的先驱Kabat-Zinn将正念定义为：一种有目的的、关注当下的、非评判性的注意方式。正念的核心要素包括"有目的的意识""对当下的关注"以及"不评判的态度"。而Shapiro则进一步阐述了正念的机制，即目的、注意和态度三者的结合。投入正念训练的目的多样，如探索自我、缓解情绪等。训练的核心在于对当下体验的觉察，而练习的态度则表现为接纳、开放和好奇。Bishop等人经过讨论后，提出正念包括两个部分：一是对当下体验的持续注意，二是开放、好奇和接纳的态度。这两者——"觉察"和"接纳"——作为正念的核心要素，构成了正念量表中的关键评估因素。

关于正念与自尊之间的关系，经过多年的研究，已证实两者之间存在显著的相关性。在临床心理学领域，正念干预被证实能有效转变慢性、严重性疾病患者的消极思维模式，显著提升他们的自尊水平。在健康心理学领域，正念干预同样展现出卓越的效果，它能够有效缓解压力，调节抑郁、焦虑等消极情绪，进而提升个体的幸福感，并有助于建立和维护高自尊水平。在教育学领域，李丽英和张可的研究表明，正念对于大学生形成健康积极的自我价值观具有积极作用，并且正念还能预测大学生的自尊水平。具体而言，正念与核心自我评价之间呈现出显著的正相关关系，即正念水平越高，核心自我评价越积极。此外，正念水平与大学生的被动拖延行为呈负相关，而与主动拖延行为则呈现正相关。一般自我效能感在这一过程中扮演了部分中介角色，对正念与拖延之间的关系产生了一定影响。

正念训练的核心在于觉察，这一能力在传统中亦称为"自觉""内观"或"观照"。在传统的内观练习中，初学者通常从观察身心的某一特定对象开始，如数呼吸次数、聆听声音或感受身体某部位的触觉等。随着练习的深入，练习者将不再局限于特定对象，而是随内观中的自然涌现进行觉察，这种不加拣择的觉察方式被称为"无拣择觉察"（choiceless awareness）。在中国传统文化中，对觉察能力的训练与看重一直被视为君子修为的核心。在《大学》中，开篇即强调"大学之道，在明明德，在亲民，在止于至善"。这里的"大学之道"即指自觉觉他之道，而"明明德"则意味着觉醒或自觉，领悟大道。在格物致知的过程中，"知止而后有定，定而后能静，静而后能安，安而后能虑，虑而后能得"。这里的"止"原指脚趾，引申为脚站立之处，意指觉察的开始是通过持续的观照，使散乱的心念得以聚焦，如同脚踏实地般安定。针对人类注意力易分散的特点，觉察能力通过持续观察、面对走神并重新聚焦的练习，不断提高个体的专注力和定力。正如"知止而后有定"所揭示的，缺乏足够的专注力和定力，个体的自尊和自我价值感将难以提升，因为任何外界刺激都可能引发内心的波动和挣扎。在后世阳明心学时期，王守仁在《传习录》中阐述了类似的观点。当弟子问及如何使心不被外物所牵时，王守仁以人君治国为例，指出心应如君主般端拱清穆，统摄五官，各尽其职。如眼观物时，心不应被色所迷；耳听声时，心不应被声所扰。如此，心才能保持其主体性，不为外物所动，从而保持内心的清明与安宁。

王阳明强调，在纷繁复杂的外界信息变幻中，个体的自觉与深刻觉察构成了个人修为的基石。他倡导的是一种如如不动的觉察力，即不为外物所动摇,而是坚守内心的平静与清明。他深信天理与良知紧密相连,无须通过家国大事的转换,而是全然依赖于个人的内在修行与自觉。他所称的"人心一点灵明",正是中国古人自觉意识的核心与精髓,体现了人对于内在真实与道义的深刻体悟与追求。

正念的觉察核心在于增强注意力的集中与调控散乱的思绪。在神经系统层面,正如丽萨·米勒所述,正念能够激活背外侧前额叶皮质和前扣带回皮质,同时抑制后扣带回皮质——这即是默认模式网络的"关闭开关"。通过正念练习,我们能够提升大脑前部的指挥与控制能力,使注意力更加集中并持续强化,同时关闭默认模式网络,使纷乱的思绪得以平息。持续觉察、专注于当下并避免评判,是个体在建构自尊过程中稳固专注力和保持清醒意识的关键。对于现代人来说,这一点尤为重要,因为研究表明现代人的注意力集中时间平均不足8秒。新型传媒与传统媒体的一个显著区别在于其缺乏明确的"停止键"。阅读一本书有结尾,观看电影有落幕,但现今的网络视频、文章和购物网站则没有明确的结束标志,只要个体不主动停止,媒体就会持续推送内容。因此,学会按下"暂停键",专注于生活、思考、学习和工作,已成为当代人面临的重要挑战。

研究者刘兴华等提出了"此刻觉察正念训练"的概念,详细阐述了一种从特定对象的觉察逐步过渡到"无拣择觉察"的创新方法。这项训练为期8周,共有7名参与者。经过训练,参与者的正念水平得到了显著提升,情绪调节能力也有所改善。为了具体说明正念觉察的可操作性和对个体的积极影响,我们可以引用研究者使用的正念静坐练习要点。该练习每次持续30分钟,通过静坐冥想的方式,参与者被引导将注意力集中在当下的呼吸、身体感受或内心活动上,同时保持一种开放、接纳和不评判的态度。这种练习不仅有助于提升个体的正念水平,还能促进情绪的稳定和内心的平静。

当你准备好时,请轻柔地闭上双眼,感受自己此刻的坐姿。如有需要,请微调坐姿,让身体感受到坐在这里的轻松与尊严。接着,选择一个对象作为你的觉察焦点，它可以是呼吸、身体的感觉、周围的声音，或是内心的思绪。带着好奇与平和的心态去体会和觉察，无须刻意用力。

你可以开始觉察此刻的呼吸，注意流经你鼻子的气息，或是感受胸部和腹部的起伏，选择一个你感受最为明显的部位。

若你发现自己的注意力被外界的声音所牵引，那么不妨选择去觉察这些声音，感受它们的大小、音色和节奏。

同样，你也可以选择觉察身体某个部位的感觉，不论是你喜欢还是不喜欢的感觉。带着好奇去体验它，尝试了解它的中心在哪里，边缘是否清晰，以及它独特的地方。

如果你在练习过程中开始思考其他事情，不必担忧，这是非常正常的现象。如果你愿意，可以把这些想法作为你觉察的对象，去了解你此刻内心的所思所想。

如果你发现自己此刻并没有任何想法，那也完全正常。无须强迫自己产生想法，只需静静地等待，或者选择继续觉察其他对象。

练习的核心在于保持对当下的觉察，无论此刻你觉察到的是什么，都请接纳它们的存在，不试图改变它们，也不进行评判。只是单纯地了解它们此刻的模样，尤其是那些你不太喜欢的感受。

当你觉得准备好了，可以慢慢睁开眼睛，将觉察延伸到此刻你所看见的事物上。

最后，爱自己——最合法的内驱力。

继"真实"信念准则和"正念觉察"思维准则之后，我们迎来了第三条与自我相处的准则——情感准则"爱自己"。"自爱"这一范畴源自生命体为生存与发展而展现的本能，是个体在实践活动中通过长期自我评价形成的、内容丰富的基本范畴。作为哲学的重要概念，古今中外的哲学家们对其进行了深入的探讨。古希腊的亚里士多德曾指出："人人都爱自己，而自爱源于天赋，并非偶发的冲动。人们对自己拥有之物感到喜爱与愉悦，这实际上是自爱的延伸。尽管自私应受到谴责，但谴责的并非自爱的本性，而是超越限度的私欲。"古希腊、古罗马人视自爱与理性追求幸福、实现自我为人生主要目标。

到了文艺复兴时期，人们开始批判神性，张扬人性，颂扬世俗的快乐与幸福，使得"自爱"观念得到了更广泛、更充分的认可。西方马克思主义哲学家弗洛姆对"自爱"进行了深入的研究。他严厉批评了加尔文教派将自爱与自私等同的观念，认为这种将自爱视为"瘟疫"的教条是错误的。在弗洛姆看来，自私与自爱截然不同，甚至可以说是相互对立。自私者并非过度自爱，而是缺乏自爱；他们实际上恨自己，这种缺乏对自己的喜爱和关心，只是他们缺乏创造性能力的一种表现，导致他们陷入空虚和萎靡之中。他强调："自私者不能爱别人，因此也不能爱他们自己。"弗洛姆认为，爱是一种主动的能力，是给予的能力，它源自"爱护、尊重、责任和了解"。正是通过对自己的爱，对他人的爱，个体才能感受到自身的价值。

在西方文化中，"自爱"常被理解为人的生命自保，而在中国古代文化中，"贵生"则与"自爱"有着对等的意涵。《尚书》中记载大禹对舜的教导："正德利用厚生"，这里的"厚生"正是强调对生命的重视和珍视。而在《易经》中，"天地之大德曰生"也体现了每个人对生命的尊重是顺应宇宙法则的表现。在中国传统的父权家长制度下，家族的延续和家国天下的"长治久安"是主要目标和责任，而"生"作为这一切的基础，自然受到了极高的重视。特别是在春秋战国时期的礼崩乐坏之际，孔子提出了"仁"的概念，作为儒家哲学的核心。要理解"仁"与"自爱"的关系，我们可以参考《荀子》中的对话。孔子分别询问子路、子贡和颜渊关于"知者"和"仁者"的看法。子路认为智者让人了解自己，仁者让人爱自己；子贡认为智者了解他人，仁者爱他人；而颜渊则指出智者自知，仁者自爱。孔子对三人的评价从"士"到"士君子"再到"明君子"，显示了对"仁"的理解逐渐深化的过程。只有颜渊的"仁者自爱"才真正触及了仁的本质。"仁者自爱"关注的是如何正确地爱自己，从个体"成己"的角度来说，其实质内容和中心关切在于行动者道德生命的全面发展和自我实现，是一种生命深处的自我觉醒。同时,"仁者爱己"和"仁者爱人"之间形成了良好的双向互动,使个体在与他人的关系中充分发挥自身潜力。学者梁涛从古文"仁"字的分析入手,提出"仁"字从身到心,意味着心中思考着自己,即"克己""修己""成己"。用现代话来说,就是要成就自己、实现自己、完善自己。梁漱溟在《东西文化及其哲学》中则指出,"仁"是本能、情感和直觉的结合。孔子曾说"刚毅木讷近仁""巧言令色鲜矣仁",这些描述展示了"仁"与"不仁"之间的区别:一个充满真实情感而理智较少显露,另一个则表现出理智的慧巧伶俐而情感不真实。梁漱溟进一步指出,"仁"是一种极有活力而又平静的状态,包含"寂"——平静而默默生息的样子,以及"感"——敏锐易感且强烈的情感反应。

从上述讨论中,我们可以提炼出以下几点深刻的启示:首先,自爱是每个人与生俱来的天赋,是任何外部力量都无法剥夺的。其次,自爱与爱人并非相互冲突,而是相互促进的。它们共同构成了人类情感世界的和谐统一。再次,自爱是距离自己内心最近的爱,当我们学会爱自己,我们自然会将注意力从外界收回,转而关注自己的情感和感受,从而更加坚定地活出自己的特色,实现自我价值。最后,正如陈新汉所言:"自爱是理所当然、理直气壮的,它是最有力、最合法的内在驱动力。借助这一不可或缺的内在力量,人们能够为共同之善作出最大的贡献。"

三、与自己相处的有效途径——自尊的重建

自尊,作为心理学领域的关键概念,其深厚的理论底蕴和实际应用价值已引起了全球心理学家的广泛瞩目。关于自尊的定义和特性,学界存在不同的观点。在此,我们采纳了 Branden 的观点:自尊,即自信与自重的融合,是一个由胜任力与价值感两大要素共同构成的复杂结构体。自尊的价值需基于具体行为的结果来体现;同时,自尊的能力也需符合社会标准的价值规范。这一概念深刻揭示了自尊的价值与能力两个维度,它们相互制

约，共同构成了自尊的完整面貌。谈及自尊的特性，第一，它具有独特性。Mruk 认为，自尊是人类特有的生活现象，是个体思想、情感与行为通过其独特经验和感知交织而成的复杂系统。第二，自尊具有开放性，相较于人格和智力等更为稳定的特质，自尊呈现出一定的可变性。第三，自尊具备稳定性，在定义个体同一性和确定性方面，它跨越时间和情境，不易因环境变化而动摇。这是自尊与其他自我概念，如自我价值感、自我评价、自信或自我效能感之间的根本差异。自尊的这些特性使其成为衡量个体自我相处能力、价值感和自我能力的重要标准。在20世纪末至21世纪初的美国心理学界，自尊的研究和实践掀起了一股热潮。学者们视自尊为解决个体和社会问题的关键，但过度追求或虚假营造的高自尊，实际上可能源于低自尊。因此，追求真实的自尊显得尤为重要。真实自尊，是不易受偶然因素影响、无须外部反馈确认的相对稳定特质。接下来，我们将探讨如何通过提升自尊水平的三个方面，来增强个体与自我相处的能力，助其构建真实的高自尊，从而有效应对生活中的挑战，形成健康、积极的心理状态。

首先，自我接纳。

自我接纳是自尊的基石。它指的是一个人欣然接受并理解自己所有的特征，无条件地接纳它们，并肯定其客观存在和正面价值。自我接纳（self-acceptance）是一种情感上、态度上对真实自我的认同和喜爱。其核心特征在于无条件地接纳自己的全部。这种接纳的根源可以追溯到婴幼儿时期，那时父母给予的无条件的爱与接纳。根据埃里克森的人生八个阶段理论，在3岁之前，婴儿在与主要抚养人的互动中，会形成信任或怀疑、自主感或羞耻感的品质。如果婴儿在0～1.5岁之间得到主要抚养人的全面满足，就会形成信任他人的特质；而在1.5～3岁之间，如果婴儿在自我探索过程中得到父母的鼓励和允许，就会形成自主感。然而，如果在这前三年的养育过程中，个体受到原生家庭的负面影响较多，未能形成信任和自主感，他们可能会怀疑他人，对人群产生恐惧，对自己有羞耻感，从而难以无条件地接受和欣赏自己的全部特征。研究表明，大学生的社交焦虑与自我接纳呈负相关，自尊与自我接纳均对社交焦虑有负向预测作用。自我接纳程度不足对青少年的身心健康有不良影响，有研究显示，抑郁症青年的自我接纳水平明显低于正常青少年。此外，自我接纳程度还与青少年的学习情况紧密相关。在关于中学生考试焦虑的研究中，自我接纳能力相较于自我效能感和自尊水平，更能解释考试焦虑的变异情况，占到了86%的比例，而自我效能感仅占14%，自尊对中学生考试焦虑的影响则没有显著的统计学意义。这表明，在考试焦虑的短期干预中，自我接纳具有显著的效果。

　　自我接纳感的缺失一方面源于家庭教养方式。在专制型家庭环境中，父母的高要求与低回应使婴幼儿难以形成稳定的信任感与自主感；而在忽视型家庭环境中，低要求与低回应同样不利于婴幼儿健康心理的发展。另一方面，受到专制型父母教养方式的影响，个体内心可能会形成一个"严厉法官"的角色。这个"严厉法官"的表现方式多样，包括内在的声音与压力、自我批判和批评的感受，以及对自己严苛的标准、理想和道德要求。同时，这种内在"严厉法官"也可能投射到外在人际关系中，如权威、朋友、伴侣等，表现为对他人的批判、评断、批评以及强烈的正义感和道德要求。在成年后，这种"严厉法官"的角色往往被个体内化，进而外显为责备者和超理智者的生存姿态。

　　面对"严厉法官"的责备与苛求，个体若以反叛或暴力回应，只会陷入无尽的苛责与痛苦。作为成年人，我们可以选择激活内在的女性力量，在心中塑造一个"包容温暖型内在母亲"，重塑自我价值。正如《易经》中的"地势坤，君子以厚德载物"，我们应当以宽广的胸怀和深厚的德行来接纳和包容一切。我们需要在内心替换"内在严苛法官"为"内在引导"。这位"内在引导"充满爱与支持的能量，对个体的力量与弱点充满慈悲与理解。当"严厉法官"的声音再次响起时，我们可以与自己进行一场平和的对话："无论如何，我都深爱你。""我可以犯错，因为犯错是成长的一部分。"成长之路难免犯错，而允许和包容这些错误对于安抚内心的恐慌至关重要。实际上，自我接纳能力低的核心往往源于爱的匮乏与对爱的渴望。这种来自内心的爱与接纳具有特殊的力量，因为只有被爱过的人，才会真正懂得改变。接纳，本质上就是爱的体现。

练习：归心——无条件转化

你允许所有的痛苦——无论是你自己的还是世界上其他人的——通过你的呼吸，缓缓地流入你的心灵深处。心灵是创造奇迹的源泉，它能够瞬间转化这股能量。当你吸入痛苦时，它会在你心中化为极乐。随后，在呼气之际，你将这份极乐散发至整个宇宙之中。这个练习持续50分钟，分为四个阶段。在前三个阶段，你可以选择站着、移动、坐下或躺下，让一切自然发生，无论眼睛是睁开还是闭上。

第一阶段：5分钟 "进入你的心"。

将你的意识聚焦于你的身体和你的呼吸，感受此刻的存在。随后，将意识引导至你的心轮，即你胸腔中央的能量中心。如果有助于你，可以将一只手或双手轻轻放在心的中心。随着每一次吸气，让气息深入心灵；随着每一次呼气，让心灵的气息自然流出。

第二阶段：15分钟 "从你自己开始"。

从你自己的痛苦出发，深入感受它：那些生活中的伤害、创伤和痛苦。接纳它，欢迎它。深深地吸进你的痛苦，让它填满你的心，然后让它在你的心中转化为喜悦，转化为幸福。呼出所有的喜悦和幸福，将你自己完全融入这个世界之中。你可以通过声音、语言、姿态和动作来表达你内心的变化，也可以选择静静地感受这一切。

第三阶段：15分钟 "包括世上所有人"。

现在，将这个过程扩展至所有生命。无条件地承担所有生命的痛苦——无论是朋友、敌人、家人还是陌生人。接纳它，欢迎它。深深地吸进所有的痛苦和困扰，让它们在你的心中得到转化，化为喜悦，化为幸福。然后，呼出所有的欢乐和幸福，将你自己完全融入宇宙之中。同样，你可以选择通过声音、语言、手势和动作来表达你内心的变化，也可以选择静静地感受。

第四阶段：15分钟"回归"。

现在，将你的注意力完全收回，远离这个世界，远离他人，甚至远离你自己。躺下，闭上眼睛，保持安静和静止。

一旦你体验到伤痛如何通过呼吸和心灵得到转化，成为喜悦，那么当你周围的人和事再次触发这一过程时，你可能会选择默默地运用这个方法，让它成为你生活中的一部分。

其次，增强自我效能感。

自我效能感，这一概念由班杜拉首次提出，它指的是个体对于自己是否拥有足够技能去完成特定工作行为的自信程度，以及对于在特定情境下能否达成预期结果的评估。然而，这一概念经常与自尊混淆使用。为了澄清二者之间的区别，学者陈建文、王滔从结构内涵、测量、功能和影响因素等方面进行了深入的辨析。从结构内涵上讲，自尊更多地涉及个体对自我价值的整体评价，即"做人"的自我评价；而自我效能感则专注于个体在特定任务或活动上的自我评价，即"做事"的自我评价。在测量上，自尊倾向于评估个体的整体心理结构，而自我效能感则注重测量与特定领域相关联的特殊心理结构。从功能角度来看，自尊在调节个体对消极性评价反馈的适应性以及维护终极性心理健康方面发挥着重要作用；而自我效能感则更多地展现出动力性功能，驱动个体追求目标、克服困难。至于影响因素，自尊主要受到早期成长经历以及后来补偿性经验的影响；而自我效能感则更多地受到个人近期直接或间接的成败经验、个人身心状态等因素的影响。

在明确区分了自我效能感与自尊的差异之后，我们可以进一步探讨它们之间的内在联系。自我效能感，作为个体在特定领域对自我能力的评价，不仅局限于某一领域，而且具有向邻近相关领域迁移的潜力。这种迁移过程有助于提升长期的自尊水平。根据对大学生自我效能、领悟社会支持、自我接纳和自尊现状的研究，我们发现这三者均对自尊具有显著的预测作用，是直接影响自尊的关键因素。其中，自我效能对自我接纳与自尊的关系发挥着双重中介作用。自我接纳作为影响自我效能感的重要因素之一，其重要性不容忽视。当我们能够更加悦纳自己时，对自我能力的认知也会相应提高。没有真实的自我觉察，我们难以直面内心的恐惧；若无法爱自己，我们便难以实现自我接纳；而缺乏自我接纳，我们则难以感受到自我价值。这种自我价值的缺失会削弱我们改变现状的勇气，进而影响到自我效能的形成。然而，正是这些经历与成长，促进了真实自尊的重建。

关于影响自我效能感的因素和变量，班杜拉及其学生经过深入研究后发现，自我效能感主要由四个核心要素构成。首先，个体以往的成败经验是关键所在；其次，他人的示范效应同样重要；再次，社会劝说，即被告知自己具备获得成功的能力，也是一大因素；最后，生理唤起和情绪状态也对自我效能感的形成具有显著影响。例如，积极情绪能够增强自我效能感，而消极情绪则可能削弱它。为了提升自我效能感，个体可以采取多种策略。首先，在起步阶段，通过选择更容易成功的工作来积累成功经验，从而在大脑神经系统中构建与成功相关的神经通路，进而增强自我效能感。阿德勒强调，在寻求改变之前，需明确区分"能够改变的"与"不能改变的"。我们无法改变"被给予了什么"，但可以决定"如何去利用被给予的东西"。将注意力集中在"能够改变的"上，是实现自我接纳的关键。通过改变这些可控因素，个体能够不断积累成功经验，进而提高自我效能感。其次，他人的示范效应和社会劝说同样不可忽视。这些人际间的帮助对于建立自我效能感至关重要。个体可以积极参与群体活动，感受来自他人的支持和鼓励。此外，构建"鼓励型内在父亲"的角色也是一种有效的方法。这种角色能够重建在1.5至3岁期间对外界进行尝试时所需的鼓励和支持。相较于现实中可能存在的专制或忽视的父亲形象，"鼓励型内在父亲"能够成为冒险和勇气的源泉。在每一次新的尝试中，这种内在角色能够激发个体的阳刚之气，鼓励他们勇往直前。在遭遇困难和挑战时，"鼓励型内在父亲"会激励个体坚持不懈，运用耐心和意志力迎接挑战，将每一次挑战视为挖掘自我潜能的宝贵机会。

无论是之前提到的"包容温暖型内在母亲"还是"鼓励型内在父亲"，都在致力于培育个体的情商，进而显著提升个体的自尊水平。哈佛大学教授丹尼尔·戈尔曼将情商细分为五个核心要素：自我情绪认知、情绪管理、自我激励、他人情绪识别以及人际关系处理。

练习：动态静心——增强个体能量和活力

第一步：混乱呼吸。

在动态静心的第一阶段，我们通过鼻子进行一种混乱的呼吸方式。这种呼吸强烈、深入且快速，没有固定的模式，我们的注意力应集中在吐气上。这种快速、用力且不规则的呼吸旨在调整我们的身体状态，正如三合一大脑理论，呼吸与脑干紧密相连。通过这种不规律的深呼吸，我们能将身体从沉睡和无意识状态中唤醒，提高警觉度。动态静心的呼吸方式特别适合清晨或身体状态低迷时进行，以快速补充能量。尽可能快速、用力地呼吸，借助身体的自然律动来增强活力。在此过程中，请保持呼吸的连贯性。

第二步：情绪流动。

动态静心的第二阶段是情绪流动。当紧张的呼吸达到顶峰时，我们会经历一种类似二次体力恢复的状态。此时，大脑停止思考，而身体仿佛打开了一个全新的能量库，进入动态静心的第二阶段。身体可能会产生各种冲动，如跳舞、摇摆，甚至哭泣或大笑。请倾听内心的声音，与身体紧密配合。

在这个阶段，可能会感受到隐藏的愤怒和委屈。但请记住，此时的重点是释放情绪，而非探究原因。不要陷入"我为什么要生气"的思考中，因为这会滋养负面情绪。只需感受身体的冲动，并尽情释放。感受到"我很愤怒"或"我有恨"其实是在与情绪对抗。我们只需让情绪自然流动，享受这种能量的释放。在十分钟内，跟随身体的节奏，让它达到极致。

第三步：Hoo 蹦跳。

在呼吸激活脑干并流动情绪后，我们进入第三阶段。此时，双臂高举过头，上下跳跃，并发出"Hoo Hoo"的声音。每次落地时，确保整个脚板着地，让声音在意识中深深击打能量中心。这个动作有助于巩固之前呼吸和情绪转化中的成果。持续进行，全力以赴。情绪最终会转化并升华。在释放所有情绪后，你将面临新的选择：是继续停留在受害者的角色中，还是完全承担起自己生命的责任。

第四步：静止觉察。

动态静心的第四阶段涉及突然的"stop"。音乐停止，你需要在所在位置静止不动，无论保持何种姿势。不要试图调整自己。此时，你需要观照身体的一切变化，包括呼吸、心跳和脚底板的感觉。同时，观察脑海中起伏的念头，但不必追逐它们。将注意力重新带回到身体和呼吸上。

第五步：庆祝。

最后一步是庆祝。以欢快的舞蹈作为庆祝的仪式。我们从呼吸开始，经历情绪流动、双脚扎根、冻结和静心，最终在音乐中重生。压抑的情绪已经释放并消失，我们获得了新的信念和活力。

就像上一刻的自己已经逝去,此刻我们迎来新生。同样地,快乐的情绪也需要流动。如果我们快乐却不能表达,内心仍然会感到不满足和渴望更多。因此,我们需要庆祝这一刻的胜利,告诉自己过去已经过去,现在已经到来,一切都将重新开始。在庆祝中,你将收获满满的活力和全新的自己。

最后,提高身体自尊,开启生命的活力。

生理基础在很大程度上塑造着个体的心理状态。大脑的复杂分层结构与身体的紧密联系,使我们能够自主地进行生活、工作和娱乐。研究揭示,自尊与大脑结构和功能均存在显著关联。首先,从结构层面看,位于情绪大脑中的海马体和杏仁核与自尊紧密相关。Pruessner利用大脑扫描技术发现,个体的自尊水平与海马体的体积呈正相关,即低自尊个体的海马体的体积相对较小。当面对生活中的消极事件时,低自尊个体会对负面信息产生更强的应激反应,分泌更多的皮质醇。最新研究进一步指出,自尊不仅与海马体的体积正相关,还与右侧杏仁核的灰质体积呈负相关。杏仁核是负责处理恐惧等消极情绪的关键区域,因此,海马体的体积较大而杏仁核的灰质体积较小的个体往往拥有更高的自尊水平。其次,从大脑功能层面分析,默认网络(default mode network)是大脑在空闲或静息状态下功能相互关联的脑区网络,涵盖了前扣带回、后扣带回、内侧前额叶、颞叶联合区等区域,这些部分共同构成了个体的自我意识基础。在对患有PTSD(创伤后应激障碍)的战后创伤患者的研究中,通过扫描他们的默认网络区域发现,负责自我意识的脑区活动显著减少。内侧前额叶皮层、前扣带回、枕叶和脑岛等区域几乎无活动迹象,仅后扣带回这一负责基本空间定位的区域有微弱活动。这表明,经历创伤后,为了逃避恐惧,患者的大脑关闭了与自我意识相关的部分,导致他们自我感知和感受能力受损。他们因此缺乏目标感和方向感,难以做出决策和规划。同样,童年长期受虐待的人也可能因关闭这部分与自我意识相关的脑区而缺乏自我意识。

上述研究同样启发我们,身体自尊是提升整体自尊水平的关键切入点。身体自尊作为整体自尊的一个具体领域,指的是个体基于自我评估,对身体不同部位(或方面),如身体能力及外貌所产生的满意或不满意感,同时也涉及个体对自身特点、行为和社会身份的评价与情感反应。它包含两个层次:一是更为普遍的身体自我价值感,二是针对身体各方面更为具体的满意感。针对锻炼方式对身体自尊的构建作用,已有研究探讨了操舞类项目对女大学生身体自尊的提升效果,以及总体体育锻炼对大学生负面情绪的影响。这些研究揭示了体育锻炼能够正向预测自我效能感,并负向预测抑郁、焦虑和压力等负面情绪。

综上所述,通过生理和心理的双重调节,我们可以增加自我接纳度、自我效能感和身体自尊,从而有效改善个体的身心状态,提升自尊水平,进一步拓宽与自我相处的方式和渠道。

练习:回归腹部

闭上双眼,让身体沉浸于舒适的姿态中,双手双脚自然放松。此刻,开始向内探寻,随着呼吸的节奏逐渐放松,全神贯注于吸气和吐气的流转。当你的呼吸变得平稳,去感受腹部随着呼吸的起伏,吸气时微微隆起,呼气时缓缓下沉。如此往复,呼吸变得缓慢而平和,你感到无比的放松与自在。

将注意力轻柔地引导至腹部,仔细感受它的起伏,感受气息在其中穿梭。当你专注于腹部时,尝试去接纳这个空间,想象腹部如同一个宽敞而放松的球体。给予自己空间,全然接受所有情绪、念头和感觉,不加评判,只是静静地接纳。

让这个腹部的大球具象化,成为你所有感觉的归宿。它足够大,可以容纳每一个涌现的感觉。你可以让感觉在那里停留,并静静地观察它们。无论感觉多么强烈，都让它们静静地待在腹部。允许它们存在，不带有任何批判。

现在，想象在腹部中央有一支烛火，它稳稳地燃烧着，发出明亮而坚定的光芒。尽管周围可能充斥着各种情绪、念头和混乱，但这支烛火却丝毫不受影响，始终保持着稳定与明亮。无论外界如何纷扰，它都坚守着自己的位置，照亮你的内在。感受这火焰的力量与稳定，它象征着你的内在中心，是观照者，是感受者，也是接纳者。它静静地观察，感受，接纳，却始终保持平静与放松。

最后，做一次深呼吸，让自己慢慢回到现实。缓缓睁开眼睛，感受这个平和而宁静的时刻。每个人的内在都有这样一个处所，等待着我们去发掘和体验。

第四章　家庭教育中的互动

第一节　陪伴式倾听改善情绪冲突

一、情绪的认知

在人与人的沟通中，情绪是极其关键的要素。特别是在家庭环境中，情绪的交流和分享构成了家庭成员间交流的核心。由于每个人的需求和动机在不同的环境下都各具特色，因此在有限的家庭空间内，家庭矛盾和冲突很容易产生。家庭矛盾的主要表现形式为情绪的爆发和冲突，这些爆发可以呈现为多种形态，如未成年人的哭闹、胆怯或愤怒，父母的情绪波动、暴力行为，或者是尖刻的言辞和指责性的语言冷暴力，甚至包括命令式和操纵性的表达方式与行为。这些不良的情绪表达和发泄方式都会给家庭中的每一位成员带来身心上的伤害。

关于情绪，人们往往将其简单地划分为积极与消极两种。然而，我们不应只追求积极的情绪而排斥消极的情绪。快乐与愤怒、恐惧与悲伤，都是情绪的多面体，每种情绪都有其存在的价值。例如，如果过于压抑愤怒，我们可能会失去捍卫自己界限的勇气；若压抑恐惧，则难以激发探索未知的勇气；而压抑悲伤，则可能让我们失去享受欢愉的能力。情绪就像一枚硬币的两面，只追求一面而忽视另一面，最终可能导致所有情绪的压抑。一个没有完整情绪体验的人，往往也会失去对喜乐和悲伤的感知，这样的人在现代社会中常被形容为"空心人"。一旦他们无法自然流露喜乐与悲伤，就很难培养出同理心和共情能力，更难以建立起自我价值感和使命感。

根据大脑的发育规律，未成年人的情绪大脑正处于持续发展的阶段。当身体接收到感觉信号并通过脑干上传到大脑时，通常存在两个传输路径：一是感觉信号直接进入杏仁核，二是经过筛选后的信号进入大脑皮层。由于未成年人的情绪大脑尚未稳定，他们更倾向于选择前者这一直接路径。这解释了为什么小孩子容易情绪化，时而大哭大闹，时而开怀大笑；青春期的未成年人同样容易情绪波动，时而陷入自卑的泥沼，时而又自我感觉良好，飘然欲仙。相比之下，成熟的成年人则更能够察觉周围环境是否适宜表达情绪，因此他们的情绪表达相对更加稳定，较少出现情绪的剧烈波动

在面对情绪时，我们常听到的词汇是"控制情绪"和"管理情绪"。然而，情绪实际上是内心世界的自然流动，是传递信息的信使。我们之所以对负面情绪感到恐惧，是因为它们往往伴随着潜在的伤害，可能是人际关系的破裂，也可能是身心的创伤。因此，我们更应学会与情绪和谐相处，深入探究其背后隐藏的信息，而非一味地压抑或忽视。我们需要深思如何与情绪和平共处，如何健康、安全地疏导情绪，如何营造充满爱与理解的家庭环境，以促进家庭成员之间情绪的自由流动。此外，我们还应探讨如何化解家庭成员间的情绪冲突。家庭氛围的和谐与否，很大程度上取决于情绪的交融与碰撞。家庭互动的常见场景往往由简单的事实和背后的情绪共同构成。情绪，是神经与肌肉、内脏之间沟通的桥梁。它仅仅是神经系统放大的一个信号，在身体上留下深刻的知觉感受。比如，当一只狗面临

威胁和危险时，它会产生恐惧感，肌肉紧绷，呼吸急促，随时准备逃避或反抗。相反，当这只狗吃饱喝足，满足感油然而生，它会放松整个身体，促进消化系统的正常运作。

二、陪伴式倾听

谈及沟通，我们往往更侧重于表达与开口，然而倾听作为沟通的另一重要形式，其价值却长期被低估。近年来，中外学者及家庭教育的实践者纷纷深入研究倾听在人际交往与沟通中的关键作用。北卡罗来纳大学凯南·弗拉格勒商学院的杰拉德·D·贝尔博士指出："当我们全神贯注地倾听他人时，对方会感受到认可、尊重与愉悦，认为谈话充满价值；他们因而更有动力、激情和意愿去解决问题，推动积极结果的产生。相反，若缺乏认真倾听，对方则会感受到伤害、排斥、蔑视与不尊重，从而意志消沉。"倾听的本质在于专注与沟通。正如古汉字和繁体字的"听"所示，它不仅包含耳朵，更融合了心脏、眼睛与注意力。其字面意义即为：用心倾听，让外界与内心的信息直达心灵。用心倾听是人际关系稳固的基石。非暴力沟通倡导者马歇尔·卢森堡和现代教练之父理查德·班德勒提出了倾听的"3F"法则，即关注事实（fact）、感受（feel）和意图（focus）。首先，在倾听过程中，我们应专注于对方陈述的事实，而非评论性观点，避免沟通误区。其次，我们应关注对方表达的情绪与感受，感同身受是建立信任关系的桥梁。最后，我们应关注对方的意图，是寻求认同、支持还是倾诉。

美国心理学家及家庭教育研究者帕蒂·惠芙乐在其著作《倾听孩子——家庭中的心理调适》中详细阐述了家长如何有效利用专门时间陪伴孩子，以增强他们的情绪修复能力。然而，在父母着手营造和谐的亲子关系之前，更为关键的是作为成年人的父母，首先要建立起彼此间坚实的倾听伙伴关系。

惠芙乐提出了倾听的四大核心原则：首先要尊重你的倾听伙伴，并深信自己注意力的力量；其次，在倾听过程中，要全神贯注于对方的问题，避免让自己的问题分散注意力；再次，要敏锐地识别倾诉者所谈问题的核心所在；最后，协助倾诉伙伴释放紧张情绪，共同面对挑战。

详细来说，首先要尊重倾听伙伴，相信他们具备寻找解决自己问题所需资源的能力。当倾诉者获得足够的关注时，他们会发掘出丰富的信息，这正是注意力的效果。在《精准学习》一书中，迪昂强调学习的首要核心支柱即为注意。注意能够改变大脑的神经活动。集中注意力是一种需要持续发展的能力，并非天生就具备，而是在大脑前额叶皮层完全发育成熟后才能达到最佳状态。而注意力的效果在于倾听者和倾诉者能够在同一时空内共同聚焦于同一问题或现象。人类的注意系统还有一个特性，即社交注意共享。婴儿在很小的时候便开始注视人脸，尤其是眼睛。一旦建立眼神接触，婴儿便会转向大人凝视的对象，这种社交注意共享能力也被称为"共同关注"。倾听者和倾诉者共同创造的这种共同关注，能够带来极佳的聚焦效果和深远的社交意义。例如，在编者执教的英语演讲与辩论课程中，我设计了一个"倾听时间"的环节，即学生们分享上周发生的愉快事情，每人三分钟。在一个学期的课程结束后，学生的课程总结中，绝大多数同学都提到这三分钟的倾听时间不仅提高了他们的表达能力，还增强了共情能力，并促进了同学之间的友谊。甚至有同学表示，在日常生活中，他们会更加有意识地关注快乐的素材，为下一周的课前倾听分享做准备。

其次，在倾听时，要全神贯注于对方的问题，避免让自己的思绪被自身的问题所分散。人们往往会自然而然地关注自己的问题，特别是在对方谈到与自身相关的话题时，倾听者可能会忍不住想要表达自己的观点。然而，在专业的倾听训练中，倾听者需要学会克制自己的冲动，仅仅表达对倾诉者的认同和关注。这一过程对倾听者而言，实际上是一次专注力训练的良机，需要通过刻意练习才能达到这种能力。因为人的思维常常会在各种想法之间徘徊，难以持久地聚焦于一个对象。在这个过程中，倾听者可以通过刻意训练自己的眼神来增强专注力，以热情而专注的目光跟随倾诉者的眼神。这样的做法会给倾诉者带来一定的安全感和被认可的感觉。因为在人的触觉发育过程中，眼神交流是触觉完善发育的一种延伸。如果在童年时期，个体得到了足够的有爱的触觉体验，那么在成年后，他们会更倾向于在人际交往中展现出友好的眼神接触，对交往的对象保持热情和关注。同时，对于那些触觉发育不够完善的个体，对方给予的热情而专注的眼神，或是适度的肢体接触如握手，也能为他们提供机会再次发育触觉感知，进而促进他们的安全感和被肯定感。这些感官体验是一个人建立自信、自律的基石。

再次，在倾听的过程中，关键在于识别倾诉者所谈论问题的核心所在。鉴于未成年人的情绪大脑尚未发育完全，当未成年人出现情绪失控的情况时，如果家长采取批判或压抑的态度，那么他们将难以学会如何以正确和健康的方式与情绪相处。因此，在倾听的过程中，若我们能敏锐地识别情绪，就更易于理解情绪背后的需求和动机，从而为建立和谐的亲子关系和亲密关系奠定坚实的基础。帕蒂·惠芙乐详细阐述了当孩子哭泣、恐惧、发脾气或愤怒时，如何通过倾听的方式洞察孩子情绪的根源。

比如，在孩子哭泣时，其背后可能隐藏着生理需求，如饥饿或困乏，这些信号由爬行脑发出。由于情绪大脑尚未发育完善，孩子难以将其转化为理性大脑清晰表达的内容，因此他们通常以哭泣或哭闹的形式来表达。哭泣是孩子释放内在焦虑、无奈等负面情绪的一种方式，有助于他们愈合情感创伤。哭泣是孩子排解所受伤害的自然反应。每个人的成长过程中难免会遇到各种负面情绪，特别是在儿童时期，面对成年人的世界，身心都未发育健全的孩子更容易感受到挫败感和无力感。在成长的过程中，通过哭泣来释放积压已久的负面情绪是孩子成长过程中的重要方法。如果父母一味地压抑或制止孩子的哭泣，可能会导致孩子在成年后压抑自身的情感情绪，忽视他人的感受，以及缺乏理想信念。因此，在此时此刻，如果父母能够以倾听的态度陪伴孩子，用充满爱和专注的眼神，或者通过拥抱的方式陪伴孩子哭泣，孩子将会在一个安全、安定的环境中全然释放自己。在释放完负面情绪之后，孩子的情绪修复力和自信心都将得到显著提升。

此外，还有一种情况值得关注。例如，在家庭成员共同度过愉快的一天之后，孩子有时也会突然耍赖哭泣。此时，父母很容易因孩子的哭闹而情绪波动。然而，如果父母能够敏锐地识别孩子哭闹背后的情绪需求，就会发现，经过一天高质量、亲密友好的相处，孩子在父母身边的安全感得以加深。在这种情绪大脑特别是杏仁核处于安定的状态下，孩子反而可能会抓住这个机会，去释放之前累积的悲伤情绪。无论是成年人还是孩子，每个人都会抓住任何可能的机会去修复自己、成长自己。这是生命不断向上、得以生存的本能力量。

当孩子感到恐惧时，他们通常会表现出退缩、发抖、出汗等生理反应，可能是害怕黑暗、小动物，或是某个特定的行为。如果父母只是一味地要求孩子克服恐惧，可能会对他的身心健康造成不良影响。特别是当父母以嘲笑的态度对待孩子的恐惧时，会给孩子带来更大的伤害。相反，如果父母能够以包容的态度陪伴孩子，允许他们表现出胆怯和害怕，并尝试探索这些恐惧背后的原因，孩子会感受到更多的安全感和支持感。父母可以紧紧拥抱孩子，轻轻抚摸他们的后背，耐心地陪伴他们面对内心的恐惧。值得注意的是，恐惧和害怕的挑战往往不是一次倾听就能完全解决的。作为父母，我们需要有无限的耐心和持续的陪伴，才能为孩子逐步建立起强大的安全感。当孩子的安全感足够强大时，他们会对未知的世界产生好奇心，并乐于去探索。

当孩子发脾气和愤怒时，他们仿佛变身为失去理智的小怪兽，此时理性大脑暂时失效，情绪大脑中的杏仁核则发出战备信号。孩子的身体可能冒汗，四肢乱动，嗓门提高，行为变得超乎常理。如果父母无法识别孩子情绪异常背后的真正动机和需求，很容易导致亲子关系紧张。例如，父母可能会严厉禁止孩子发脾气，甚至采取打骂的方式。然而，重要的是理解愤怒背后也有其合理的需求。孩子可能会感到委屈或不公平，他们通过愤怒来表达这种情绪。如果父母只是一味禁止孩子表达愤怒，他们可能会在未来遇到侵犯自己边界和身体时，缺乏勇气捍卫自己的权益。此外，压抑的情绪会对孩子的生理和心理健康产生不良影响。因此，建议父母在条件允许的情况下，为孩子提供一个私密且安全的空间，允许他们以非传统的方式释放愤怒，如发抖、尖叫、哭闹、跺脚或击打抱枕等。这些行为有助于释放情绪大脑中的压力和紧张。同时，父母也要确保自己的安全，避免孩子的不理智行为对自己造成伤害。当孩子情绪失控时，如果父母能以温柔而坚定的态度陪伴并包容他们，孩子将从中获得深刻的安全感，对父母产生深厚的信任。这种亲子之间的情感连接将日益加深，使孩子在面对生活挑战时更加刚毅果敢，百折不挠。

最后，帮助倾诉者释放内在的紧张情绪。在热情而专注的目光、温暖而有力的拥抱以及温柔而坚定的陪伴下，孩子会逐渐敞开心扉，在父母的悉心陪伴下去探索负面情绪背后的真正需求和动机。每一次情绪的释放都是身心细胞重组的契机，这会在身体层面产生一系列自然的排解反应，如流泪、流汗、咳嗽、打嗝、呕吐、排气或是困倦欲睡。此时，我们应鼓励倾诉者顺其自然地接受并接纳这一身心重启的过程，因为陪伴式倾听所带来的效果将会远超想象，令人备感惊喜。

陪伴式倾听的方式看似简单，但实际操作起来却需要专业人士的指导和训练。特别是当父母期望在家庭环境中实施陪伴式倾听时，一个关键的前提是成年人之间建立起倾听合作伙伴关系。这种关系需要在一个充满爱和安全感的私密空间内培养，旨在提升双方的倾听和倾诉能力。只有当倾诉者有机会倾诉，并感受到被倾听和重视时，他们才能更有效地发展出倾听他人的能力。进一步而言，这种能力将在他们未来的人生道路上发挥重要作用，帮助他们倾听自己内心的声音，并陪伴自己修复情绪，这也是成年人发展理性觉知力的基石。

第二节 运动游戏提高身心发展

运动是生命的源泉，更是儿童成长的自然表达方式。从古至今，无论东方还是西方，教育体系中无不将身体的运动视为不可或缺的重要部分。在中国古代，君子六艺之一的"射"和"御"便体现了对身体训练的重视。其中，"射"指的是军事射箭技艺，而"御"则是驾驭马车、战车的技能，这两者均着重于培养学子的身体素质和技能。在古希腊时期，体育和音乐更是教育的重要组成部分。柏拉图曾提及，在接受了音乐和诗篇的教育后，孩子们会被送往体操大师那里，接受身体训练，以培养既有强健体魄又具备社会美德的人。他强调，运动训练不仅仅是为了竞技的输赢，更重要的是培养优雅而有尊严的姿态、控制脾性以及各项技能。通过体操，人们追求的是身体的和谐与平衡，正如美学家的本意所指——运动员的身体之美。

然而，在现代社会，对于未成年人不同发育阶段中运动的重要性，我们并未给予足够的重视。在婴儿时期，过度的襁褓束缚、家人的过度呵护，以及平衡车、学步车等代步工具的广泛使用，剥夺了婴儿通过身体主动探索世界的机会。到了幼儿阶段，过早的智力学习使得幼儿园的孩子被迫坐在课桌前，少有机会在自然环境中探索并促进身体的正常发育。进入儿童期后，小学生们因教学空间的缩减，体育课的上课率一直饱受争议。在其他国家，如英国，这一趋势也引起了广泛关注。2001年，《时代》周刊曾就"学校玩耍时间是否危险"的话题展开辩论。越来越多的家长因担心孩子在运动场上发生意外而起诉学校，这使得"取消玩耍时间"的呼声日益高涨。然而，我们必须认识到，运动对于儿童成长的不可或缺性，并努力为他们创造安全、健康的运动环境。

根据家庭活动的节奏和强度，我们可将家庭活动分为四大类。高强度高节奏的活动包括工作、学习、购物和体育竞赛等；高强度低节奏的活动则涵盖了与家人共同参与的爬山、骑行、跑步及普拉提等；低强度低节奏活动则包括游戏、家庭闲聊、共同家务、整理房间、阅读书籍、讲故事、瑜伽和冥想等；而低强度高节奏的活动，特指过度依赖电子屏幕的时间，如电视、电脑、手机和平板的使用，它们带来的高强度感官刺激和不断变化的光线信号。在现代快节奏高强度的生活中，我们往往在高强度高节奏和低强度高节奏的生活方式间不断切换。学业和职场的压力逐渐加重，屏幕时间也愈发增加，电子保姆甚至逐渐取代了父母的照顾。这种生活方式导致家庭成员更多地处于静止状态，减少了高强度低节奏和低强度低节奏活动的参与，进而难以有效修复身心，也难以在学业和工作中保持足够的专注力和效率。

　　过往的研究和著作已广泛探讨了运动对个体身体、心理和专注力的积极影响，同时也研究了游戏玩耍对个体特别是儿童身心健康的益处。因此，我们推荐结合高低强度、保持低节奏的运动型游戏方式，以促进个体的身心脑发育。

　　首先，运动游戏在婴幼儿生理发展中扮演着至关重要的角色。在婴幼儿发育的早期阶段，大脑中的神经元和突触处于纤细而少量的连结状态，而自发的运动能显著促进这一过程。通过运动，婴幼儿的大脑神经元和突触在大约三岁时达到发育的峰值。每个成长阶段，婴幼儿都会展现出不同的肢体动作，从简单的眼珠转动、躺下踢腿、抬头，到逐渐发展出翻身、坐起、爬行直至直立行走的能力。这些动作的发展都需要足够的空间来运动，特别是在婴幼儿早期，地板活动尤为关键。成年期在尝试恢复神经的可塑性时，我们也常建议增加地板动作的练习。例如，当婴儿躺下时，他们挥舞双手和双腿，不仅是在空间中探索宽度和高度，更是在增强对自身位置的感知。这种感知是感觉统合中的核心基础感觉——本体觉。良好的本体觉有助于婴幼儿对自身有更清晰的认知，使他们在黑暗的环境中也能安全、自信地行走。相反，如果本体觉发育不良，婴幼儿可能会难以界定自己的身体，甚至在成年后也难以明确自己的位置和角色。

不同的肢体动作与不同的反射形式紧密相连。例如，惊吓反射表现为婴儿在出生后的前三个月内，在听到巨响时，会张开双手双腿，挥舞四肢，以表达惊恐情绪。然而，如果婴儿在襁褓中被过度包裹，未能充分体验并度过这一原始的惊吓恐惧反射阶段，他们在成年后面对恐惧时，可能会陷入困境，难以做出逃跑或反击的选择，而是被恐惧牢牢冻结。这正是心理学中所谓的"3F反应"的生理基础。对于成年人而言，如果想要修复面对恐惧的行为反应，可以尝试重现类似的身体姿势——张开双臂，打开双手，再缓缓合至胸前，垂下双臂，拥抱自己。这种身体游戏的方式，对于修复生理和心理层面的创伤都具有显著效果。值得注意的是，人的神经可塑性贯穿一生，但相对而言，这种可塑性与年龄的增长成反比。因此，若能在婴儿时期安全地度过各种原始反射期，个体在成年后更有可能展现出身心平衡与平和的品质。

在婴儿九个月大的关键时期，爬行显得尤为重要。若此时婴儿未能获得足够的爬行机会，将对其小脑发育过程中所需的感觉刺激造成不足，进而阻碍前庭系统与小脑之间通道的正常发育。爬行作为一种对侧运动，能够促进胼胝体（大脑两半球之间的神经回路）的发育。通过爬行，婴儿的身体两侧学会合作，获得等量的刺激，使感官能够更全面地接触周围环境。这种身体两侧的整合活动有助于婴儿做出更为高效的行动，并增强其平衡感。

研究表明，幼儿期若缺乏足够的爬行锻炼，可能会影响其后期的高级认知学习能力，特别是在理科以及语言的深层理解方面。而出生后九个月的阶段，正是大脑中低级和高级中枢开始建立连接的重要时期，为婴儿日后发展肌肉力量、手膝爬行和直立行走奠定基础。一旦婴儿能够直立行走，其双手将得到解放，进而掌握更多的人类操作技能，包括独特的象征性语言系统。布莱斯认为平衡感（前庭系统）是人类最古老的感觉系统之一，拥有长达60亿年的历史。平衡感不仅帮助人们定位和维持姿势，还让人们知晓自己在空间中的位置,是感觉系统的基本参考点。平衡系统主要由前庭系统组成,人体通过这一系统协调运动,促进大脑的生长和发育。前庭系统涵盖了半规管、小脑和网状激活系统,与大脑中的所有运动中心和肌肉紧密相连,使整个神经系统处于最佳工作状态。此外,儿童的兴奋跳跃和婴儿的翻身打滚等动作呈现螺旋结构,这与DNA的双螺旋结构、植物体内的螺旋生长以及洋流中的螺旋旋涡有着相似之处。这种螺旋运动与前庭系统密切相关,共同构成了生命活动中的重要组成部分。

在整个感觉系统中,前庭系统犹如一把开启学习大门的钥匙。因此,在身体游戏中,我们强烈推荐采用螺旋式方法来锻炼前庭系统。比如,为了训练儿童的平衡感,可以让他们参与以下运动形式:上下运动(如荡秋千、跳跃、蹦蹦床、在弹力城堡中玩耍、滑行、爬树);来回运动(如跑步、突然启动和突然停止、摆荡);离心力游戏(如旋转木马);转身运动(如旋转、跳舞、转动身体、翻跟头);深度运动(如滑板等)。这些运动方式同样适用于青少年和成年人来锻炼自己的前庭系统。

平衡感发育不良的一个典型特征是旋转时感到不适,以及晕车晕船等现象。特别是在青春期,由于半规管液体的浓度增加,人们更容易感到眩晕。

其次,玩耍是孩子的天性。有些人可能认为玩耍是轻浮的、无用的,甚至是消磨意志的,但这其实是一种误解。这种看法类似于爬行动物的生存模式,它们的世界主要围绕生存和本能反应,如弱肉强食。然而,哺乳动物却展现出玩耍的特性,这与它们的大脑功能紧密相连,尤其是情感、社交联结和同理心。

对于孩子来说,缺乏玩耍不仅意味着缺乏运动和身体接触,更重要的是,它可能导致大脑功能的紊乱。这种紊乱可能表现为暴力倾向、抑郁症状甚至精神分裂。有研究表明,缺乏玩耍和触摸的孩子,其大脑的体积可能会减少20%~50%。因此,玩耍并不是工作的对立面,而是避免抑郁、孤立和社交隔离的重要途径。

韩纳馥博士对玩耍的描述颇具洞见，她视其为"一种满足感官的自发性活动，它促进联系、探索，且安全无竞争。玩耍使人忘却时间，保持平衡，充满欢乐与打闹，能够产生深刻的幸福感、流畅感，仿佛时间在这一刻凝固"。医学博士兼精神病医生斯图尔特·布朗则强调，"玩耍是一种自发的、非典型化的活动，其本质在于带来纯粹的快乐，不掺杂焦虑或其他负面情绪。玩耍没有明确的空间或目标限制，它仅仅是玩耍本身。"约翰·贺日思伽则认为真正的玩耍象征着自由，它不受强迫和限制，而是源自内心深处，如同许多成年人童年记忆中那些冲动而自发的瞬间。艾希莉·蒙蒂涅则将玩耍比作孩子的工作，揭示了玩耍对孩子成长和发展的重要性。

运动游戏在促进参与者社交能力方面发挥着重要作用。麦克林在研究玩耍时发现，相较于爬行动物，哺乳动物需要更长的养育期。在充满外界风险的世界中，社群生活不仅提升了新生动物的安全性和保暖性，而且随着幼小动物在狭小空间内的成长，它们的利齿和利爪也增加了进攻性。如何在有限的空间中和谐相处，玩耍成了一个有效的解决方案。因此，与过去认为玩耍无用的观点不同，玩耍实际上促进了动物之间的和谐交往。对于人类而言，童年时期的玩耍在构建个体社交能力方面起着至关重要的作用。它帮助个体融入群体，消除了孤独感和对社交的恐惧。在玩耍中，轻松愉悦的团体运动游戏形式有利于参与者在面对面交流中激发笑声，笑声和眼神交流让玩耍者更容易放下对社交对象的防备，提高了参与团体活动的意愿。同时，通过运动游戏，个体能够识别对方的面部表情和身体语言信号，在彼此的即时反馈中调整自己的行为，从而提高了识别社交信号的能力。此外，运动游戏过程中的身体接触，如扭打、摔跤或翻滚，会产生更多的感觉信号，这些信号促进了大脑对自身身体边界的认知。随着时间的推移，个体对自己的力道、方向感和平衡感逐渐有了更清晰的了解。进入青春期后，这些身体带来的感觉信息将逐渐有助于建立起自尊、自信和自律的品质。

运动类游戏在参与者之间，能够有效促进平等意识和关系的建立。游戏仿佛是一面无形的镜子，其中没有固定的角色设定，决策者和跟随者的身份随着游戏进程的变化而灵活转换。这种非固定的权力关系模式有助于参与者培养平等的权利意识，增强他们对自己行为负责的能力，并提升在人际交往中灵活协调的技巧。在野生动物世界中，体型差异被极大地淡化。以尼克·詹斯在《黑狼罗密欧》中描述的故事为例：一只重达近55公斤的黑狼，在阿拉斯加州边缘地带生活了六年，与当地居民和他们的狗建立了深厚的友谊。面对一群身高仅及它膝盖的混种狗时，它表现出极为谦逊的姿态，压低前半身，放下身为狼的高傲，温和地与这些狗嬉戏，尽管它拥有瞬间击败它们的力量。

在亲子游戏中，社会等级的差异同样被淡化。以亲子打闹摔跤游戏为例，父亲们常常放下身段和身份，让孩子在游戏中占据主导地位，这不仅有助于孩子修复内心的无力感，而且促进了亲子间的和谐互动。成人的适当示弱让亲子关系更加融洽，让成人在孩子的欢笑中解除疲惫，收获喜悦，同时也让孩子在欢乐中重建自信，进一步增强了家庭的整体凝聚力。

最后，运动游戏对参与者的认知能力具有显著的促进作用。在《精准学习》一书中，迪昂深入探讨了学习的原理，指出学习的核心在于神经元的再利用，即人脑通过学习重新利用原本用于其他功能的脑区。学习的四大支柱包括注意、主动参与、错误反馈以及通过睡眠进行记忆巩固。而运动游戏则能够有效提升参与者的注意力，因为在游戏过程中，面对面的交流信息瞬息万变，要求参与者时刻保持警觉。此外，充满想象力的游戏带来的愉悦感能够激发参与者的主动参与度，而双方间的即时反馈则进一步提升了学习能力。运动游戏特别激活了大脑中的感官系统基础"铁三角"——前庭系统、本体觉和触觉。其中，前庭系统被誉为开启学习能力的钥匙，它与大脑皮层的神经通路共同构成了认知能力发展的基石。学习不仅仅局限于大脑皮层，它需要整个大脑的协同工作，以及身体肌肉的参与。真正的学习，即建立有意识的联结，始于运动对刺激的回应，随后通过创建一个背景或经验来理解和整合感官输入。只有当身体进行个性化的思想表达，即输出时，学习才算完成。运动游戏在整个学习过程中激活了大量的神经元，特别是多巴胺等神经递质，促进了神经突触的生长和神经通路的构建，尤其是与智力学习密切相关的海马体和大脑额叶区域的神经回路。这些回路与规划、注意、预判和思维等认知能力紧密相关。

"密歇根大学玩耍行动"强调亲子游戏的重要性，鼓励家长每周至少与孩子玩耍15小时，并根据孩子的各种反应来决定玩耍的方式。研究显示，每周与父母玩耍超过15小时的儿童在社交、情感和认知方面取得了显著的进步；相比之下，每周玩耍不足10小时的儿童，仅有20%表现出类似的进步。这表明游戏玩耍在未成年人的认知、情感和社交发展中扮演着举足轻重的角色。

在此，我们推荐一系列既有趣又易于操作的运动型游戏。除了传统的扭打、攀爬类游戏外，还有韩纳馥教授提倡的健脑操、中国传统的太极拳和八段锦、源自印度的瑜伽，以及西方的自由和即兴舞蹈等。这些活动不仅能帮助参与者促进生理发育，还能显著提升社交能力和认知能力。

正如三层大脑理论的提出者保罗·麦克林所言："在充满挑战和不确定性的世界里，玩耍能够培养我们的适应性和弹性，帮助我们摆脱焦虑，使我们既具备可塑性又富有创造力。"

第三节　户外森林扩展家庭活动领域

随着现代生活的日益城市化，人们的居住空间不断缩小，公共绿化空间也日渐减少，这对未成年人的身心发展构成了不小的挑战。城市化进程加剧了人与自然的疏离，人际关系变得淡漠，玩耍空间变得狭窄，这些因素均对未成年人的全面发展形成了严重阻碍。在《林间最后的小孩》一书中,儿童与自然组织联合创始人和名誉主席理查德·洛夫提出了"自然缺失症"的概念,指出人类与大自然的疏离导致了一系列不利影响,包括感官使用减少、注意力不集中、身体和心理疾病频发等。这一问题不仅存在于个体层面,也影响到了家庭和社区。多项研究证实,与大自然的亲密接触能够显著提升孩子的注意力、认知能力和抗压能力,同时也有助于预防抑郁。大自然的丰富环境在生理和心理层面均对儿童的健康成长起到积极作用。在我国,自然缺失现象普遍存在。《城市中的孩子与自然亲密度调查报告》(上海公益组织,2013)显示,中国20个省市的小学、初中生中,每周户外活动时间少于3小时的比例高达48.5%,存在自然缺失症的儿童占比16.33%,而在北上广等大城市,这一比例更是高达40%。针对大学生的调研也显示,尽管他们渴望接受自然教育,但高校开展自然教育的机会仍然有限,大学生对自然教育的认知度和参与度均较低。超过半数的人表示对自然教育缺乏了解,近一半的人从未参与或组织过自然教育活动,而深入大自然、参与户外活动的频率也普遍较低。此外,自然教育场地和设施的不足、活动内容单一也是制约自然教育发展的因素之一。近七成的大学生反映周边缺乏开展自然教育的场所和设施。尽管如此,大学生对自然教育的热情和兴趣依然高涨,超过八成的人表示愿意参与自然教育,并有相当比例的人愿意成为自然教育的志愿者。与此同时,职场人的休闲时间分配也反映出自然缺失的问题。根据《职场人平衡指数调研报告》(2012),职场人在家休闲娱乐的时间远超外出休闲娱乐,而长时间久坐和"躺在床上看手机"已成为现代职场人的常见习惯,这导致干眼症和颈椎病成为职场人的主要健康隐患。

在大自然中锻炼和在城市中锻炼,究竟有何不同呢?实际上,大自然中的锻炼更能有效地促进我们的运动能力和心理健康。华盛顿大学的生态学家格雷戈里·布拉特曼一直致力于研究环境对人类身心状态的影响。随着现代城市文明的飞速发展,精神心理疾病的发病率也呈现出上升趋势。

布拉特曼特别关注大自然与情绪认知之间的关系。他首先通过对比观察和记录发现,散步50分钟,无论是在城市或大自然中,散步都带来了显著的益处:焦虑感显著降低,思绪更为清晰,消极情绪得到缓解,积极情感得以维持,并且工作记忆力也有所增强。而在另一项研究中,他进一步探讨了在城市环境和自然环境中分别行走90分钟的效果。结果显示,在自然环境中行走的群体自我报告的反刍次数明显减少,前额叶皮质活动降低,思绪逐渐归于平静,内心不再喋喋不休。反刍和喋喋不休正是抑郁和焦虑在内心的主要表现形式。以挪威和瑞典的学龄前儿童为例,一项研究发现,在平坦的游乐场玩耍和在树林、石头等自然不平整地面空间玩耍的孩子,经过一年多的时间,自然空间玩耍的孩子在运动能力上得分更高,尤其是在平衡和敏捷度方面。而在心理层面,康奈尔大学人类生态学院的教授南希·韦尔斯评估了乡村地区三到五年级儿童家中及周边自然景观的丰富程度。她发现,与住处附近缺乏自然景观的孩子相比,住处附近有丰富自然景观的孩子在行为障碍、焦虑和抑郁程度上的评分更低,他们对自我的评价也更为积极,高于同龄人。

约瑟夫·克奈尔的《与孩子共享自然》被誉为自然教育的经典之作,其中收录了50个精心设计和创作的户外运动游戏,旨在引导大人和孩子们深入体验自然、敞开心扉去感受其中的喜悦与宁静。例如,书中提到的"闭眼感知"游戏,通过关闭视觉,参与者需运用触觉、听觉、味觉和嗅觉等多重感官去感知大自然。在编者所教授的课堂上,我们也曾尝试这一游戏。在疫情封校的特殊时期,我们举办了以"人与自然关系在不同文化中的体现"为主题的讲座。课前,我要求学生准备一份代表大自然的物品,如树枝、叶子、果实或花朵。在课堂上,我们进行了"闭眼感知"活动,学生们在我的引导下,通过多重感官与大自然进行了深刻的联结。课程反馈显示,近七成的学生表示在游戏中重新体验到了久违的大自然。由于疫情封校,学生们大部分时间都待在校内,情绪波动在所难免。而这次与大自然的深度接触,给他们带来了极大的放松与抚慰。约四成的学生反映,疫情期间在校内心理压力较大,焦虑和烦躁情绪时有发生,但没想到一片叶子就能带给他们如此深切的感动与宁静。正如蕾切尔·卡森在《寂静的春天》中所言,那些能够感受到大地之美的人,能够从中汲取生命的力量,这种力量将伴随他们一生。

表4-1详细展示了人类大脑脑电波与清醒状态之间的关联。

表4-1　人类大脑的脑电波与清醒的相关状态

类型	频率/Hz	相关状态
δ波	0.5～3	昏昏欲睡
θ波	4～7	沉思冥想,无意识处理; 海马体处理信息;浅睡眠期
α波	8～13	放松清醒状态
β波	14～30	认知及情感激活,转移注意力到具体刺激任务上

在常规的清醒状态下,大脑通常处于β波频率,表现为思维散乱,思绪跳跃,这在信息爆炸的现代社会中尤其使得人们难以集中注意力。然而,在大自然的环境中,我们却能够体验到另一种不同的脑电波状态——α波。树叶的飒飒声、流水的潺潺声、海浪拍打海岸的声音以及鸟儿的悦耳鸣唱,这些自然之声都带有α波的特质。地球表面与其上方的电离层形成了一个类似于空心球的"共振腔",能够容纳电磁波的振荡。德国科学家舒曼发现了地球电磁场频率中的一个极低频的7.8 Hz频谱峰值,这就是我们所知的舒曼共振。α波能够带来一种放松而清醒的状态,正如诗人王维所描绘的:"人闲桂花落,夜静春山空。月出惊山鸟,时鸣春涧中。"从振动频率的角度看,花落、月出、鸟鸣等自然之声都释放着α波,为我们带来一种宁静与平和的感觉。因此,当我们经常走进户外,感受大自然的怀抱时,就仿佛置身于一个由大自然自带的α波全程无线网络覆盖的区域。这种与大自然的同频共振不仅为我们带来了一种宁静的安全感,还激发了我们的活力

与生机。这正是从声音振动的角度，解释了大自然的户外生活为何能给予人们如此深刻的影响。

大自然中的深度游戏和玩耍对于促进专注力、改善注意力缺乏问题、提高认知敏捷度和记忆力有着显著的作用。随着信息化社会中屏幕时间和网络时间的增长，人们的认知和注意力状态发生了显著的变化。微软公司曾对加拿大人进行了一项研究，测量人们的注意力持续时间及其下降速度。结果显示，2000年加拿大人平均注意力持续时间为12秒，而到了2013年，这一时间缩短至8秒，下降了33%。如今，甚至金鱼的专注力都比许多加拿大人更强，因为金鱼能保持9秒的注意力。此外，2004年西雅图儿童医院的研究报告指出，学龄前儿童每天多观看一小时电视，他们在7岁时出现注意力缺陷障碍症状的可能性将增加10%。约瑟夫·克奈尔提出的"深度自然游戏"概念，在全球范围内点燃了自然教育革命。深度自然游戏的特征包括全身心投入大自然的每一个瞬间，忘却时间的流逝，与自然环境中的游戏对象融为一体，自我意识逐渐淡化。这种深度游戏带来的两大益处——忘我和活在当下，能够使人们全神贯注于当前的任务，而这正是集中式学习的关键条件。同时，大自然中的深度游戏还能激发内在的喜悦和欢愉，消除消极的自我批评，提升个人的满足感和幸福感。

在大自然中，植物构成了最丰富的生物系统。如果把地球长达46亿年的发展周期比作12个时辰，那么植物在大约35亿年前，通过地球上的第一次光合作用崭露头角，而人类的出现则仅仅是这漫长历程中的最后三分钟。植物不仅塑造了人与动物共同的家园，它们所散发的植物精油芳香分子，更通过扩香、嗅吸和涂抹等多种方式，绕过丘脑的分析系统，直达大脑额叶底部的嗅觉区——内嗅皮质。这一过程不仅有助于我们缓解疼痛、理气解热、放松情绪，还能缓解焦虑、提高注意力，进而促进身心健康。例如，薰衣草精油就具有降低血压、抗菌抑菌、缓解焦虑、抑郁和失眠等多种功效。

第四节　冥想促进家庭稳定友爱氛围

冥想作为一种拥有深厚历史传统的修行方式，一直备受争议。为了更准确地理解其效果，我们努力采用科学、有效的方法来探讨冥想的作用，特别是在参与者生理、心理变化，以及社交和认知能力提升方面的具体影响。

首先，冥想拥有丰富多样的形式和技巧，它可以是静态的静坐，也可以是动态的舞蹈，甚至是走路、吃饭时的专注。它可以是安静的内心沉淀，也可以是唱诵祈祷的沉思。可以闭眼沉浸于内心，也可以目光专注于前方的某个定点。一般而言，呼吸是冥想的入门方法，因为呼吸是每个人无时无刻不在进行的自然活动。在将注意力聚焦于一点的过程中，呼吸通常成为大多数冥想练习的首选路径。安诺德·朱迪斯指出："所有这些形式的冥想都有一个共同点——提升、安抚和协调身心的能量振动，清空心智中习以为常的混乱。"

冥想的意义在于它为我们的身心世界带来了深度的清理。在现代社会，我们每天置身于多信息、多任务的工作与生活环境中，多重感官的刺激使我们的生活方式和娱乐方式与前人迥异。忙碌、快节奏、高强度的学习和工作给每一位现代人都带来了不同程度的紧张和压力。我们深知日常的清洁工作有助于身心的放松，比如打扫房间和清洁身体。而冥想，则是对我们的意识世界进行深度清理和净化的过程。如果我们每天继续延续昨日的意识观念、情绪感受，那么我们的身心将无法长期在这样的重负下轻盈运转。而家庭往往是最容易积聚压力的地方，孩子尤其是弱势的孩子，时常会承受来自父母的压力和紧张。因此，当家庭中的某一位成员开始冥想时，他/她的变化能够营造出一个稳定、轻盈且充满爱的磁场，进而支持和影响其他的家庭成员。

具体而言，冥想具有显著的情绪修复能力，它能够减轻压力，减少负面和破坏性的情绪。以中国大学生为研究对象的一项评估受试者情绪调节能力的研究表明，通过参与身心整合的冥想课程，受试者在前后问卷调查中展现出了显著的负面情绪变化。其中，"愤怒""抑郁""无力感"以及"紧张焦虑"等负面情绪显著下降，而正面情绪（如"活力"）则明显增加。此外，冥想还能提升社交能力。对于社交焦虑症患者而言，冥想有助于改善他们的自我形象。社交焦虑症，或称社交恐惧症，是一种使人逐渐失去活力的心理疾病，常导致患者回避社交互动，担心他人对自身的负面评价。斯坦福大学的菲利普·高丁博士在一项研究中发现，经过正念冥想减压训练的16名被试者，通过核磁共振扫描显示出自我处理、语言处理、记忆和视觉处理区域的活性增加。高丁博士认为，视觉感官信号处理区域活动的增强表明当事人更愿意去注意和观察这些视觉信号，而非一味逃避。同时，受试者在自我描述的过程中，经过冥想训练的个体更倾向于使用正面词汇，减少了负面词组的使用，这进一步提升了他们的自我认同和自尊。

冥想显著提升认知能力，特别体现在专注力和记忆力的提高上。一项研究对比了20名经常冥想者与20名从未冥想者的脑区活动情况。通过测量脑部灰质的体积和密度，以及大脑神经元的数量，研究人员发现长期冥想者的灰质密度更高，且左侧颞叶下回异常活跃，这个区域与语言、听力以及打开学习通路的前庭感觉密切相关。同时，右侧海马体的活性也呈现出增加趋势，这一区域与情绪记忆、反应控制和感官功能紧密相关。该研究表明，长期练习冥想的人大脑灰质密度增加，进而与学习能力和记忆力呈现正向关联。另一项对比实验选择了8位拥有15年以上冥想经验的资深冥想者与9名对照组个体，采用单光子发射计算机断层成像（SPECT）技术扫描他们在静坐前后的大脑额叶活动。结果显示，经过一小时的静坐后，冥想组的额叶血流量显著增加，特别是扣带回、下额叶皮质、眼眶额叶皮质、背侧前额叶皮质和视丘等区域。这些区域的活跃与大脑的专注力密切相关，进一步证实了冥想对提高专注力的积极作用。

冥想能带来显著的生理和心理改善。玛赫西（Maharishi Mahesh Yogi）所传授的超绝静坐曾在西方广受欢迎。为了深入研究静坐冥想对身心的具体影响，研究者们借助脑电图（EEG）技术，详细分析了静坐冥想者的脑波模式。

在常规清醒状态下，脑波往往呈现出随机和散乱的特点，主要处于β波频率，大脑的两个半球可能产生不同的波长，尤其是前后脑之间的差异可能更为明显。然而，一旦进入静坐冥想状态，这种情况就会发生明显的改变。

冥想伊始，受测者的脑波便显示出α波（代表大脑放松状态）的增加，这些α波从后脑开始，逐渐向前脑移动。几分钟后，α波数量大幅上升，前后脑的脑波开始同步，左右脑也趋于一致。这种共振状态持续进行，许多冥想者的大脑中甚至开始出现θ波（比α波更深沉的脑波），这在经常修习静坐冥想的人身上尤为常见。

进一步对大脑皮层各区域的脑波观测表明，在静坐冥想过程中，顶叶（负责处理感官知觉、空间数据及语言处理）和枕叶（负责视力）区域可观测到α波的出现；而在额叶（负责分析推理、逻辑、解题、决策、控制行为、情绪和运动）区域，长期静坐冥想的人大脑则出现θ波。通常，α波在放松的清醒状态下出现，而θ波则更多地与深度放松或浅眠期相关。

冥想能使脑波进入以α波为主导的状态，与平时散乱的β波截然不同。这种α波状态不仅有助于智力、认知和创意的发展，还能促进情绪的稳定和自信心的提升，使冥想者达到一种平和安定的状态。

在冥想的过程中，冥想者通过持续以旁观者的视角观察自己的呼吸、身体感受，以及周围的人和事物，觉察并审视自身的喜怒哀乐与思维模式。这一过程有助于冥想者更容易地放下对上瘾行为的控制，纠正对自我的扭曲认知，从而培养出更宽广的视野和更加开放的心态。以戒烟的参与者为例，在体验正念冥想时，冥想练习不仅打断了强迫性思维，更引导我们关闭了后扣带回皮质，同时激活了背外侧前额叶皮质和前扣带回皮质，开启了新的感知能力，显著提高了我们对自身的觉察力和自我控制能力。

冥想具有显著的生理效应。在冥想过程中，个体的氧气摄入量可减少16%~18%，心跳减慢约25%，血压下降，代谢率降低，同时激活副交感神经系统并降低交感神经系统的活跃度，使身体进入比睡眠更深层的休息状态。

冥想的振动作用甚至可以超越空间的限制。阿密·格斯瓦尼进行了一项引人入胜的实验，该实验将曾经共同冥想的个体分隔开（通常在3200千米之外），每个人都连接到脑电检测仪上。当在一位冥想者眼前放置一个会发出红光的仪器时，每当红光闪烁，这位冥想者的脑电图就会发生明显的变化；而令人惊奇的是，在同一时刻，另一位冥想者的脑电图也以相同的方式发生了变化。

迪·库尔特对一项研究进行了深入分析：在这项研究中，一群小孩在操场上自由玩耍，而他们的父母则安静地坐在场边，未加干预。操场后方有一个足球场，当研究者带领一些对孩子友好的人和狗走向操场时，孩子们并未表现出任何反应。然而，当一名有前科的儿童猥亵者向操场靠近时，尽管孩子们既未看见也未听见这位猥亵者，但他们却立即停止了玩耍，并迅速跑向了自己的父母。那么，孩子们是如何感知到这位危险人物的出现呢？韩纳馥提出了一个观点，他认为我们心脏周围存在的有力振动场使得我们能够影响他人，同时也能够被他人所影响。这或许是孩子们能够察觉到潜在威胁的关键所在。

运动水平的极致在于能够维持身体的静止不动。当冥想者通过冥想训练自己达到一动不动的境界时，他们不仅在为身体、情绪、认知和思维方式构筑一个稳固的基石，还时常沉浸于α波或θ波的振动频率之中。这样的状态不仅对个人大有裨益，同时也对他人产生积极影响。这种振动频率拥有强大的高频覆盖效果，与冥想者相处时，人们仿佛被大自然的磁场所包裹和感染。若家庭中有人长期进行冥想训练，保持放松而清醒的状态，这样的身心状态无疑将为家庭生活带来积极的情绪价值，冥想者能够为家庭其他成员提供宝贵的支持与关爱。若家庭成员共同学习冥想，家庭生活中的争吵和矛盾将减少，而欢乐与爱意则会增多。

众多脑电图研究显示，大脑脑电波展现出一种"同步反应"现象——即两次振荡的同步性，就如同两个音叉以相同频率振动，或是两个钟摆以相同节奏摆动。这种同频共振现象在共情状态下尤为显著，当两人情绪同步、相互镜像，形成深厚的情感联系时，他们的大脑便会产生同步反应，尤其是在顶叶区域，更容易形成α波的振动。这种同步性有助于安慰者更有效地缓解伴侣的痛苦，并增进彼此之间的亲密感。若安慰者能经常进行冥想，进入α波的振动频率，那么他与被安慰者之间形成共情的能力将大大增强，能够更有效地抚慰受伤、疼痛的身心，为家庭生活营造一个充满爱与修复力的空间。

第五节　触摸提高身心脑平衡发展

皮肤，作为人体最为庞大的感觉器官，密布着各种神经末梢，用以感知我们周遭的环境。无论是轻柔的触碰、冷热交替、压力施加、疼痛感受，还是源自身体内部肌肉、肌腱的微妙变化，皮肤都能一一捕捉并传递。它如同一位敏锐的侦探，细致入微地检测着身体的各种感觉，随后将这些感觉信息通过延髓传递到爬行大脑的脑干，再经过脑桥抵达位于情绪大脑的丘脑或理性大脑的大脑皮层。皮肤的发育对于我们的触觉至关重要，而触觉则是我们感知身体各部位、理解身体内部联系以及与外部环境互动的关键。它影响着我们对身体各部分的意识，甚至关系到身体不同部位间的沟通与协作，以及我们与周围世界的和谐共存。

皮肤触摸会向大脑皮层发送信号，进而激发产生催产素和内啡肽。催产素有助于增强母子之间的联系，而内啡肽则能降低疼痛感，带来镇静的效果。鉴于皮肤是肢体触摸的主要感受器官，触觉发育是婴儿与生俱来的生理需求。对婴儿的抚触，一方面有助于其早期免疫系统的发育，确保体重稳定增长。对于早产儿来说，每天三次、每次15分钟的按摩能够促进体重增长达45%。另一方面，抚触还能促使婴儿大脑分泌催产素和内啡肽，有助于情绪的稳定，并促进后期自信、自尊的发育。因此，早期的触碰对婴儿的成长至关重要。缺乏足够的触碰会导致大脑持续分泌紧张因子，使婴儿的神经系统功能减缓，身体功能下降，严重时甚至可能危及生命。第二次世界大战期间对法国孤儿院孤儿的研究表明，缺乏触摸的孤儿夭折率极高。即使是负面的接触（如体罚），也能在一定程度上降低死亡率。这充分说明了触摸是生理的基本需求，若无法获得正向、积极的触摸，我们的身体甚至会寻求负向的触摸作为替代。

这些都属于感觉统合中不同类型的触觉发育障碍。首先，触觉敏感型的孩子对触觉过度反应，常常逃避触碰。他们对轻微的触碰可能产生过度情绪化的反应，如焦虑、敌意、退缩或攻击性行为。在日常活动中，如穿衣、洗澡、洗脸、剪发、吃饭时，他们可能表现出极度挑剔的态度。这些孩子往往难以与他人建立情感联系，社交障碍明显。其次，触觉反应不足的孩子对触碰不敏感。他们不太在意冷热、脏乱或刮伤。他们的口味较重，需要强烈的感觉刺激才能融入周围的世界。由于难以察觉疼痛，他们可能在游戏中伤害他人而不自知，因为他们无法理解别人也会疼痛。最后是触觉寻求的孩子，他们需要额外的触觉刺激来满足自身需求。他们可能会过度主动寻求刺激，如咬人或撞人、喜欢脱袜或脱鞋、过度进食重口味食物，以及频繁触碰他人。这些行为有时会引起他人的反感。不同触觉发育障碍的孩子在成长过程中会面临各种挑战，因为肢体触摸对情感安全感和社交技能有着重要影响。普雷斯科特的研究比较了两种不同触碰文化的暴力水平，发现高触碰文化中的暴力水平较低，而低触碰文化中的暴力水平较高。对于触觉反应不足的孩子，他们可能在成长过程中形成冷漠的性格，难以共情和同理心，因为他们很难感受到他人的感觉。触觉寻求的孩子可能表现为过于活跃，喜欢捉弄他人，因为他们渴望通过触觉获得安全感和连接感。他们可能对人际交往的界限不敏感，容易做出超越界限的行为。而触觉敏感的孩子则可能因过度敏感而避免社交，难以建立深入的亲密关系。然而，如果婴儿在早期获得良好且高质量的触觉体验，他们的触觉发育将更为健康。这将有助于他们建立良好的母子关系，长大后享受人际交往，乐于触碰他人并被触碰。他们更可能拥有开放的心态，能够接纳他人并维护自己的底线，从而在社交生活中建立深入且有质量的关系。

触摸在促进学习能力提升方面发挥着关键作用。首先，良好的触摸能够给予孩子安全感和归属感，使他们更专注于探索新事物，而非被触觉的障碍所分心。其次，触摸刺激神经生长因子，促进大脑中神经元和树突的生长，进一步推动了神经连接的强化。在触摸的过程中，尤其是通过手和嘴，这两个部位拥有更多的触觉感受器，它们与大脑皮层中的运动皮质和感觉皮质紧密相连。动手是语言学习、认知发展和记忆力提升的重要工具。例如，通过动手实践，触觉体验得到丰富，大脑的海马体活动也随之增强，进而提高了记忆力和处理能力。这也是为什么实践操作所带来的记忆效果往往优于单纯的死记硬背，特别是在乐器演奏、球类运动、书写等活动中。在婴幼儿的成长过程中，手的发育与大脑的发展并驾齐驱。在出生后的前两年，婴幼儿会学习使用手去抓取、触摸、感觉并辨认物体。手作为身体功能中的智慧工具，能够实现和完成人们的各种想法。因此，唤醒身体首先要从唤醒手这一重要部分开始。多动手就如同多动脑，缺乏亲身实践很难激发大脑的神经回路，从而影响学习效果的最大化。

良好的触觉体验在家庭生活中占据着举足轻重的地位。它不仅能够增强家庭成员之间的同步感受，增进彼此的同理心，还能有效缓解痛苦，增添欢乐与愉悦。科学研究表明，当我们与他人共情时，我们的大脑会与对方产生镜像同步，而这种同步还有助于减轻对方的疼痛感受。由海法大学的帕维尔·戈尔茨坦领导的研究团队，利用超扫描技术，同时监测了至少两个人在交流时的大脑活动。研究小组特别观察了异性伴侣在牵手触碰以安慰对方时的大脑反应。在疼痛和无疼痛两种情境下，男女分别经历了牵手、无身体触碰地坐在一起、单独房间内的测试。分析结果显示，在疼痛情境下，牵手触碰产生了两个显著效果：首先，人与人之间的触碰提高了安慰者共情的准确性，减轻了被安慰者的疼痛感受。这表明触摸不仅能提升我们的共情能力，还能切实降低他人的痛苦。此外，研究还发现了大脑中的α波同频共振现象，特别是在女性大脑的顶叶区域与男性大脑的右侧枕叶、颞叶和顶叶区域之间，存在强烈的镜像或同步现象。触摸的强度与这种共情同步程度及亲密度的增强呈正相关，进一步验证了触摸在缓解疼痛方面的有效性。因此，在家庭生活中，面对生理疼痛或情绪崩溃时，身体的接触和触碰是一种极为有效的缓解疼痛的方法。同样，在陪伴式倾听的过程中，彼此之间的肢体接触也是高质量倾听不可或缺的元素。

在日常生活中，为了促进触觉的良好发育和提高触碰的品质感，我们可以根据不同年龄段或触觉发育的需求，采取不同的方法。在儿童时期，鼓励孩子尽情玩耍，如玩沙、玩水、玩泥巴，以及使用天然植物精油进行脊背部和手脚的抚触与按摩，这有助于他们感觉的整合与发展。进入青少年阶段，他们可能更偏爱有力度的触碰，如热烈的拥抱和有趣的扭打游戏。对于触觉敏感的人，则需要更细致和适应性的触碰方式，如轻柔地按压、使用细毛刷或小球轻触皮肤表层，以及温柔的抚触，以帮助他们逐渐适应和享受触觉体验。而对于触觉不足的人，与宠物的互动，如"撸猫""撸狗"，可以在毛茸茸的动物接触中丰富他们的触觉体验。此外，多动手参与各种活动也是促进触觉健康发育的有效途径。无论是切洗烹饪不同的食材、整理衣物和书籍、扫地等家务活动，还是木工、编织等手工艺，以及对手部、足部、脊背和头部的按摩与抚触，都能在不同年龄段的人群中促进触觉的健康发展。

第五章　家庭教育中的沟通

第一节　家庭沟通模式

关于沟通的定义，国内外学者众说纷纭。学者王振翼认为，沟通是人与人之间、人与群体之间思想与感情的传递和反馈，旨在达成思想的共识和感情的流畅。它涉及交流观点和看法，寻求共识，消除隔阂，以谋求一致。另有学者则提出，沟通即言语交际，是人们利用语言来传递和接收信息，交流思想感情，以达到某种特定目的的言语活动，本质上是信息流动的过程。学者张彦群进一步指出，沟通是人类彼此间联系的核心，不论形式如何，无论是图片还是音乐，言语还是非言语，说服性还是信息性，有意识还是无意识，恐吓还是愉悦，清晰还是模糊。而传播学研究领域的专家拉里·萨莫瓦尔则认为，沟通是传播象征符号的过程，目的在于获得反馈。事实上，党思和拉辛曾对过去三十年的文献进行了总结，发现关于沟通的定义高达126种，并且这个数字还在持续增长中。

无论沟通的定义如何变化，其核心要素始终稳固，包括沟通语境、沟通主体、信息、媒介、干扰和反馈。沟通语境涉及特定的地理位置、历史背景、主体的内在心理状态,以及所处的文化环境;它的重要性在于人们总是置身于特定的社会文化背景之中,而家庭则是人们首先学习包括沟通方法和规则在内的基本技能的场所。沟通主体涵盖信息的发送者和接收者;在沟通中,两者同等重要,甚至接收者的理解和反馈更为关键,因为沟通的效果最终取决于接收者的接受程度。信息的编码与解码过程,通过象征性符号传递信息,这些虚构的象征意义正是群体沟通的有效工具。沟通媒介则涵盖视觉、听觉、味觉、触觉和嗅觉等多种感官渠道,每个人偏好不同的沟通媒介,而优秀的沟通者会根据不同的受众综合运用各种感官系统。沟通的干扰可能来自外部噪音、对象征符号的不同解读导致的语义干扰,以及内在的心理干扰;与外在干扰相比,内在的沟通障碍或感受更需要沟通者的关注。沟通反馈是指接收者通过言语和非言语方式作出的反应;由于沟通是一个动态过程,如何根据接收者的不同反馈适时调整策略,是发送者沟通能力的体现。

关于沟通的功能,其本质在于建立联结,而非试图改变或操控他人。一旦沟通的目的偏离了联结,而转向控制或改变他人,它便会失去原有的价值。在人类社会的演进历程中,沟通与社交的力量功不可没,正是它们使得人类社会得以存续和繁衍。面对生活的不确定性,早期人类唯有依靠群居的方式,相互依存,才能确保生存,繁衍后代,这也造就了人类生活的相互依赖性。

以色列历史学家尤瓦尔·赫拉利在《人类简史:从动物到上帝》一书中深刻揭示了以沟通和文化为代表的"认知革命"如何使智人——人类的祖先,在生物进化的历史长河中开启了人类的新纪元。大约在135亿年前,宇宙经过"大爆炸"后诞生。而在公元250万年前,出现了与现代人类相似的动物。为了适应全球各地的环境,人类朝着不同的方向进化,形成了不同的人种。例如,欧洲的尼安德特人适应了寒冷的气候,体格魁梧,肌肉发达;印度尼西亚爪哇岛的梭罗人则适应了热带的生活环境;而在弗洛里斯小岛上的弗洛里斯人,由于资源匮乏,逐渐演化成侏儒形态。在西伯利亚，生活着丹尼索瓦人；而在公元前15万年前的东非，出现了与现代人类外貌几乎一模一样的"智人"，他们是现代人类的祖先。在整个200万年的时间里，人类一直处于食物链的弱势地位。然而，直到大约10万年前，智人崛起，人类终于超越了其他食肉动物，站在了食物链的顶端。约7万年前，智人从东非出发，迅速席卷整个欧亚大陆，他们所到之处，当地的原生人类族群往往很快便消失了。

科学家的研究表明，智人之所以能登上食物链的顶端，成功捕猎大型肉食性动物，并导致其他身强力壮的人种灭绝，是因为在公元前7万到3万年间，智人的DNA中发生了一场认知革命。这场革命的核心在于社交和语言能力的显著增强。人类能够运用语言进行高效的沟通和分工合作，从而成功捕杀大型食肉动物。此外，人类的语言能力还体现在其能够在背后讨论彼此，这种八卦行为是人际关系得以维持的关键。在小于150人的社群中，人际交往和沟通能够确保智人社会的生存和繁衍。然而，在超过150人的社群中，人类的沟通则逐渐上升到讨论那些根本不存在的事物，如守护神。这种"讨论虚构事物"的能力正是智人语言最独特的部分，它使得大量的智人能够共同想象，编织出丰富多彩的神话、宗教和信仰，形成了代代相传的文化与艺术。

正是得益于言语沟通的认知革命，智人得以生存繁衍，并创造出延绵至今的人类文明。然而，在现代社会中，尽管技术工业物质条件日益丰富，人与人之间的沟通却逐渐变得疏远，家庭生活日趋异质化，充斥着孤独、冷漠和暴力的阴影。技术的每一次进步，在改变人与自然关系的同时，也深刻影响了人与人之间的关系。那些旨在控制自然、消除匮乏的科学技术，在极大地提升人类物质生活的同时，也带来了人被技术所控制的生存困境，导致了个性缺失、精神贫乏、爱与创造力的下降。英国学者帕金森提出的帕金森定律，深刻揭示了未能有效沟通所带来的后果。这个定律指出，因缺乏沟通而产生的真空，将迅速被谣言、误解、废话甚至毒药所充斥。这一观察警示我们，在现代社会中，重视并加强人际沟通的重要性不容忽视。

沟通在社会生活中占据着举足轻重的地位。多数沟通研究聚焦于职场，关注如何进行高效的外交和商务谈判、公众演讲以及提升人际关系。例如，中央电视台《对话》节目中的《全球大调查问卷》提问："你认为在未来十年中最具竞争力、最有望成功的人应具备哪些素质？"参与调查的26位商界领袖均将"交际能力、公关能力、交往能力"等沟通相关的能力列为首选。这些能力已成为现代职场生活的核心技能，同时也是情商的重要组成部分。哈佛大学教授丹尼尔·戈尔曼针对美国500强企业员工进行的研究发现，个人的智商和情商在职场成功中的影响比例为1∶2，且随着职位的提升，情商对工作的影响愈发显著。他将情商细分为五个要素：自我情绪认知、情绪管理、自我激励、他人情绪识别以及人际关系管理。这些要素与高效的沟通能力紧密相关，后者涉及对自我与他人情绪的敏锐觉察、识别情绪背后的需求与动机、选择恰当的方式表达与疏导情绪、营造积极的沟通氛围，以及与他人建立深度且有意义的连接。

高效的沟通能力并非天生具备，而是在大脑发育的过程中逐渐形成的。在爬行脑和哺乳动物大脑发育完善之后，主管语言沟通的理性大脑才开始发育，这也是为什么未成年人往往难以进行清晰有效的表达。儿童的语言敏感期通常始于一岁多，他们会通过模仿"爸爸、妈妈"等简单的词语进行重复配对，从中体会到语言指称的乐趣。到了两到三岁，儿童开始意识到语言的力量，进而进入诅咒的敏感期。亚瑟·都噶对青春期前、青春期和成年三个年龄段的人群进行脑扫描后发现，额叶的髓鞘化程度存在显著差异。额叶的髓鞘化程度越高，个体对言语行为的控制能力就越强。在成人阶段，额叶区域已经历了神经元过度生长、突触修剪和髓鞘化等过程，使得逻辑和控制言语行为能力达到成熟水平。青春期前则是颞叶发展的高峰期，其中包含了与语言密切相关的威尼克区域，这一区域主要负责言语解码以及理解言语的隐含和象征意义。因此，青春期前和青春期是言语沟通能力高度发展的敏感期。而青春期之后，前额叶皮层开始高度发展，其中布洛卡区作为主管词汇、语法和句法的关键区域，能够帮助个体理性地梳理和分析言语的内在逻辑。

大脑的生理结构揭示了神经元的高速生长期伴随着突触修剪，这一过程遵循着"用进废退"的原则。因此，若在儿童期和青春期前后，家庭能够及时抓住时机对未成年人的语言和沟通能力进行训练，便无须在职场后再耗费大量资源来学习。大脑的可塑性也表明，越早开始训练，效果往往更佳。在沟通能力的习得过程中，家庭扮演了至关重要的角色。家庭作为孩子社会化的主要场所，负责传授他们如何使用语言、如何与他人进行有效的交际沟通。正如德弗勒及其同事所言，家庭作为社会群体的基本单位，是沟通行为产生的首个场所。家庭不仅传授社会生活的基础，包括象征意义和规则，更是学习词汇、象征符号、意义和指称的主要来源。在这里，家庭新成员能够迈出沟通的第一步。此外，家庭还帮助孩子学习沟通技巧、反馈规则、待人接物的方式、融入群体的策略，以及明确哪些话题可以讨论、如何恰当地表达愤怒或爱意等。通过与家庭成员的互动，孩子可以通过观察和参与来学习和提升这些沟通交际能力。

家庭，作为养育者与未成年人共同生活的温馨场所，不仅是沟通产生的主要领域，更为家人之间学习沟通提供了可能性和必要性。毕竟，沟通并非天生就会，而在当今的社会中，大多数人并未接受过专业的沟通教育，往往只是沿袭了上一代的沟通模式和冲突处理方式。因此，学习家庭教育将使我们有意识地掌握新的沟通方法，率先在家庭环境中营造正向、积极的沟通氛围。通过这种方法，我们不仅能够增进家庭成员间的理解和信任，还能有效地预防和解决潜在的冲突，促进家庭和谐与幸福。

自古以来，家庭作为社会生活的重要基石，其内部的沟通模式千变万化。本书选择以Chaffee、McLeod和Atkin提出的家庭沟通模式（family communication pattern，简称FCP）为主要研究视角，深入探讨亲子沟通。Chaffee等人发现，不同家庭在沟通上呈现出两个不相关的结构维度：一是社会取向（socio-oriented）的沟通维度，二是概念取向（concept-oriented）的沟通维度。"社会取向"的沟通模式强调家庭中的顺从、和谐与愉快的社会关系，孩子被要求听从长辈的意见，并在争论中退让以避免冲突。"概念取向"的沟通模式则鼓励父母积极听取孩子的观点，激发他们对事件的思考和表达，鼓励孩子参与并引导他们去思考和表达。基于"社会取向"和"概念取向"，Chaffee 和 McLeod 划分了四种不同类型的家庭（如图 5-1 所示）。这种分类不仅有助于我们更深入地理解家庭内部的沟通机制，也为促进亲子间的有效沟通提供了理论支撑。

	低社会取向	高社会取向
低观念取向	A B 放任型 ↘ X	A ↔ B 保护型 ↘ X ↔
高观念取向	A↘ ↙B 多元型 X	A↘ ↙B 一致型 X

图 5-1　四种家庭类型

图 5-1 中，A 代表子女，B 代表父母，X 代表交谈论点，箭头表示互动。

① 放任型：父母对亲子沟通与交流持忽视态度，不对孩子施加服从的压力。亲子之间缺乏有效交流，父母既不禁止也不鼓励孩子发表个人看法，导致沟通较少。

② 保护型：父母高度重视与孩子的和谐关系，强调孩子对长辈的服从，不允许孩子对事物持有不同看法，避免涉及争议性话题。这种沟通模式虽然表面上维持了亲子关系的和谐，但限制了孩子的思考空间。

③ 多元型：父母注重与孩子之间的积极沟通和关系建立，鼓励孩子表达自己的观点和看法，不要求孩子盲目服从权威。在这种模式下，孩子可以自由形成自己的观点，并有机会与父母进行深入的讨论和交流。

④一致性：父母在重视与子女和谐关系的同时，也鼓励孩子就议题表达见解和看法。然而，他们强调家庭秩序和内部和谐的重要性，希望孩子能够尊重并采纳父母的观点，以维护家庭的统一和稳定。

第二节 家庭沟通方式及其作用

在家庭沟通方式的研究领域中，研究者们主要聚焦于亲子沟通的内容、问题以及亲子沟通如何影响未成年人的身体健康、心理健康、德育培养和认知学业等方面。国外对亲子沟通的研究起步较早，而国内的相关调查研究也正处于发展阶段。特别针对青春期学生家长的调查研究发现，亲子沟通的问题较为显著。在非语言沟通方面，当孩子想要向父母倾诉时，高达95.5%的家长无法放下手中的事务，与孩子保持眼神交流并认真倾听。沟通方式显得单一，仅有26.1%的父母能够与孩子共同参与运动或旅游。在语言沟通方面，91%的父母在孩子犯错时倾向于唠叨和指责。高达96%的父母偏好使用"不行""不要""不准"等强势的指责性言语；61.3%的父母倾向于唠叨而非赞扬；75.9%的父母在用餐时经常训诫孩子。另一项针对上海市核心家庭的问卷调查和统计分析显示，亲子沟通时间主要集中在每周4~7小时，近一半的亲子沟通能够畅所欲言。近3/4的亲子交流发生在餐桌上，沟通方式相对单一，缺乏如共同活动、游戏等科学且丰富的交流形式。亲子沟通的主动性较差，近20%的父母仅在子女有需求时才考虑沟通，甚至有父母对沟通并不重视。母亲与子女的沟通状况普遍优于父亲，父亲与子女的沟通相对较少，经常与子女沟通的父亲不到20%。这一点在另一项调查中也得到了类似的结果，初中生与父亲的沟通明显不足，仅有不到25%的青少年经常与父亲沟通，而每周与父亲沟通仅1小时的青少年占比高达42.6%。

方晓义的研究揭示了青少年亲子沟通的主要类型，其中关系取向的沟通显著多于观念取向的沟通。在各类沟通模式中，保护型亲子沟通最为普遍，其次是多元型亲子沟通，而放任型和一致型亲子沟通则相对较少。此外，亲子沟通的年级差异也相当显著。初中生在放任型和保护型亲子沟通上较为频繁，而高中生则更倾向于多元型和一致型亲子沟通。针对幼儿园家庭亲子沟通的调查发现，当前幼儿园中最常见的亲子沟通类型是多元型，其次是放任型，而一致型和保护型则相对较少出现。

方晓义对青少年亲子沟通问题进行了深入研究，涵盖了缺乏耐心、否定、命令、误解、分享不足、分歧、行为约束以及间接沟通等多个方面。在这九项问题中，行为约束位居首位，而缺乏信任则排在最末。值得注意的是，男生在分享不足方面的情况显著多于女生。此外，这些亲子沟通问题在年级上呈现出明显的倒U形发展趋势。

针对亲子沟通中的冲突话语形式，方晓义进行了详细的数据统计和分析。按照冲突性会话的三个阶段，研究者总结出了触发模式、推进模式和结束模式。首先，冲突性会话的触发主要集中在命令-回绝/反驳、责问-反驳、指责-反驳等形式，这些形式占据了72%的比例。其次，在亲子间冲突性会话的展开部分，存在四种推进模式，包括反驳模式、回绝模式、指责模式和综合模式，其中反驳模式和综合模式占据主导地位，合计占比达到82%。最后，亲子间冲突的结束模式分为语言类（如妥协让步、第三方介入）和非言语类（如退出模式、沉默模式和肢体暴力模式）。其中，退出模式在亲子间冲突的解决中最为常见，占据了60%的比例。

家庭沟通模式对未成年人的成长具有深远影响，涵盖了生理发育、情绪情感发育、社交能力发展以及认知学习能力发展等方面。国外研究表明，良好的亲子沟通不仅与学习成绩和自尊水平呈正相关，还与孤独感和抑郁症呈负相关，进而促进心理健康。在国内，多元型亲子沟通的青少年在学习成绩和自尊方面表现尤为突出，他们独立自主的学习和生活方式有助于这两方面的发展。然而，这类青少年在抑郁、羞怯和问题行为上也可能面临挑战，青春期的身心变化若缺乏有效指导，可能导致短暂的社交不畅。有学者进一步探讨了家庭沟通模式与儿童对广告态度的关系，发现一致型和多元型家庭中的儿童对广告持有更积极的态度，相较于保护型和放任型家庭中的儿童。这显示多元型和一致型家庭更倾向于将广告视为重要的信息来源，而保护型家庭则对广告持否定态度。在生理发展方面，亲子沟通状况亦可能影响儿童的肥胖症。研究表明，肥胖症儿童往往缺乏与父母的有效沟通。此外，不同的家庭沟通方式对青少年吸烟行为也有显著影响。缺乏有效家庭沟通的初中生，其吸烟比例显著增加。随着家庭沟通减少，家庭之间的联结纽带变弱，家庭成员之间的交往模式恶化，可能导致青少年出现一系列生理和心理问题。因此，加强家庭沟通对于未成年人的健康成长至关重要。

第三节　影响家庭沟通方式的因素

导致沟通产生的多种因素综合而成的环境被称为语境，它通常涵盖物理语境、历史语境、心理语境和文化语境。语境是塑造沟通方式的关键因素。在家庭沟通模式中，沟通语境由以下要素构成：首先是社会因素，包括父母的经济状况、性别、年龄、受教育程度以及家庭结构等；其次是个体因素，涉及父母和孩子处理情绪的能力，以及对信息的把握能力；最后是文化因素，每个民族都有其独特的文化，这些文化是在历史的长河中不断演变和积淀下来的，它们通过代际传递，塑造着人们的行为方式、思维方式和沟通方式。具体到中国文化，高语境、高权力距离以及集体主义等文化特征，都显著地影响着中国家庭的沟通模式。

首先，在社会语境中，家庭作为基本的社会单位，其结构对沟通模式具有显著影响。研究者对不同家庭结构中的沟通情况进行了深入分析。通过对比收养家庭、离异家庭和完整家庭中的家庭沟通差异，他们发现离异家庭的儿童在与父母交流时面临更大的难度；而收养家庭的儿童在亲子交流中表现出更高的主动性，但自尊心水平相对较低。此外，家庭结构主要影响父亲与孩子的沟通，而对孩子与母亲的沟通影响较小。具体而言，离异家庭中的父子沟通往往减少，而母子沟通则相对保持稳定。家庭经济状况同样是影响家庭沟通模式的重要因素。研究者周皓利用"人口迁移与儿童发展的跟踪调查"的数据，对公立学校和流动儿童学校进行了抽样调查。研究结果显示，在本地儿童中，家庭社会经济地位对亲子交流具有显著影响，家庭社会经济地位越高，亲子交流越充分。然而，在流动儿童家庭中，家庭经济地位对亲子交流方式的影响并不显著。无论经济地位如何，流动儿童家庭普遍缺乏足够的亲子交流引导与教育。这主要是因为多数流动人口家长忙于工作，无法充分陪伴儿童，且教育方式多以训斥为主，缺乏鼓励与支持。值得注意的是，无论是否为流动人口或家庭经济地位如何，亲子交流都对儿童发展具有显著影响。只要父母关注儿童发展，注意亲子交流的方式和内容，都将有助于儿童在学业成绩、生理心理健康和德育发展方面取得较好成果。

其次，家庭沟通模式受到家长年龄的影响显著。针对幼儿园家长的调查显示，41岁及以上的家长中有25%采用放任型亲子沟通模式，同样有25%采用保护型亲子沟通模式，这一比例远高于40岁以下的家长群体。放任型和保护型沟通模式均属于关系取向型，它们更多地关注家庭关系的表面和谐，而忽视了孩子的身心健康发展。这些家长往往沿袭传统教养方式，未能及时学习和更新教育理念，或完全放弃对孩子的教导，或要求孩子绝对服从，这些做法都不利于孩子的全面成长。同时，父母的受教育程度与家庭沟通模式密切相关。受教育程度较低的父母更倾向于采用关系取向型的沟通模式，即放任型和保护型。具体而言，初中及以下学历的家长中有37.2%采用放任型，20%采用保护型；而高中或中专学历的家长中有31.5%采用放任型。这些数据显示，父母的受教育程度对家庭沟通模式有显著影响，并可能影响到他们作为教养者的能力。此外，性别与沟通模式之间也存在一定关联。特别是母亲的受教育程度越高，母子之间的沟通得分也越高。这是因为受教育程度高的母亲更能够主动获取养育知识，并结合理论以更恰当的方式与孩子沟通，关注孩子的身心健康发展。因此，母亲的受教育程度与家庭沟通质量呈现出显著的正相关关系。

个体心理因素中，父母亲的情绪调节能力对儿童的社会情绪调节能力具有显著影响。在就餐情绪观察研究中，当父亲表现出消极情绪，如沮丧、愤怒、焦虑时，孩子倾向于将这些负面情绪带入到与同伴的互动中。另一项研究也揭示，母亲的消极情绪外显（如消极的声调、否定态度及愤怒的表情）与孩子的整体情绪调节能力之间存在强烈的关联。对于儿童而言，父母的情绪是他们安全感的重要来源。如果父母能够学会及时调节自己的情绪，避免在孩子面前展现负面情绪，孩子们就能在情绪稳定的环境中健康成长。在这样的环境中，他们将有更多的空间来进行生理、心理及认知方面的全面发展。因此，作为父母，学习如何识别、表达、激励和释放自己的情绪，并做好情绪管理工作是至关重要的。只有如此，他们才能更好地履行作为养育者的职责，真正关心并照顾好未成年人的身心健康，而非仅仅提供物质上的养育而忽视情感上的关怀，甚至将负面情绪转移到弱势的未成年人身上，给他们造成巨大的身心伤害。

最后，在亲子沟通的文化差异方面，有研究比较了拉丁美洲族裔和欧洲族裔美国母亲与孩子的亲子沟通方式。结果表明，沟通结构确实受到种族群体的影响。与欧洲族裔的母亲与青少年的沟通模式相比，拉丁美洲族裔的母亲在与青少年沟通时更倾向于主导话轮，并较少对青少年做出即时反应。这反映了拉丁美洲文化中强调儿童对父母尊敬和顺从的价值观，注重亲子关系的和谐与一致，这与中国传统的高权力距离文化有相似之处。荷兰社会心理学家和人类学家霍夫斯泰德通过对全球五十多个国家跨国公司的经理人进行调查分析，提出了文化差异的多个维度，其中权力距离是一个重要方面。权力距离指的是在一个社会或组织中，弱势成员对于权力不平等的接受程度。霍夫斯泰德用0~100的权力指数来衡量不同文化中的权力距离，数值越高，表示人们越接受权力不平等，并倾向于认为每个人在社会中都有固定的位置，权力更加集中，社会等级森严。高权力距离的国家，如亚洲、拉丁美洲、非洲、东欧和中东，往往是集体主义国家，强调集体利益和服从权威。在这样的社会中，孩子被期望遵循父母的意见，不得挑战或质疑父母，而是应主动理解和解释父母的行为。即使在语言使用上，高权力距离的国家也有专门的等级和称呼词汇。相反，低权力距离的国家，如美国、加拿大、北欧和新西兰等，更强调个体主义和权力平等。在这些社会中，等级设置主要是为了方便行事，掌权者和无权者被视为平等地位，每个人都拥有平等的权利。这种权力距离的差异不仅体现在家庭环境中，还贯穿于教育、经济管理等各个方面，深刻地影响着人们的行为和价值观。

中国社会的高权力距离深深植根于两千多年的封建社会，这一社会形态建立在严格的宗法关系基础之上。封建宗法等级制度的核心是宗族家长制，其中君权、父权和夫权占据绝对的主导地位，高度重视社会等级秩序。儒家文化中的"君君、臣臣、父父、子子"以及"君为臣纲、夫为妻纲、父为子纲"的"三纲"原则进一步强化了这一等级秩序。在家庭沟通模式中，这一文化特征尤为明显。父子之间，父亲拥有不容置疑的权威，孩子则被期待自觉服从父亲的安排。这种高权力距离的文化特征与上述调查分析的结果相吻合，表现为父亲与孩子之间的沟通频率和时长远低于母子之间的沟通。传统家庭观念中，抚育后代被视为母亲的主要职责，而父亲若过度与孩子沟通，则可能被视为对权威形象的损害。传统的家庭沟通模式更侧重于关系取向型，特别是保护型沟通模式，强调孩子应服从父母的意见，不得违背父母的意愿或挑战其权威。在家庭语言模式上，命令、禁止性的词汇如"必须""应该""不行""不要"等频繁出现，旨在严格管控未成年人的行为举止和思想情感。结合具体案例，我们可以更清晰地看到高权力距离环境下，家长所采用的沟通模式及其对孩子成长的影响。

> 夏东海：作为小雪的父亲，我就会马上联络你的父亲，连同校方处理这个问题，将反对早恋进行到底，到底！
>
> 刘梅：高中正是人生很重要的一个积累知识的阶段，你们应该把精力放在学习上啊，谈恋爱那都是大人的事儿，你们应该预知未来呀，是不是？（《家有儿女》第一季，第6集）
>
> Gloria: Please forgive me！ Please, stop my suffering！ Say something terrible about me so that we can be even like Steven.（《摩登家庭》第一季，第八集）
>
> Gloria: Okay, if that's what you really want to do.（《摩登家庭》第一季，第1集）

从上述两组对话可以看出，《家有儿女》中的父母在得知高中女儿早恋后，父亲频繁使用命令式和强烈的禁止词汇"反对"，而母亲则两次使用"应该"，强调了未成年人的责任。这反映了中国父母期望孩子无论是否愿意，都要服从他们的意见和指示。相比之下，在美剧《摩登家庭》中，母亲首先因自己的错误主动向孩子道歉，这在高权力距离文化中较为罕见。她随后允许孩子自己做决定，尊重孩子的需求和想法，这更符合低权力距离文化的特征。在高权力距离文化中，父母倾向于认为自己应负责照顾孩子，不鼓励他们冒险和尝试新事物，而是期待孩子服从自己的观念。而在低权力距离文化中，父母则鼓励孩子探索未知，期待他们能独立自理。这种不同的权力距离文化导致了不同的沟通模式，家庭沟通模式的多样化也反映了当今时代人们对于价值观念的不同选择。传统的家庭往往以保护型和放任型为主，强调父母的权威、地位和面子。然而，值得庆幸的是，越来越多的家庭选择多元型和一致型的沟通模式，既鼓励孩子探索未知，又确保他们的发展方向得到平衡。这些家庭允许孩子表达自己的看法，进行自主选择，从而促进家庭成员的身心健康和全面发展。

在探讨家庭沟通方式所面临的问题时，5.2小节揭示了亲子沟通的主动性偏低，沟通时间匮乏，沟通形式趋于单调，往往仅局限于就餐时的简短交流。此外，沟通中充斥着指责和唠叨，亲子冲突则多表现为命令-反驳、反驳以及退出等模式，尤其是父子间的沟通时长和频率更为低下。从文化视角分析，这些问题可能源于中国文化深层结构中的高语境文化特征。美国人类学家爱德华·霍尔提出了一种区分文化相似性与差异的方法，他根据沟通的意义是来源于语境还是文字语言表达的程度，将文化划分为高语境和低语境两种。高语境文化意味着大量信息已通过语境隐含表达，仅有少量信息需要明确传达；而低语境文化则相反，大部分信息需要直接、明确地通过言语表达。高语境文化通常根植于传统，成员背景较为同质化。在这种文化中，信息更多通过非言语形式传递，如地位（年龄、性别、教育背景、家庭背景、职称或所在单位）和人脉资源来隐晦表达，较少依赖直接的言语表达，更多采用间接的沟通方式。高语境文化的典型代表包括拉丁美洲、日本、中国、韩国和阿拉伯国家等。相对而言，低语境文化（如德国、美国、瑞士）则更强调言语的清晰表达，用于直接阐述想法、情感和观点。这些文化相对异质，由于成员间缺乏共同的文化背景，人际沟通时往往需要更明确地阐述观点和想法。

比如在下面的案例中，中美两国的父子交流方式截然不同。

> 在美国，父亲们可能会说："孩子，来，坐到我膝盖上，跟我说说你今天过得如何？"他们鼓励孩子分享一天的经历。如果孩子表现出异样的情绪，比如做鬼脸，父亲会直截了当地问："怎么了？有什么事情让你不开心吗？我们可以聊聊。"
>
> 而在中国，家长们即便问孩子："你今天过得好吗？"当孩子简单地回答"好"时，家长仍会敏锐地捕捉到孩子垂下眼睛的细节，从而察觉到孩子可能过得并不如意。此时，家长会准备一顿特别的饭菜，以此来表达对孩子的关心和爱意。

美国家庭文化鲜明地体现了低语境文化的特征，在家庭沟通中，他们注重言语的清晰度和直接表达，倾向于凸显个体，高度重视"谈话"这一行为本身。相对而言，中国家庭则深受高语境文化影响，沟通方式更为间接和委婉，倾向于隐藏自我，更加注重非言语信息的传递，即我们常说的"察言观色"。在案例中，美国父亲倾向于主动通过言语表达情感和关心，并借助亲密的接触来增进父子之间的亲密度。一旦遇到问题，他们更倾向于采用具体而明确的言语来直接处理。这种对言语交谈的热衷源于美国文化，它坚信交流的重要性，沉默往往被视为缺乏关注和兴趣的表现。美国文化的这种特征，可以追溯到其根源——西方文明中的古希腊文明。古希腊文化崇尚有人相伴、交流愉快的生活方式，其文献中充满了修辞法、雄辩术和对话的记录。这种重视交流的传统也影响了亚里士多德、柏拉图和苏格拉底等古代哲人的教学方法。

中国的父亲往往较少主动询问，更多是通过观察孩子的表情和身体语言来揣摩孩子的状态。此外，中国父母在表达爱意时更倾向于通过实际行动来体现，而非直接的语言、眼神接触或身体接触等方式。这种表达方式源于中国文化中对言语谨慎性的重视，认为过于活跃的言语可能会带来不必要的麻烦。正如《论语》中所言："巧言令色，鲜矣仁。"这句话意味着，如果一个人过分用言辞和外表来取悦他人，那么他内心的仁德就可能较少。同样，在《论语》中也有"敏于事而慎于言，就有道而正焉，可谓好学也已"的教诲，强调了敏捷行动和谨慎言辞的重要性，以及通过向有道之人学习来纠正自己的言行。当我们认识到传统文化中的这些因素对现代沟通模式的影响时，就能够根据新时代的需求和发展趋势，适当地调整自己的沟通行为，以更好地适应现代社会的沟通需求。

低语境交流者坚信，沟通的主要责任在于说话人和写作者，他们需要确保自己的意图表达清晰。如果听话人不理解，他们应当主动询问或寻求确认。而在高语境文化中，沟通的大部分责任则落在听话人身上，他们被期待去主动理解和解读信息背后的深层含义。特别是在中国传统的高语境文化背景下，家庭沟通中父母往往显得较为被动，期望子女能够主动理解父母话语之外的深意。然而，未成年人由于大脑发育尚未成熟，特别是负责理解语境的大脑颞叶区域和负责控制和表达的大脑额叶区域，都尚未得到充分发展。同时，他们正经历着对自我表达和平等交往的强烈需求。如果家长仍然坚持传统的子女揣摩父母意图、听从父母命令的沟通模式，那么这种高语境家庭沟通模式中的冲突很可能会愈演愈烈。因此，为了适应未成年人的发展需求，家长需要转变沟通方式，以更开放、平等和理解的态度来与孩子交流，促进双方的有效沟通，避免不必要的冲突。

根据美国传播学家艾伯特·梅拉比安提出的沟通公式，沟通信息的完整表达由7%的言语内容、38%的副语言（包括语调、语速、音质、音高和停顿）以及55%的肢体语言（如眼神交流、面部表情、手势、体势和接触）组成。因此，提高家庭沟通效率需要从这三个方面入手。然而，由于文化造成的限制性信念障碍，中国家长往往未能充分理解和接受副语言和肢体语言在沟通中的重要性。在高语境文化中，过多的副语言信息和面部表情有时被视为夸张、不成熟和不沉稳的表现。同时，肢体语言中的眼神交流在中国传统文化中往往较为含蓄，公众场合的身体接触表达爱意也不被普遍接受。在信息时代，作为新生代家庭成员的父母，需要更新自身的信念系统，积极学习如何在言语表达中融入情感，并学会运用多种感官系统来拓展信息传递的媒介。在家庭内部，他们应努力创建多元且丰富的沟通场域，以促进家庭成员之间的有效沟通。

第四节　创建友爱和谐的家庭沟通场域

马歇尔·卢森堡博士创立了一套富有启发性和影响力的非暴力沟通原则和方法，他借用了甘地曾经使用的"非暴力"一词，将其诠释为在暴力消退之后，自然而然流露出的爱和尊重。非暴力沟通教导我们改变对话和倾听的方式，不再陷入条件反射的惯性反应中，而是鼓励我们觉察并表达自己的观察、感受和愿望，同时有意识地使用语言。我们被引导着真实、清晰地表达自己，同时尊重和倾听他人。在沟通过程中，我们学会观察影响我们情绪和感受的因素，从而提出明确的需求和期望。同时，我们能够静下心来倾听自己和他人的内心需求和动机，增强彼此之间的理解力和同理心，减少沟通中的语言暴力和冲突。马歇尔·卢森堡博士认为，非暴力沟通不仅仅是一种沟通方式，更是一种提醒，提醒我们持续专注于满足人生追求的方向。它不仅教导我们在生活中实现更加和谐美好的沟通，还为世界范围内的冲突和争端提供了解决之道。

非暴力沟通在众多领域中都展现出了其独特的价值，尤其是在处理暴力冲突、复杂的种族、宗族或政治问题方面。在以色列、巴勒斯坦、尼日利亚、卢旺达、塞拉利昂等地区的争端中，非暴力沟通都提供了行之有效的解决方案。通过非暴力沟通的培训，当地的人们找到了力量之源，重燃了生活的勇气和信心。研究人员在监狱中实施了名为"自由项目"的研究，将非暴力沟通纳入监狱犯人的培训项目。经过对比分析，他们发现参与非暴力沟通项目的犯人的重新犯罪率远低于华盛顿州的整体重新犯罪率。此外，研究人员还针对男性假释犯进行了为期八周的非暴力沟通行为干预。这一干预措施不仅有助于解决由监禁和犯罪行为带来的沟通难题，还促进了假释犯建立和保持正向的社会支持关系网络。非暴力沟通在促进个体和谐、社会稳定方面发挥了重要作用。

非暴力沟通在医疗行业中得到了广泛应用，其中一项研究深入探索了其在CCU（冠心病监护病房）护患沟通中的实际应用效果。研究结果表明，非暴力沟通不仅有助于减轻患者的焦虑和抑郁情绪，改善睡眠质量，还能促进患者的整体康复进程。在护患冲突的环境中，非暴力沟通促进了双方之间的良好沟通，显著提升了患者的满意度。非暴力沟通的核心在于促进信息的顺畅流动，从而加强合作效率，有效解决潜在的争议。对于长期患有慢性病症的患者而言，非暴力沟通在处理护患关系中的感受与需求方面尤为关键，它有助于构建一种有效、充满爱与关怀的沟通桥梁，为患者提供更贴心、更人性化的医疗护理服务。

非暴力沟通在环境保护和野生动物保护领域发挥着重要作用，有助于促进人与自然的和谐共存。通过收集被试们每周的反馈记录，研究生们获得了36份态度转变案例和71份行为改变案例，这些实例充分证明了非暴力沟通对于培养同理心、促进合作与理解以及保护生物多样性具有重要意义。不仅如此，非暴力沟通还能够应用于跨领域合作中。在医疗健康与社会服务领域的合作小组研究中，研究人员发现，通过采用"非暴力沟通"方法，团队成员更加意识到及时沟通的重要性，更深刻地理解了共情机制，并构建了更加协作的团队关系。非暴力沟通对于个人真实伦理的建立也具有积极的促进作用。在与重要他人关系的沟通中，非暴力沟通有助于沟通者运用丰富的语言表达真实的伦理认同。研究者通过分析护士学专业学生的课程反馈发现，非暴力沟通有助于他们重新建立并深化真实的伦理认同。

非暴力沟通在亲密关系沟通中发挥着重要作用。在菲律宾进行的研究中，研究者们实施了为期3周的情感夫妻沟通项目（EFCCP），涉及12对夫妻。结果显示，这些夫妻的沟通方式有了显著变化，婚姻满意度也大幅提升。同样，在孟加拉国的一个干预工作坊中，20对夫妻的参与也证明了非暴力沟通有助于增强婚姻关系的调节能力。

非暴力沟通同样在家庭教育沟通领域展现其价值。研究者刘婉和刘钦腾通过问卷和访谈，从家长和青少年两个角度深入探讨了当前家庭沟通的现状。他们发现，亲子冲突时有发生，沟通障碍普遍存在。为此，学校利用社区平台开展了"非暴力沟通"干预课程项目，旨在提高家长与孩子的认知水平，构建亲子情感通道，促进更有效的亲子沟通。在探讨家庭语言暴力方面，研究者杨昕玥针对全国1089名初中生进行了亲子互动调查。她发现家庭语言暴力与学生的学业成绩及父母的文化程度均呈负相关。其中，初中生最常遭受的是隐形家庭语言暴力，尤其是比较型家庭语言暴力，而命令型语言暴力相对较少。令人欣慰的是,非暴力沟通团体辅导对减少初中生家庭语言暴力频率、促进亲子关系和提高初中生心理健康具有显著效果。此外,研究者李浩洋通过对日常录音、观察记录及生活录音的深入研究,探索了青少年亲子沟通中的身份建构类型。结合语篇分析和身份建构理论,他发现,在非暴力沟通中,表达者身份最为突出,其次是请求者和倾听者,最后是观察者。这一发现为我们理解青少年在亲子沟通中的行为模式提供了新的视角。

在探讨家庭沟通模式时,马歇尔·卢森堡博士指出了一种"异质的沟通方式",这种沟通方式往往专注于满足特定愿望,却忽略了人的真实感受和需要,从而可能导致彼此间的疏远和伤害。在家庭环境中,这种异质的沟通方式常常表现为家庭语言暴力,成员间经常性、习惯性地使用谩骂、嘲讽、比较、贬低、拒绝交谈等口头语言形式进行批评和指责,给其他成员带来精神与心理上的伤害。为了应对这种缺乏情感联结和关爱的沟通方式,马歇尔·卢森堡博士提出了"非暴力沟通"的理念。非暴力沟通旨在消除表达爱意时的障碍,让爱和和谐充满家庭关系。其目的不在于改变或说服他人,使其行为符合我们的期望,而是建立在真实表达与倾听的基础上,与他人建立深厚的情感联结。沟通的本质在于建立与他人的信任与深厚关系。当他人感受到我们的信任与接纳,而非命令和恐吓时,他们更有可能自然地接受我们的请求和愿望。因此,接纳是非暴力沟通中促进改变的关键因素。

非暴力沟通模式主要涵盖两种类型。

第一种类型聚焦于真诚地自我表达,同时避免批评与指责。这包含以下步骤:

(1)观察:明确描述我所观察(看、听、回忆、思考)到的、对我的福祉有所影响的具体行为,如"当我(看到、听到、想到……)……"

(2)表达感受:诚实地表达这些行为给我带来的感受(情感而非思想),如"我感受到……"

（3）揭示需要：指出是哪些需要或价值（而非偏好或具体行为）导致了我这样的感受，如"因为我需要/看重……"

（4）提出请求：清晰地表达我的请求（避免使用命令），说明这些行为如何能够丰富我的生活，如"你是否愿意……"

第二种类型则强调在倾听他人时保持关切，并避免将其解读为批评或指责。具体步骤包括：

（1）观察：认真倾听并描述对方所观察（看、听、回忆、思考）到的、对其福祉有所影响的具体行为，如"当你（看到、听到、想到……）……"

（2）感受确认：询问对方对这些行为有何感受（情感而非思想），如"你感受到……吗？"

（3）揭示需要：协助对方识别出是哪些需要或价值（而非偏好或具体行为）导致了这样的感受，如"因为你需要/看重……"

（4）倾听请求：以关切的态度倾听对方的请求，避免将其解读为命令，而是尝试理解其背后的需求，如"所以，你想……"

案例1：

> 傍晚时分，爸爸结束了一天的辛劳工作，踏进家门。他瞥见儿子正悠闲地躺在沙发上，全神贯注地盯着电视屏幕，心中不禁涌起一丝怒火。他面色凝重，语气严肃地问道："你的作业都完成了吗？"儿子闻声抬头，回答道："还没呢，但只剩一点点了，我想稍微放松一下，看会儿电视。"听到这里，爸爸的音量不自觉地提高了几分，声音中充满了不满和焦虑："你总是这样，为什么就不能先完成作业呢？我已经多次提醒过你，不要总是拖拖拉拉的。现在，请你把电视关掉，立刻去写作业！"

案例2：

> 傍晚时分，爸爸结束了一天的辛勤工作回到家，一踏进门，便见儿子惬意地躺在沙发上看电视。尽管心中有些生气，但他还是努力控制自己的情绪，以平和的语调问道："儿子，你的作业都完成了吗？"儿子回答："还没呢，但快完成了，我想先看点电视放松一下。"爸爸继续保持平和的语气，耐心地解释："这周已经有三次了，我回到家发现你都在看电视，而作业还没全部完成（不带评价地陈述事实）。我对此感到有些失望（表达感受），因为我希望你能先完成学业，然后再享受放松的时光（关注需求）。那么，现在你能不能把电视关掉，先专心完成作业呢？等作业完成后，我们可以一起玩或者看电视（表达诉求）。"

对比案例1和案例2，案例1鲜明地展现了家庭沟通中常见的场景：当家长发现孩子未能如己所愿时，他们往往未能及时察觉自己的情绪，而是直接以爆发的方式表达出来，这样的做法往往会伤害到孩子。孩子在家长的权威下，不情愿地完成任务，其完成质量可想而知，同时亲子关系也因此受损。在非暴力沟通中，家长应当保持平和稳定的情绪，能够客观地观察孩子的行为，例如，关注孩子看电视的频率，而非主观臆断地使用负面词汇如"总是"。正如克里希那穆提所言："不加评判的观察是人类智力的最高形式。"尽管对于人来说，理性客观的观察难以达到，但这也是非暴力沟通中我们扮演的第一个重要角色，需要我们保持清醒的头脑，如实观察。

接下来，家长应当学会表达自己的感受，而非单纯发泄情绪。表达感受与表达观点或看法不同，它需要展现自己的脆弱性，这对于权威型的家长来说可能是一个挑战。然而，真实的情感表达有助于增进彼此的关系。例如，"我感到有些失望"或"我压力很大"，这样的表达能够促进双方坦诚相待，加深彼此的情感联系。

然后，家长需要表达需求。在社交活动中，我们更习惯于表达不要什么，而非要什么。但明确的需求和情感需求对于交流的顺畅至关重要。缺乏这些元素，交流容易陷入冲突和争执。马歇尔·卢森堡博士提出了一系列人类的基本需求，如自由选择、庆祝生命的创造力、言行一致、滋养身体、玩耍、情谊相通和相互依存，这些都是生命健康成长的基石。

最后，家长应当学会表达自己的请求，而非命令。在沟通中，非暴力沟通倾向于使用情态动词和疑问句式，以请求而非强制的方式表达。这种方式在尊重对方的同时，也允许对方有拒绝的权利。非暴力沟通的核心在于建立彼此之间的情感联结和依赖，而非简单的行为执行或禁止。

第六章　家庭教育的阶段性指导

第一节　零至三岁幼儿发展与家庭教育

一、婴幼儿发展的基础及特征

1. 婴幼儿感官发展的基础及特征

个体出生的前1000天是其发展的关键时期，此阶段大脑的可塑性达到顶峰，人力资本投资的回报率也呈现高峰状态。因此，与家长或婴幼儿的主要照顾者携手，实施优质的早期教育和干预，对于促进婴幼儿一生的正常发展及潜能开发至关重要。一方面，我们需要帮助婴幼儿家长或主要照顾者深入理解婴幼儿各阶段、各方面的发展规律；另一方面，我们需要引导家长或主要照顾者重视并促进婴幼儿的正常发育，同时加强对可能影响婴幼儿生理及心理发展的潜在风险的预防。

认识自我、体能、人际关系、心智开启及沟通技能这五大领域，构成了人类成长发育的坚实基础（如表6-1所示）。婴幼儿在这些方面的发育呈现出顺序性、阶段性、不平衡性和差异性。首先，婴幼儿的身体发育遵循一定的顺序和阶段。例如，头部发育较早，随后是躯干和四肢；婴幼儿通常先学会抬头，再学会翻身，"三翻、六坐、八爬"生动地描述了婴幼儿肢体发育的规律性；同时，动作发展也是从大动作逐渐过渡到精细动作。其次，婴幼儿的身体发育也是不平衡和有差异的。例如，身体发育的速度和各个方面的发展并非完全均衡，且不同婴幼儿之间的发展程度也存在差异，如同龄婴幼儿的身高、体重、语言表达能力各有不同。

表6-1 人类成长发育的五大领域

认识自我	深入探索自身及内心的感受，培养自信心，助力个人成长为坚定、有自我认知的个体
体能	学习掌握身体运动的方法，提高活动技巧，如精确抓握及稳健行走，以优化日常活动能力
人际关系	学习如何与人和谐共处，建立积极的人际关系，从而增强个人的安全感与归属感
心智开启	探索事物运作的原理，促进智力的发展，为理解和解决复杂问题奠定坚实基础
沟通技能	提升聆听、理解和表达思想与感受的能力，使个人能够更好地与世界沟通交流，增进彼此的理解与连接

1）抬头期（0~2个月）

婴儿开始辨识照顾者的脸庞，视力可及一尺以内的物品；对形状和颜色各异的物体产生浓厚兴趣；轻柔的触碰让他们感知自我存在；而轻柔的按摩则能缓解紧张，同时促进触感能力的发展。

2）认人期（2~5个月）

婴儿通过五官主动感知周围环境；乐于模仿主要照顾者的声音和微笑；渴望被拥抱以获得快乐、健康和安全的感觉。

3) 坐爬期（5~8个月）

婴儿通过寻找和发现家中的物品来探索世界；即使玩具只露出一小部分，他们也能认出；重复的行为是他们了解和熟练事物的途径。

4) 探索期（8~13个月）

在探索过程中，孩子可能因不懂控制力度而遭遇意外；他们对所有事物都充满好奇，并正通过投掷、敲打和抛掷等行为学习物理定律。

5) 学步期（13~18个月）

孩子开始学习空间概念，如上下、里外、高低；他们需要大量的机会来模仿和学习他人；此时他们非常活跃，因此要确保他们行走和攀登时的安全。

6) 行动期（18~24个月）

孩子寻找隐藏物品有助于学习空间概念和训练记忆力；对事物运作原理充满好奇，通过搭建、注入、混合等活动来认识物理定律；通过跳跃、推动、拉动等动作锻炼自己的动作控制能力。

7) 尝试前期（24~30个月）

孩子开始准备融入人类生活；受挫时，会用肢体语言表达；他们专注于学习，并享受其中带来的快乐；拼图游戏不仅帮助他们学习形状，还培养了大小匹配的能力。

8) 尝试期（30~36个月）

孩子积极参与并尝试人类生活；模仿成人，学习理解他人；在不高兴时，需要父母展现冷静和温和的态度；此时，他们需要协助来辨别事物的细微差别，为将来的阅读打下基础。

表6-2以一系列婴儿想对成人说的心底话，阐明0~3岁孩子在不同阶段的发展重点。

表6-2 婴儿想对成人说的心底话

成长时期	认识自我	体能	人际关系	心智开启	沟通技能
抬头期：0~2个月	当你抱紧我，不会把我宠坏，只会使我增强安全感	我需要时间来伸展和活动我的肢体	当你温柔地及时回应我时，我学会了信任和爱	我的眼睛会尝试追踪一些较慢的动作	当我看见你的面容或听见你的声音时，我会试着微笑及发出一些声音回应
认人期：2~5个月	当你抱紧我，不会把我宠坏，只会使我增强安全感	我需要机会去发现我的身体可以做些什么	我喜欢你和我做游戏，也喜欢你用温柔的声音对我说话	当你放一些有趣的东西在我身旁时，我能感知我周围的天地	请告诉我周围所发生的事，这样会帮助我发展口语
坐爬期：5~8个月	我喜欢照镜子认识自己	我需要在地上玩，因为我要学会爬行，日后才能走路	和父母一起我觉得十分安全，但与陌生人在一起，我会有点担心	我发现有些东西虽然看不见，但我知道它们仍在那里	我不理解你说的全部，但我会通过模仿你的发音来进行学习
探索期：8~13个月	我正学习抱娃娃，就如你照顾我一样	我正在学习走路并尝试新的活动，请保护我的安全	你离开我时，我会担心，但我正在学习并相信你总会回来	我观察你，再来尝试，这就是我的模仿学习法	当你一次又一次重复对象的名称时，我便知道万事万物都有名称

续表

成长时期	认识自我	体能	人际关系	心智开启	沟通技能
学步期：13～18个月	当我取不到我想玩的东西时，我的情绪便会崩溃。请平静地向我解释及取出其他我可以玩的东西给我，转移我的视线。明确的规范能够让我更加感受到安全感	我正在学习控制我的手指，我喜欢抓握着粗的笔或其他东西	我探索周围事物，是因为我想学习，而不是想使你不高兴	玩积木能够帮助我学懂形状与物体的关系，我用这些来作为数理的基础	与你一同看书使我有机会去认识口语与文字的关系
行动期：18～24个月	我喜欢自己做事。如果你给我机会，我能慢慢改进	我现在的活跃度较低，请帮助我寻找一些好的地方和机会，以便我能充分利用我的精力	和你一起玩耍会帮助我学习怎样与人相处	让我将不同事物组合起来，这样有助于我整合大脑中的信息和资料	让我们一起来唱歌，我喜欢这样来帮助自己发音、感受节奏
尝试前期：24～30个月	当我拥有属于自己的东西时，我会感到被尊重	我非常渴望尝试许多新事物，但我不懂如何保证安全，请协助我去理解	我需要你的关注并鼓励我努力做好事情	请教懂我分别多与少、长与短、大与小	我会讲一些单字或词语，甚至片语，当中可能会出错，请不要取笑我，请教给我正确的说法

续表

成长时期	认识自我	体能	人际关系	心智开启	沟通技能
尝试期：30~36个月	我的感受常常转变得很快。通常我喜欢自己独立做事，但有时我又想靠近一下你，我需要你的安慰和理解	请让我多做步骤不同的事，日后应对各种事情时，我将能够逐渐变得更加顺畅和从容	我喜欢靠近其他孩子并与他们一起玩，但我还未懂得与他们分享	日常做的事能帮助我明白每天生活应有的习惯。请为我示范下一步该如何做	我喜欢听同一个故事。我很快便能把这个故事讲给你听

2.婴幼儿动作发展的基础及特征

众多研究均表明，婴幼儿动作的发展是感知觉发展的基石，标志着神经中枢和肌肉发育的成熟，更是婴幼儿认知、情感、情绪以及社会活动发展的直接驱动力。刘代娜通过对0~3岁婴幼儿的持续观察和研究，将这一阶段的身体动作发展划分为两大类：精细动作与粗大动作。粗大动作包括俯卧位匍匐、侧卧位翻身、交替踢腿、双臂支撑并微抬头、独坐或成人搀扶跳跃、四肢爬行到独立行走，以及随着年龄增长而逐渐展现的两脚交替上下楼梯等能力；而精细动作则体现在吸吮手指、抓握、觅食反应、眼睛追踪物体和表情回应等细微动作上。

婴幼儿动作发展的生理基础至关重要。首先，良好的睡眠是婴幼儿健康成长的必要条件，为他们提供充沛的精力和良好的食欲。建议婴幼儿的入睡时间不宜晚于晚上九点，最佳入睡时间为晚上八点前；同时，确保不同年龄段的婴幼儿拥有足够的睡眠时间：新生儿16小时，3个月大时14小时，6个月至1岁13小时，2至3岁12小时，4至6岁幼儿应保证每天10至

12小时的睡眠。此外，熄灯睡眠环境有助于婴幼儿生理机能的协调和代谢平衡。其次，均衡的饮食为婴幼儿提供了必要的营养，如蛋白质、维生素、矿物质、糖类和脂肪等，确保了其动作的正常发展。同时，婴幼儿动作的发展也离不开心理和环境的基础。稳定的家庭环境、和谐的家庭成员关系、恰当的亲子依恋、一致且民主的父母教养方式，为婴幼儿动作发展提供了坚实的心理支撑。在幼儿园中，教师的角色同样不可或缺，他们如父母般的关爱、科学且民主的教养方法、理解包容的教养态度，为婴幼儿动作的发展奠定了坚实的基础。在环境方面，熟悉的环境能给予婴幼儿安全感，激发其探索与互动的欲望；而自然环境则充满了无限可能，轻松自由的人际环境则为婴幼儿的动作发展提供了心灵的滋养。

3. 婴幼儿语言发展的基础及特征

语言的发展始于听觉，经过吸收与模仿的过程而逐渐产生。对于幼儿而言，正常的听觉、发声能力以及丰富的语言环境刺激是语言发展的三大关键要素，缺一不可。若孩子的听觉存在问题，其语言发展也会面临挑战。特别值得一提的是，0~3岁是孩子吸收语言的黄金时期，他们对人类语言充满热爱，渴望听到真实的声音，并学习成人的语气、表情、情感以及意图。语言的吸收源自语言环境，而与环境的互动与交谈赋予了语言更深的意义。所吸收的语言不仅仅是语言的本身，更成为孩子人格形成的一部分。只有当孩子对语言环境中的信息进行深入理解和掌握，并使之内在化，其语言能力才能从内而外地得到发展。在吸收外部语言并进行内在化的过程中，孩子会通过模仿和反复练习来学习说话。在这个过程中，母亲可以扮演"旁述员"的角色，为孩子提供丰富的信息。例如，当孩子在吃苹果时，母亲可以说："我看到你正在吃苹果，这个苹果是红色的，看起来很甜，香气四溢呢！"孩子会将听到的信息与正在进行的活动相联系，通过五官（嗅觉、味觉、触觉、视觉以及听觉）的共同作用，将这些信息一同吸收并转化为自己的理解和意义。

除了正常的听觉、发声能力以及语言环境外，幼儿语言发展的生理基础和心理基础同样值得高度重视。其中，生理基础的一个重要方面是饮食。孩子的饮食与其语言能力的发展紧密相连，特别是在断奶并开始摄入固体食物后，这对语言能力的成长尤为关键。在家庭环境中，父母为孩子准备食物时，应遵循渐进原则，根据孩子消化系统的发育状况，从流质食物逐步过渡到固体食物。例如，对于6个月以下的孩子，应给予糊状食物以促进消化系统的发育。正常情况下，孩子在14个月之前会长出至少一颗牙齿，而当牙齿数量增至八颗左右时，可以引入较硬的食物，这不仅有助于按摩牙龈、缓解牙齿生长的疼痛，还能促进口腔肌肉的训练。在准备食物时，应尽量保持食物的原始状态，这样既保留了食物的营养，又有助于孩子通过咀嚼进行牙齿生长和口腔肌肉的训练。例如，让孩子整个拿着苹果吃，不仅有利于发音和语言的发展，还能充分发挥牙齿的功能。反之，若家长在孩子的饮食上采取不当的做法，如不及时断奶，可能会影响孩子的进食和语言发展的进程，导致其发展迟缓和滞后。因此，合理的饮食安排对于幼儿语言发展的重要性不容忽视。

在日常生活中，幼儿会自然而然地进行语言发展的练习。例如，2~3个月大的孩子会通过玩口水来锻炼舌头和嘴唇的动作，这是为将来学习说话所做的准备。孩子吹口水泡泡，实际上是在为将来的唇音发音做准备；前门牙也至关重要，因为喷气发音需要用到它们。家长可以通过让孩子用牙齿咬断食物，如苹果或黄瓜，来帮助他们练习齿音。同时，建议让孩子用吃手指代替安抚奶嘴，因为长期使用安抚奶嘴可能会抑制舌头的运动。对于卷舌音的发音问题，可以尝试使用干净且安全的小木棒蘸取麦芽糖，引导孩子伸出舌头并向上卷起舔舐，长期练习有助于孩子轻松发出卷舌音。

除了生理基础，婴幼儿语言的发展还需要心理层面的支持。在与孩子交流时，应放慢语速、使用柔和的语气，甚至唱歌。温柔和爱意的话语有助于孩子建立安全感和信任感，而快速、大声或苛责的语言则可能让孩子感到害怕，产生负面情绪，甚至自卑心理。语言发展的心理基础主要建立在亲子互动的过程中。沈施芳、邵洁等人的研究表明，通过书籍和玩具作为媒介增加亲子互动，对婴幼儿的语言发展具有显著促进作用。已有研究也显示，父母与儿童早期的高质量互动对儿童语言发展至关重要。使用消极控制策略的母亲，其子女的语言表达能力往往较弱。此外，父母的情绪管理也是婴幼儿语言发展心理基础的重要组成部分。

在亲子互动中，保持积极乐观的心态能够营造积极向上的氛围，使孩子接收到积极的语言信号，从而消除对语言发展的恐惧。成人应站在孩子的角度，理解并回应他们在语言发展过程中的感受，这有助于巩固孩子语言发展的心理基础。当孩子刚开始学说话时，可能表达得不够清晰，此时父母和成人应以孩子的视角和语言给予适当的鼓励和表扬，以增强他们继续说话的勇气。如果心理基础不够牢固，孩子可能会害怕开口说话。在孕期，母亲可以通过给孩子唱歌（即使没有歌词，只是哼旋律）来建立与孩子的情感联系。这首"亲子之歌"日后可作为安抚情绪的工具，让孩子在特殊情况下感到安全。

4.婴幼儿情感发展的基础及特征

每个人，包括婴幼儿，都会经历各种各样的情绪体验和情感反应，这对于婴幼儿来说具有尤为特殊的意义。我国情绪心理学专家孟昭兰教授强调："人类婴儿天生具备情绪反应能力，这是他们早期生存不可或缺的重要心理支撑。"在0~3岁的成长阶段，婴幼儿的情绪发展呈现出明显的阶段性和特殊性。具体来说，0~1岁的婴儿倾向于寻求爱抚和拥抱，对照顾者的微笑和轻声安抚会展现出积极、愉悦的情绪回应；进入1~2岁阶段，婴幼儿开始发展出依恋、安全感和好奇心等积极的情绪体验；而到了2～3岁，幼儿则能够主动表达自己的情绪，并尝试管理自己的感受。婴幼儿情绪的发展不仅依赖于生理和心理的基础，还受到家庭环境等外部因素的深远影响。

第一，生理基础。婴幼儿初入人世，身体各项机能尚未完善，与外界环境和主要照顾者的交流方式较为单一。在出生后的一个月内，他们的情绪主要受制于生理需求。情绪是婴幼儿与主要照顾者最初、最主要的交流媒介，其中哭闹情绪尤为重要：当婴幼儿感到饥饿、困倦或身体不适时，他们会通过哭闹来表达。相反，当婴幼儿感到快乐时，成人也会因此感到安心，比如婴儿在熟睡中做梦时可能会面带笑容或发出笑声，这表明他们处于舒适的状态。

第二，心理基础。大约从两个月开始，婴幼儿的情绪同时受到生理和心理需求的调控。此时，他们已能与主要照顾者进行明显的互动，如当被逗乐时会笑出声，渴望得到照顾者的及时回应，否则可能会哭泣。随着主要照顾者的细心照料，婴幼儿的生理需求得到满足，他们渐渐会对照顾者产生依恋情感。通常，婴幼儿在八个月左右时最依恋的是母亲，这种依恋程度在大约一岁时达到顶峰。研究表明，安全型依恋的婴儿，其母亲或主要照顾者通常展现出负责任、敏感、充满爱心和耐心的特质。主要照顾者通过眼神交流、身体接触、言语鼓励等情感照顾，有助于婴幼儿建立更强的安全感，鼓励他们勇敢探索、与人互动，进而提升对环境的适应能力。

第三，环境基础。家是婴幼儿最主要的生活和活动空间，一个安静、适宜的家居环境有助于婴幼儿培养乐观稳定的情绪。相反，强烈刺激的环境，如视觉和声音上的过度刺激，可能导致婴幼儿哭闹和情绪不稳定。即使在容易引起焦躁的环境中，情绪稳定的成人也可能受到影响，而婴幼儿则更加敏感。一个充满关爱、呵护、理解和丰富感知觉刺激的、安全、提供充足自由探索空间的环境,是培养婴幼儿乐观稳定情绪不可或缺的条件。

5. 婴幼儿社交发展的基础及特征

实证研究揭示,幼儿社交技能的发展与其年龄增长呈正相关,这一成长过程既受到先天遗传的生理基础影响,也依赖于个体的主观能动性以及所处环境的塑造。

首先,从生理基础来看,婴幼儿的大脑发育特别是神经中枢的成熟极为迅速。出生时,大量脑细胞尚未被激活,这些细胞能在外界刺激下逐渐释放潜力,形成突触并相互连接,显示出强大的可塑性。因此,通过后天训练,婴幼儿的社交技能得以提升和培养。此外,社交技能的发展在性别间存在差异,男孩的社会交往水平普遍低于女孩,面临的社会交往问题和障碍也相对较多。相对而言,女孩在亲社会行为、语言及非语言技能方面展现出更高的主动性和更佳的表现。

其次,环境基础对婴幼儿社交发展至关重要。这主要指的是养育环境,特别是家庭环境。环境又可分为客观和主观两个方面:客观环境主要指家庭经济状况,研究显示,高收入家庭为孩子提供更多的资源和渠道,促进社交情绪的发展。主观环境则涵盖家庭教养信念、方式、喂养情况及家庭关系。积极的亲子互动有助于满足婴幼儿情感需求,建立社交自信,但应减少或避免在教养和互动中过度使用移动设备。在喂养方面,母乳喂养的婴幼儿相较于非母乳喂养者展现出更强的养育和情感依恋,社交情绪发展更为积极,且对积极情绪的敏感度与母乳喂养时长成正比。

最后,心理基础同样不容忽视。和谐的家庭关系、积极的亲子依恋关系均为婴幼儿社会适应性、社交情绪及能力的发展提供坚实的心理支撑。正向的情感依恋和良好的家庭关系为婴幼儿的社交发展奠定了坚实的心理基础。

二、家庭教育与婴幼儿发展

1. 在家协助婴幼儿感官发展

根据现代幼儿成长研究理论，人的学习能力发展始于感觉动作阶段，逐步向知觉动作阶段演进，最终达到概念符号的智慧层次。其中，感知能力的发展尤为关键，主要集中在幼儿阶段，对幼儿的认知过程具有举足轻重的地位。感官是人类与环境沟通的桥梁，为我们带来各种感觉。这些感觉器官不仅涵盖了眼睛、耳朵、鼻子、舌头和皮肤肌肉，还包括空间感知和前庭觉（运动与平衡感）。因此，感官教育涵盖了视觉、触觉、听觉、味觉和嗅觉等多个方面。婴幼儿的父母或主要照顾者应充分利用家庭环境及资源，积极促进婴幼儿的感官发展。

第一，提供环境刺激。人的发展在任何阶段都离不开环境刺激，父母应主动为孩子创造丰富的刺激环境。成人积累了丰富的多元刺激体验，而婴幼儿则相对较少。婴儿出生后，必然会接触到多种刺激，如视觉、触觉、嗅觉、听觉和味觉等。为了促进嗅觉和味蕾的发育，需要提供多样化的刺激。例如，对于五六个月大的孩子，若仅依赖奶类，未充分接受外界多元刺激，可能会形成对奶的单一感觉，导致日后的偏食甚至厌食问题。

第二，实现环境刺激的多元化。人具有灵活性和创造性，能够接纳多种刺激。父母应准备一个充满丰富刺激的环境，让孩子有机会感受不同环境带来的感觉刺激，进而促进其感官的全面发展。例如，在洗澡时，可使用不同材质的毛巾或海绵来擦泡泡，让孩子逐渐适应各种触感。持续使用同一种材质的毛巾会限制孩子皮肤适应力的发展。此外，轻挠脚底或腋下、用毛巾或湿巾轻轻扫过手脚，这些刺激对婴儿神经发展至关重要。如果孩子的感官没有接受过多样化的环境刺激，神经传递功能可能得不到充分锻炼。

第三，倡导自然的身体接触。无须专业按摩手法，父母只需自然地接触孩子的皮肤。抚触不仅能增进身体接触，还能让孩子感受到爱。但需注意，婴儿的皮肤较薄且敏感，对刺激的反应更为强烈，因此接触时要控制好力度。自然的身体接触有助于婴儿建立对"人"的安全感，成为其心灵寄托的重要来源。感觉丰富的人往往能更自觉、自动、自发地进行发展，执行能力也能正常运作。

第四，营造具体而稳定的环境。人生活在多维互动的具体世界中，家庭中的物品变化对孩子来说是一种刺激。为确保孩子能方便地拿取主要生活工具，应确保这些物品的位置相对稳定，以促进其空间记忆的发展。一方面，为婴幼儿提供一个具体的环境去探索和学习至关重要，这样的环境能让孩子有更多机会去感受他人的情感、感受及行为。另一方面，生活居住的具体环境需要保持一定的稳定性，以维持孩子对空间和习惯的安全感。频繁搬家会破坏孩子的归属感，增加心理压力，并对曾经熟悉的家居环境产生牵挂。因此，具体而稳定的生活环境是婴幼儿安全感的重要基石。

2. 在家协助婴幼儿动作发展

在协助0~3岁婴幼儿动作发展的过程中，成人应当首先审视自身的认知和行为，认识到这些因素可能对幼儿动作发展产生的深远影响。为此，我们可以将孩子视为自己的一面镜子，以更好地理解和引导他们。对于主要照顾者来说，可以从以下几个关键方面着手。

第一，学习婴幼儿动作发展的规律。婴幼儿的动作和运动发展遵循着明确的阶段性和规律性特征，作为主要照顾者，这一点不容忽视。务必进行相关专业知识的学习，以尊重并遵循婴幼儿动作发展的自然规律，按照其发展阶段和特点来引导。当孩子表现出对某些活动的抗拒时，可能是因为他们尚未具备完成这些活动的能力，而非单纯的害羞。因此，我们应避免过度干预或强行推进，而应依照婴幼儿动作发展的规律来引导。举例来说，如果孩子的生理机能尚未成熟，平衡能力也尚未达到相应水平，而过早地被成人牵着双手学习走路，可能会导致各种问题，甚至错过动作发展的关键时期。通过学习和了解婴幼儿动作发展的知识，主要照顾者将能够更准确地判断何时应鼓励孩子尝试新事物，何时又应给予他们更多的时间和空间去自然发展。然而，需要强调的是，尽管婴幼儿动作和运动的发展具有一定的规律性，但每个孩子都是独一无二的，我们应尊重他们的个体差异，灵活调整引导方式。

第二，提供充足的自由活动机会。通常情况下，正常出生的婴幼儿，其体格和各项指标正常，其动作及运动能力的发展不会存在显著问题。然而，若婴幼儿在动作和运动发展上滞后于同龄人，我们需要审视是否由于活动及运动训练受到了"过度限制"。这种情况往往源于主要照顾者过于担心孩子在运动和活动中受伤，从而过度保护，限制了他们的动作和运动发展训练。这种过度保护的行为，多数情况下是由于对婴幼儿动作及运动发展规律缺乏了解所导致的，从而在误解和盲目指导下采取了错误的养育方式。事实上，作为婴幼儿的主要照顾者，只需确保提供适当的安全保护措施即可。做好这些防护措施后，可以放心地让孩子自由地进行爬、走、跑等练习，通过"适度放手"的方式，促进婴幼儿运动和动作能力的健康发展。

第三，为孩子提供充足且适宜的物理空间。孩子从不会爬行到学会走路的这一过程主要发生在0~2岁之间，这个阶段，孩子需要宽敞且无过多障碍物的环境来进行动作和运动训练。一方面，爬行和学步的空间应足够开阔，过多的障碍物可能会让初次尝试爬行的孩子望而却步，因此，一个宽敞且便于活动的物理空间至关重要。另一方面，应准备坚实的地板，以帮助孩子学习"摔倒"时的自我保护能力。孩子需要明白"摔倒"是通过屈膝、臀部着地来完成的，并学会自己站起来。在坚硬的地面上摔倒会产生一定的疼痛感，这有助于孩子理解因果关系，进而学会控制自己避免摔倒。然而，在柔软的地胶上摔倒，孩子可能会采取任何方式，如不弯曲双膝、全身向前或向后摔在软地胶上，这可能会让孩子产生"摔倒无所谓"

的错觉,干扰其因果观念的形成。此外,对于学步尚不熟练的孩子,他们通常会在摔倒后主动尝试自己站起来。但如果成人习惯于在孩子摔倒后立即将其抱起,孩子可能会逐渐产生依赖心理,形成"摔倒后等待大人来抱"的惯性思维。这不利于孩子自控能力和自主能力的培养。因此,在孩子学习走路时,我们应为他们提供合适的环境,并在他们摔倒时鼓励其自行站起,以促进他们在这方面的自我控制能力和自主性的发展。

第四,注重慢动作示范。幼儿的动作速度、力度、频率和角度对其动作发展至关重要。只要这些方面表现正常且流畅,通常无须刻意干预。因为正常的、适宜的节奏能给人带来舒适和安全感,而过快的节奏和急促的动作容易增加出错的风险。因此,家长在协助幼儿动作发展时,应多展示正常且自然的动作速度,如观看风吹过树叶后树叶缓缓飘落、水波荡漾等自然现象。同时,在日常生活和游戏中为孩子做出示范时,家长或其他成人应放慢动作,确保孩子能够清晰地观察并有足够的时间去理解。总之,家庭生活的节奏也不应过于急促,应给予孩子足够的时间去观察、吸收和学习。这不仅有助于培养孩子稳定的情绪,防止日后出现思想混乱,还有助于他们在音乐学习、自我管理以及组织、安排、执行能力等方面的全面发展。

3. 在家协助婴幼儿语言发展

人在生命的早期阶段,家庭是他们主要的生活场所。婴幼儿与家庭成员的互动越多,他们练习说话和交流的机会也就越多。为了促进孩子的语言发展,父母可以培养一些"小习惯"。在家庭沟通中,父母和家庭成员都应积极"说话",通过频繁的对话帮助孩子积累词汇。首先,父母可以在孩子面前描述人物、行为和感受,这样能够帮助孩子更好地理解世界。其次,家庭成员之间应经常对话,为孩子提供聆听的机会,让他们学会从对话中获取信息。再次,在做出大动作时,可以加入生动的语言描述,使孩子能够将动作与语言联系起来。同时，生动讲述故事、唱儿歌配合动作、念童谣搭配表情以及手指谣等，都是促进孩子语言发展的有效方式。最后，父母可以给孩子讲述一些简单易懂且有教育意义的事件，并适当地讨论过去、现在和未来，以及它们之间的关系，这有助于孩子形成连贯的思维和表达能力。当孩子开始尝试说话时，成人需要抓住每一个机会鼓励他们表达或提问。在孩子发音或表达不准确时，成人应作为一个积极的聆听者，不要嘲笑或纠正，而是用正确的话语再慢慢说一遍，给予孩子足够的时间和空间，让他们按照自己的节奏逐步发展语言能力。记住，幼儿可能需要一年左右的时间通过"尝试—出错—自我修正"的过程来逐渐达到清晰准确的发音和表达。

同时，家庭规模和结构对婴幼儿语言发展的输入环境有着直接影响。博纳德·斯波斯基（Bernard Spolsky）指出，家庭规模小、结构简单时，家庭的语言管理相对简单；而家庭规模大、结构复杂时，语言管理则更为复杂。孩子不仅可以从亲身参与的谈话中发展语言，还能作为"旁观者"吸收和整合听到的对话，从而促进自身语言的发展。在关注促进婴幼儿语言发展的有利因素时，我们也应警惕不利因素。其中，电子设备的过度使用和不当的成人回应都是潜在的危害。特别是电子设备，如电视、手机、平板等，对婴幼儿的语言发展构成显著威胁。徐明玉等人的研究显示，电子设备的使用影响婴幼儿表达性语言的发育，因此，18个月龄以下的婴幼儿应尽量避免接触任何电子设备。在接触电子产品时，孩子往往处于被动状态，缺乏语言互动的机会，这会阻碍他们直接感受和理解语言环境，可能导致冷漠和不负责任的语言习惯。因此，家长应减少或避免婴幼儿对电子产品的接触。然而，国外学者弗格森（Ferguson）、克拉马尔（Krcmar）等人的研究也表明，儿童早期接触高质量的互动式儿童影视节目对其语言发展是有益的。这意味着，在家长陪同下，孩子适当接触一些高品质的亲子互动类节目，可以在一定程度上促进语言发展。在电子设备日益成为婴幼儿教育工具的当下，父母应合理控制孩子使用电子设备的时长和频率，并树立榜样，避免在孩子面前过度使用电子设备进行工作或娱乐。

此外，成人不恰当的回应方式同样会对婴幼儿的语言发展产生负面影响。例如，随意给出答案或嘲笑孩子，会使孩子感到困惑、缺乏尊重，并在人际交往中产生退缩。婴幼儿的照顾者回应的方式，会直接影响孩子接收语言时的心理状态。由于孩子具备吸收性心智，当遇到带有负面情绪的人使用粗暴的言辞与他们交流时，孩子会全盘接受，并可能模仿这种不适宜的说话方式和语气，日后很可能成为不受欢迎的儿童。值得强调的是，无论是在与其他家庭成员沟通还是与孩子交流时，成人都应时刻注意自己的言语方式及语气可能对孩子语言发展产生的长远影响。面对孩子有时使用的"自创语言"（即所谓的"星球话"），许多家长可能难以理解，但仔细聆听并用心体会，会发现这些语言虽然独特，但通常带有正确的语调。通过语调，我们可以猜测到孩子想要表达的内容。因此，家长不仅要关注自己的说话方式，还要用心聆听孩子的表达，感受他们的意图，并及时给予适当的回应，而非将孩子的"星球话"视为"胡言乱语"而置之不理。

在家庭中，除了通过互动等方式促进婴幼儿语言发展，家庭成员或主要照顾者还需密切留意孩子的语言发展情况。当婴幼儿出现以下症状时，建议及时寻求专业人士的帮助，以便及早发现问题并进行干预：

（1）一岁多时仍无法理解成人的话语；

（2）两岁时仍未表达出任何词汇；

（3）三岁后说话仍不清晰，难以理解，或不会使用简单句子表达意见；

（4）四岁后发音仍不清楚，常答非所问，表达混乱；

（5）无论年龄大小，对环境中的声音缺乏反应；

（6）已被诊断为发展障碍的儿童，如听力障碍、染色体异常、孤独症、脑性麻痹或智力低下等。

及时的专业干预对于孩子的语言发展至关重要，有助于他们克服障碍，实现更好的沟通和交流能力。

4. 在家协助婴幼儿情感发展

婴幼儿的情感发展深受家庭生活的"大环境"以及家庭中成年人构成的"小环境"的双重影响。因此，维持环境的稳定、安全，并在这样的环境中进行积极的互动，对于婴幼儿情感的健康发展具有至关重要的作用。具体而言，主要照顾者可以着重关注以下几个方面：

第一，要密切关注环境的"监控"。婴幼儿的情绪稳定性与环境息息相关，通常而言，身体健康的婴幼儿在稳定、适宜的环境中不会无缘无故展现出负面情绪。考虑到0~3岁婴幼儿的表达能力尚处于初步发展阶段，情绪成为他们最主要和最直接的表达方式。无论婴幼儿是否发出情绪的"求助信号"，主要照顾者都应时常留意婴幼儿所处环境的检查，从而评估"大环境"和"小环境"是否满足其成长需求。当婴幼儿情绪不佳时，主要照顾者不应立即归咎于孩子，而应意识到环境中诸多因素都可能成为情绪问题的根源。例如，家中过于嘈杂、长时间居家、父母争吵等都可能引发婴幼儿的负面情绪。同时，由于婴幼儿对环境的感知比成人更为敏锐，对环境的适应能力也较弱，因此我们不能以成人的标准去要求他们。主要照顾者需要做的，是尊重孩子、信任孩子，为他们提供一个稳定、安全且充满爱的环境。在城市化和工业化快速发展的今天，纯天然的空间逐渐减少，生活节奏加快，使得婴幼儿及成人与大自然的互动机会被压缩。许多原本可以通过与大自然接触来调节的情绪问题，可能因此反复出现。为了有效调节婴幼儿的情绪，主要照顾者可以尝试带他们走进大自然，感受大自然的广阔与包容，通过与大自然的互动来达到情绪调节的效果。

第二，作为孩子的"第一任老师"——主要照顾者，我们首先要关注自我管理和"身教"。可以说，孩子往往是父母的一面镜子。若希望孩子情绪乐观且稳定，那么"朝夕相处"中的情感影响力则不可小觑。婴幼儿的主要照顾者应确保自己情绪稳定，遇到问题时保持冷静，以积极、坚定的态度寻求并实践解决问题的方法。生活在"遇到问题不发脾气，而是积极寻求解决方案"的家庭氛围中，孩子会不自觉地模仿并学习这种"沉着冷静应对问题"的态度。除了正面的示范外，主要照顾者也应极力避免为孩子做出错误示范，比如避免成为"一遇到难题就发脾气甚至摔东西"的模仿对象，以减少孩子形成不良情绪习惯的可能性。若婴幼儿的生活作息规律，每天都有丰富的活动，如玩耍、与其他孩子或成人互动、享受快乐时光等，那么他们的负面、不稳定情绪自然难以滋生。然而，要实现这样的状态，主要照顾者的协助和引导至关重要。为了孩子的情绪稳定，我们需要先审视自己，了解自身的优点和不足，从自身做起。婴幼儿的主要照顾者应特别重视自我情绪管理，以更好地进行"身教"，为孩子的健康成长奠定坚实的基础。

第三，学会精准解读并迅速回应孩子的情绪至关重要。婴幼儿表达的情绪包括积极和消极两种。积极的情绪反映了孩子舒适、正常的状态，而消极的情绪则暗示着孩子处于"不适"或"非正常"的状态。在日常生活中，食物不新鲜、父母的陪伴时间减少、安全感不足等因素都可能导致孩子情绪不稳，进而引发哭闹等消极情绪。当孩子出现消极情绪时，他们需要主要照顾者的特别关注与帮助。面对婴幼儿最常见的哭闹，最有效的应对方法是理解孩子的情绪并做出及时且恰当的回应。首先，可以根据孩子日常的饮食、睡眠等习惯来判断哭闹的原因，并"对症下药"解决问题。其次，如果无法确定哭闹的原因，可以尝试通过轻拍等安抚手段使孩子平静下来。如果上述方法均不奏效，有时孩子的哭闹本身就是一种表达方式，此时可以暂不干预，允许孩子通过哭闹来释放情绪。然而，不可忽视的是，孩子的哭闹往往有其深层原因。可能是因为身体不适或环境不适。在这种情况下，应及时就医或考虑更换环境。无须担心及时回应孩子的哭闹会宠坏他们，因为这个阶段的孩子记忆力尚未成熟，及时的回应反而能让他们感受到被理解和关爱，有助于情绪的释放与调节。

第四，增加与孩子的接触和互动是关键。主要照顾者可以通过游戏的方式与婴幼儿进行身体接触和互动，实现寓教于乐。例如，和孩子一起玩捉迷藏游戏，在游戏中教授孩子在合适的时候如何隐藏自己、保护自己不被找到。从小培养这种自我保护意识，日后遇到欺负时，孩子更有可能采取合理的应对方式，而非仅仅发脾气、哭泣或惊慌失措。除了通过游戏促进孩子自我保护意识的形成，父母还应给予孩子更多的陪伴，及时发现并理解孩子的情绪变化。在日常生活中教育孩子，教会他/她在危险时如何保护自己、如何寻求他人的帮助，并示范和陪伴他/她一同参与家务劳动。孩子经历的生活越丰富，进行情绪管理和调节的机会也就越多。生活总是充满变化，主要照顾者应陪伴孩子一同丰富他/她的童年经历，避免日后因经历不足或承受能力未经锻炼而在情绪上受到巨大冲击。

5. 在家协助婴幼儿社交发展

儿童期社会性发展包含三个关键阶段：个人建构期（或称旁观期）、遵从社会期（或称参与期）以及掌握运用期（或称实践期），如表6-3所示。在这三个阶段，主要照顾者不仅要以身作则，树立良好榜样，同时也需要把握分寸，适可而止地引导孩子成长。

第一，强调"父母示范"的重要性。家庭作为孩子的第一所学校，其教育环境对孩子的社交发展具有深远的影响。孩子通过观察父母之间的沟通互动方式，会在无形中吸收并构建自己的社交技能。社交本质上是人与人之间的交往与互动，若家庭成员之间的关系融洽和睦，则无须过分担忧孩子的社交发展，因为他们会自然而然地在优良的家庭生态环境中培养出健康的社交能力。孩子在家中观察到的"社交模式"，将在幼儿园、学校以及社会中得以体现。

父母的一言一行都是孩子模仿的对象。即便在婴儿期，孩子虽无法言语，却能通过观察父母的表情、手势、语气和态度，形成对沟通的初步印象。具体而言，如果孩子经常目睹父母之间平和、积极地沟通，他们将学习到"人与人之间的沟通需要和谐"这一原则，日后更有可能展现出愿意沟通、和平沟通的态度。相反，若孩子观察到父母之间的负面沟通，他们可能会产生逃避沟通的心理，甚至形成"不沟通就不会受伤"的误解，这对孩子的正常社交发展极为不利。

第二，强调"不可以"背后的原因至关重要。深受经验主义影响的中国人认为，人生的智慧往往来源于实际经历，这些经历带来的感受远比物质财富或书本知识更为宝贵。对于已具备语言能力的孩子来说，缺乏亲身体验的"痛"感，他们难以真正理解危险、学会自我保护，也不明白为何要听从父母的告诫，谨慎行事或避免某些行为。因此，当孩子表现出危险行为时，我们不能仅仅以"不可以"来简单制止，而应详细解释背后的原因。

如果孩子仍然坚持冒险，我们可以在确保环境安全、后果可控的前提下，让他们体验并承担相应的后果。在此过程中，成人需保持情绪稳定，确保孩子所经历的后果不会对其造成无法预料的伤害。这样的体验将极大地丰富孩子的认知，大多数正常孩子都能从中吸取教训。孩子的成长是一个不断积累经验、从实践中学习的过程，我们期望他们不仅知道，更要真正理解并内化这些经验，而适当的体验则是实现这一目标不可或缺的一环。

第三，关于"社交礼仪"。社交交往中礼仪不可或缺，这涉及与长辈、老师、同辈的沟通方式等。孩子通过观察家长如何与陌生人沟通来学习这些礼仪，例如父母示范如何找陌生人问路，选择谁作为问路对象以及如何礼貌地提问。这些技巧会影响孩子日后与陌生人交往的勇气和自信。社交礼仪还包括排队等候、轮流发言、不插嘴等。例如，如果家庭中合作完成家务，孩子可以学习协作精神；若父母经常争吵或顶撞长辈，孩子则可能无意中模仿。在多子女家庭中，当孩子之间出现玩具争夺时，应教他们"等待"的礼仪，如"请排队，等对方玩完了就会轮到你，请耐心等待"。这样可以培养孩子的耐心，避免直接要求大孩子让着小孩子，引发不公平感。幼儿时期累积的"不公平"感可能会在青春期爆发。此外，让孩子接触不同的人和职业，了解社会的分工合作特点。最好带孩子亲自参观各种职业现场，让他们了解不同职业的新词汇和工作内容，从而增进对他人的理解。在适当的时候，不过度干预也是提升孩子社交能力的重要一环。例如，在幼儿园或玩耍时，当孩子遇到难题或需要协商游戏玩法时，成人应先观察，让孩子在小团体中发展沟通技巧和解决问题的能力。那些表达清晰、逻辑思维能力强的孩子通常更具吸引力，更容易获得他人的认可和支持，甚至成为领导者。

表6-3 婴幼儿的社会性发展

初期：个人建构期 （旁观期）	中期：遵从社会期 （参与期）	高峰期：掌握运用期 （实践期）
不懂合理性	踏进合理	因果合理
喜爱旁观、观察别人行为	参与其中、与别人互动	积极实践、掌握技能
不愿被观察	接受旁观	领导榜样
不能守约定	可守约定	制定约定、主动邀约
不能反映要求	尝试回应	回应合理
不能遵守、较放纵自我（如插队）	制止违规、喜欢纠察、学习克制	绝对遵守、可守承诺、克制自如
非自律行为	可排队轮流、等候	内化自律
不接受协助	接受协助，互动	检视修正
会放弃	会求助	请教
偶尔关怀（如递纸巾）	提醒，可做到关怀	同情别人
不愿跟随	可跟随	信任、安排分工
拒绝多	接纳，告知	接纳，致谢
情绪化、激情、偏激	学习抑制激情、忍耐、喜竞争	礼让、温和、期待
执着、争取、顽固	较计较	开放、包容
善忘	抱怨	谅解

续表

初期：个人建构期 （旁观期）	中期：遵从社会期 （参与期）	高峰期：掌握运用期 （实践期）
体验各种情感	学习处理情感	可掩饰情感
不能聆听	聆听，思考	策略讨论、 合理协商、仲裁
个人独立工作，不能合作	二人合作	多人合作
蜻蜓点水	试着完成 t	坚持到底
羡慕年长	喜爱自己	欣赏别人
自我行为（独行侠）	同伴游戏	团体小组互动
自私	尝试分享	尊重人权、物权
逃避责任（逃走）	撒谎，尝试承担	责任承担
不理睬	道别，打招呼	寒暄
礼仪学习	执行礼仪	维持体面

第二节 三至六岁幼儿发展与家庭教育

一、幼儿发展的基础及特征

当幼儿成长至三岁，其立体视觉已接近成熟，此时的正常视力为0.6至0.8。到了四岁，幼儿的正常视力应提升至0.8至1.0；而在五到六岁之间，幼儿应能达到1.0的正常视力。若视力未能达标，应及时查明原因，并在早期发现视觉缺陷时采取补救措施，因为到了八九岁，若再发现弱视或立体视觉不足，矫正效果将大打折扣。三四岁的幼儿已能准确辨别基本颜色，但可能尚无法将颜色与其名称正确对应。然而，到了五六岁，他们通常能够完成这一任务。鉴于视觉能力对大脑发育的重要性，以及其在幼儿早期

（出生至三岁）为关键期，九岁前为敏感期，因此，加强幼儿的视觉训练至关重要。绘画作为培养幼儿颜色与形状知觉的有效方式，不仅有助于提升他们对颜色和形状的识别能力，更是儿童视觉能力发展的基础。表6-4所示为三岁至六岁儿童想对成人说的心底话。

表6-4 三岁至六岁儿童想对成人说的心底话

	三岁至三岁半	三岁半至四岁	四岁至四岁半	四岁半至五岁	五岁至五岁半	五岁半至六岁
认识自我	我害怕哦！我需要你的尽快响应来安慰及帮助我	想象的游戏能协助我发展抽象思考的能力	我需要学习如何选择，但我有时会紧张，请给我一些数据，帮助我做出合适的选择	我不喜欢父母欺骗我，请诚实回答我的问题	你们认同我工作能力的时候，我会产生自愿做家务的动力，请多给我一些鼓励	当我的实验失败或遇到挫折时，你的包容与鼓励是给我支撑和自信的重要"强心针"
肢体能力	我渴望一个安全无虞的环境，让我能够尽情攀爬和跳跃，从而增强肌肉力量和关节的灵活性	户外活动是锻炼体能的绝佳方式，同时也能有效促进我获得深沉而宁静的睡眠	用粗笔画画可以促进我日后写字技巧的发展，我开始对线条感兴趣了，这对我日后学习文字有很大帮助	如果每天都能有户外玩耍的时间，我便能充分享受阳光的照耀，从而拥有充沛的精力和强健的体魄。此外，出汗也有助于我处理一些情绪问题	我渴望发展和提升我的建构能力以及空间感知能力，请给予我移动家具的机会，因为这能让我学习如何搭建，并在实践中强健我的肌肉	做手工不仅能提升我手指的灵活性，还有助于培养我静心、细致的观察力以及审美观

续表

	三岁至三岁半	三岁半至四岁	四岁至四岁半	四岁半至五岁	五岁至五岁半	五岁半至六岁
人际关系	我其实很喜欢照顾弟妹的,但请不要忽视我的感受,我仍需要你的关怀	等待和轮候是需要学习和锻炼的重要技能,它们构成了耐心的早期训练。虽然这一过程可能会有些困难,但请给予我更多机会去尝试和体验	请帮我邀请朋友到家里来玩,因为我能够在熟悉的地方享受与同伴相处,这样能帮助我发展深度的沟通能力并理解别人,这也会使我很快乐	我已懂得关心别人,当我看见他人不安或受伤时,我会上前协助及安慰他,可以通过这样来学习并练习与人相处之道	请先给予我空间及时间解决自己的问题,最好在我真正需要帮忙时及时出手相助	我需要知道无论在什么情况下,你都会关注我的
心智开启	在进行配对游戏时,我能够锻炼日后分辨事物及学习判断的能力,同时这也为培养阅读前期的基础技能提供了有益的练习	辨别大小、高矮、肥瘦、厚薄、多少等,有助于我大脑逻辑思维的构建和发展	如果我能独立完成每一件事情,我的自学能力将得到显著提升,同时也会有更多的机会进行深入思考	通过参与家务劳动,我能学习到如何有条不紊地安排事情,做好事先准备,并遵循一定的程序。这样的经历将有助于我建立强大的逻辑思维能力,并深刻理解事物之间的因果关系	我需要认识时间与我的关系,请在家里放上日历,教我认识节日、节令,这样我也能学会合理安排时间	在参与家务活动的过程中,我不仅培养了选择的能力,还锻炼了我的逻辑思维,并加深了对数学和空间知识的理解和应用

续表

	三岁至三岁半	三岁半至四岁	四岁至四岁半	四岁半至五岁	五岁至五岁半	五岁半至六岁
沟通技能	能和父母一起阅读绘本故事书，会令我更有亲切感及归属感	在同一时间内，我是有能力记住多个事物的，这并不是因为我不专心，而是我正在锻炼自己的思维扩散能力。因此，请同时给我几项指令，我完全有能力同时处理并完成任务	与成人共同生活、互动和游戏，为我提供了宝贵的机会，让我能够学习并模仿他们的语言、思想和行为。在这个过程中，我能够更深入地理解日常用语的运用，从而丰富自己的语言表达和社交技能	我喜欢母语，不但能唱歌、说话，也可以与祖父母沟通。我也喜欢玩言语游戏，如押韵及猜谜游戏，我十分享受口语带来的乐趣	我已经可以传达讯息了，这代表我能掌握语言的重点，请放心给我更多机会来为你们的沟通提供服务	我喜欢幽默的人，因为我已经明白了暗示、笑话、猜谜都是语言技巧及语言思考的方式

二、家庭教育与幼儿发展

三岁至三岁半阶段：孩子需要充分的时间和空间来学习和不断练习自己的技能。因此，成人应鼓励孩子独立探索，如当孩子尝试新事物、学习新技能时，主要照顾者或熟悉的人可以陪伴在旁，以增强孩子的安全感和自信心。

三岁半至四岁阶段：这个阶段的孩子热衷于参与日常家务活动。家长可以多给孩子提供参与家务的机会，这样不仅能帮助他们学会照顾自己和他人，还能让他们逐渐适应家庭环境，为日后独立生活及培养责任感打下坚实基础。

四岁到四岁半阶段：幼儿开始对身体各部位产生浓厚的好奇心。作为主要的照顾者，您可以利用视频、绘本等教育资源，帮助孩子认识并了解身体的各个部位及其功能。此外，孩子也逐渐展现出表达情绪的需求，这时，您可以在孩子面前多使用描述感受的词语和形容词，为孩子提供丰富的情感表达情境和词汇积累。同时，维持家庭内部良好的日常生活秩序，将有助于培养孩子的安全感和自律能力。

四岁半至五岁阶段：这一阶段的幼儿需要得到适当的行为指导，以帮助他们学习和实践自我管理，确保他们在合适的时间和地点进行玩耍。当父母与孩子共同参与家务时，孩子能够学习到人际合作的重要性。当游戏失败时，父母应以积极、平和的态度示范如何面对，并将这种态度传递给孩子。在自我保护方面，父母应教育孩子记住自己的名字、电话号码、家庭地址等关键信息。

五岁至五岁半阶段：随着孩子做家务能力的增强，他们会逐渐认识到自己在家庭中的角色，并享受作为家庭一分子为家庭付出的乐趣。成人，特别是主要照顾者，应引导孩子深入观察环境，培养他们对大自然的感受和理解能力。此外，这一阶段的礼仪教育至关重要，为孩子制定明确的规则并解释其背后的原因，让他们在有规矩可循的环境中成长，以便在不同场合做出恰当的行为，实现自我管理。

五岁半至六岁阶段：此阶段的孩子需要进一步加强和强化自主能力。成人及主要照顾者应尊重孩子的意愿，给予他们做决定的机会，并在需要时提供信息和建议作为辅助。当孩子表达拒绝时，成人应尊重他们的选择，不强加意愿。鼓励孩子在家中进行实验，允许他们在安全的环境下扮演和体验他们期待的角色，这有助于他们验证自己的想法并发展未来的研究与发明能力。在讲述和聆听方面，成人若能耐心聆听孩子的表达，孩子便会模仿并在日后仔细聆听他人，这种真诚的聆听是促进孩子语言组织能力和表达能力发展的有效"催化剂"。

1. 感官教育

当孩子步入三至六岁的阶段,他们的感官发展将变得更为细致和精准,为日后比较与组织的判断能力奠定坚实基础。五官——眼、耳、口、鼻和皮肤(肌肉),作为大脑的接收器,负责将外界信息传输至大脑内部。因此,成人应营造一个丰富多彩的环境,鼓励孩子主动学习和吸收来自环境的信息。

在18个月至三岁的婴儿期,孩子已经能够区分大与小、长与短、多与少等基本概念。到了三至六岁的幼儿期,成人可以巧妙地利用不同大小的气球,如在大气球与小气球之间放置一个中等大小的气球,帮助孩子认识大、中、小。进一步,成人可以逐步增加难度,通过不断变换气球的大小组合,让孩子在比较中深化对大、中、小概念的理解。除了视觉和触觉上的比较判断,成人还可以引导孩子对声音大小、音频高低、味道咸淡、气味浓淡等进行感知和识别。

这些从感官能力发展而来的比较、配对、辨别、排序、分类、归类等能力,将成为孩子未来数学逻辑能力的重要基石。对于孩子来说,亲身经验是最宝贵的财富。他们积极运用五官收集信息,不断丰富和提升自己,使自身的认知能力日益增强。作为成人,我们应当坚信孩子拥有天生的学习能力,并为他们创造一个充满丰富刺激的环境,以促进他们独立自主能力的发展。

2. 日常生活教育

生活与教育紧密相连,教育是生活的自然延伸。生活技能并非仅在孩子长大后才开始学习,而是应从小培养。对于幼儿而言,身教胜于言传,因为幼儿倾向于模仿成人的行为。因此,最好的教育就是在日常生活中进行训练。那么,什么是日常生活教育?答案就是家务。孩子需要经历才能体验,进而产生感觉和思考。他们不仅要学会做家务,还要坚持去做,形成习惯，内化于心。习惯自我照顾的孩子，日后能发展出自我管理的能力；习惯照顾环境的孩子，未来可能成为环保的倡导者；习惯以礼待人的孩子，将学会尊重自己与他人；而习惯做家务的孩子，更可能热爱家庭，服务国家。

家庭中的一切事务都是家务，我们应该鼓励孩子参与，让他们在实践中发展上述能力。

日常生活教育通常分为四大类：首先是基本动作，如走路、洗漱等，这些都是通过日常生活互动来实现的；其次是自理照顾，涉及擦鼻涕、梳头、穿衣、洗手等日常自我护理活动；再次是关照他人，包括打招呼、应答、道谢等社交礼仪；最后是照顾环境，即关心并维护身边的事物，如打扫卫生、准备餐具、栽培植物等。

在准备孩子生活用品时，我们应注意以下几点：首先，日常生活用具应符合孩子的手部尺寸，让孩子在使用过程中有真实感和实在感；其次，工具的摆放位置应方便孩子自主取用，这有助于培养他们的独立性和自信心。

3. 数学心智培育

数学与人类生活紧密相连，孩子需要了解"数学日常化"的概念，以及数学如何与他们的行为相互关联并可能产生何种影响。成人应让数学"活"起来，通过在家中适时地展示日常生活中与数学相关的各种事物，让孩子沉浸在数学的实践之中。那么，如何才能让孩子真正"活"在数学中呢？答案就是使日常生活与数学产生频繁的互动。例如，在乘坐公交车时，鼓励孩子使用现金支付而非电子支付，这要求孩子事先准备好零钱，确保分毫不差。这样的体验不仅锻炼了孩子的计数能力，还培养了他们的自我管理和计划能力。

4. 语文能力培育

语言的学习和掌握离不开听力、互动和丰富的语言环境。为了培养孩子的语言能力，首先要激发他们的倾听意愿和表达欲望，鼓励他们以多种方式自主表达、主动沟通，以实现积极有效的交流。成人应耐心聆听，以适当且礼貌的方式回应孩子的言语，同时为他们创造一个充满丰富感觉和动作经验的环境。

对于三至六岁的幼儿来说，丰富其口语能力至关重要。这包括人事物的命名、语句结构的掌握、叙述顺序的条理、情感表达的细腻，以及伴随口语的眼神、表情和动作手势等非言语表达。

在与孩子交流时，成人的话语中蕴含了感觉、动作、社交和情绪的多种表达元素。对于处于语言发展关键期的幼儿来说，成人和环境都是不可或缺的重要元素。若语言沟通环境的数量和质量存在问题，无疑会对孩子的口语发展产生负面影响。因此，作为成人，我们肩负着保障孩子上小学前口语发展的重任。

在书写方面，生理准备指的是手指和手腕动作能力的训练。我们可以通过提供多样化的生活工具，如无柄水杯、有柄水杯、汤匙、剪刀、筷子等，让孩子在操作中培养掌握力和把握力，从而间接帮助他们发展执笔和控笔能力。心理准备方面，则需要将文字实用化、生活化、效果化和互动化，让孩子自行发现文字的记录和交流功能。例如，成人可以在孩子面前手写购物清单、留言字条、工作名片、问候卡片、礼品卡片和邀请卡等，让孩子感受到文字的实用性和魅力。

第三节　六至十二岁儿童发展与家庭教育

一、儿童发展的基础及特征

第一，身心发展特征。六至十二岁的儿童，生理上经历了显著的变化：恒齿逐渐长出，体型拉长，头部与身体的比例逐渐缩小。小学毕业后，他们的身体比例更加接近成人，健康状况也更为稳定。在饮食上，他们的胃口增大，有时甚至超过母亲的食量。运动能力显著提升，精力也更加旺盛。在心理层面，他们开始趋向独立，渴望摆脱孩子的角色，拥有更多自主权。他们尝试与家庭保持一定距离，但并非想脱离家庭，而是想拥有更多的自由空间来表达自己的想法和感受。同时，他们也更能以言行进行自我保护，展现出更多的主见和独立性。在外向发展上，他们开始结交更多的朋友，对人际关系和社交技巧有了更深入的理解。此外，他们对知识的渴望也更为强烈，喜欢提问并尝试解决问题，展现出极强的好奇心和求知欲。

第二，社会意识发展。六至十二岁的儿童已经具备了组织朋友圈的能力，开始主动与同伴聚集，推举领袖并服从集体认同的决议。他们倾向于订立新规矩并期望获得同伴的认可，以确保自身角色的存在价值。例如，他们可能会建立秘密基地、设立暗号、进行特殊装扮或收藏宝物。这些行为都是他们在预演成人社会的结构，为将来的社会生活做好准备。

第三，认知发展。在此阶段，儿童的认知尚未成熟，他们开始理解整体与部分的关系，意识到事物背后隐藏的复杂性。他们的兴趣广泛且延伸性强，思考无边界，想象力丰富。他们渴望了解更多的知识，探索未知的领域，这使得我们感叹他们的求知欲已经超越了年龄。

第四，道德价值发展。随着推理能力和独立思考能力的出现，儿童开始基于过去的经验来分辨是非对错。他们通过观察和研究父母对某些特殊情况的反应来探索道德规律，并将父母作为自己看待事物的参考。因此，父母的言行举止对他们的影响至关重要。儿童在表达自身理解和关注时充满热情，遇到不清楚或不确定的事情时会以质疑的态度向成人请教。他们期望得到成人的澄清以确认自己的价值观是否正确，这为他们日后满足精神生活需要、发展同情心、抗议不公不义以及形成良知打下了基础。此外，他们常常会有崇拜的英雄和偶像，这些人物成为他们学习和模仿的榜样。

第五，自我管理与文明社交的发展。在婴幼儿期自理能力的基础上，本阶段的儿童开始发展照顾他人和环境的责任感。他们理解到个人行为对他人和环境的影响,并努力表现出同理心、包容心和公德心。他们遵循"己所不欲,勿施于人"的美德,理解合作的重要性。在此阶段,他们在生活文化、社交技巧和礼仪方面取得显著进步,能够更好地照顾自己、摆脱依赖、独立思考并分析问题。这些发展使他们逐渐迈向成为真正的社会人。

二、家庭教育与儿童发展

面对小学生,成人应始终保持尊重的态度。避免耻笑、嘲讽、偏见、怀疑、背叛、出卖、羞辱与漫骂,以免让孩子失去自我价值感,无法找到自我定位,进而变得脆弱,缺乏归属感,陷入迷茫之中。

夫妻之间应共同商议,首先分享各自的童年经历,深入理解双方童年的际遇如何塑造了今天的自己。随后,探讨如何更好地倾听孩子、观察孩子、感受孩子并尊重孩子,共同寻找一套适合自家孩子的教育方法。当孩子遇到问题时,应如何干预、何时干预以及由谁执行等问题,都应以包容、体谅和科学理解的态度来处理。

好奇心是推动学习的关键动力,成人应努力保护和激发孩子的好奇心。可以通过提供环境机会、观察机会、思考机会、觉察机会、提问机会、策划机会、解难机会、实验机会、探索机会以及冒险机会等方式,让孩子在亲身体验中获得真实的成就感。了解因果关系、掌握程序的先后顺序以及事件的影响,培养有序的逻辑思考能力,这对孩子未来成为踏实可靠的人至关重要。

父母可以与孩子进行愉快的互动,例如模仿孩子有趣的行为、动作、手势、表情和眼神,以此增进亲密感。此外,共同参与家庭事务的策划,如家庭旅行和聚会,甚至预测家庭的发展动态,也是加深亲子关系的好方法。良好的关系带来深入的理解,双方可以分享日常生活的点滴,无论好坏,都能互相倾诉,共同探索解决问题的途径。每天的小善举、遇到的善良人士,都可以成为亲子间的话题。共同参与社区活动,如帮助弱势群体、参与小区互助计划、探访老人院和孤儿院等，也是极佳的亲子互动方式。

建议父母每两周与孩子一同前往图书馆，培养阅读习惯；制作族谱以了解家族结构；认识世界地图、国家地图、省区地图和市镇地图，以及社区环境和社区服务，帮助孩子建立更广阔的世界观。父母的角色就像家庭与社会的桥梁，无须过度干预，只需顺应孩子的发展需求，合理安排。

在科学的教育方式下，孩子能够培养出勤劳、踏实、乐观、积极、自信、自律、专注、独立、自强、逻辑性强和社交能力强等健康人格特质，从而顺利融入社会，为社会做出贡献。这样也能有效避免孩子出现反复无常、混乱无序、胆小怯懦、懒散怠惰和反抗社会等不良人格倾向。如果真的遇到孩子发展偏差的情况，作为21世纪的开明父母，应积极面对，寻求专业意见，遵从建议，积极投入，参与互助小组，采取实际行动，防止问题恶化。

第四节　十二至十八岁青少年发展及家庭教育

一、青少年发展的基础及特征

第一，青少年生理的发展。随着青少年的成长，生理发展逐渐成熟，荷尔蒙分泌旺盛，性发育渐趋完善，具备了生育能力。同时，智齿开始萌出，皮脂腺活跃度增加，导致皮肤油脂分泌增多，毛孔粗大，肤质可能变差。青少年的身体迅速生长，精力旺盛，男女之间在体型和体态上开始出现明显差异，变得更加瘦长，积极寻求身高增长。

第二，青少年社会性的发展。青少年热衷于社交活动，积极寻求与异性的交往方式，对社会及其与自我的关系充满好奇，也对参与社会组织和活动产生浓厚兴趣，逐渐明确自己在社会中的定位，为步入社会做准备。为了彰显个性并吸引外界注意，青少年开始更加注重自己的外貌。同时，由于自我意识增强，对教条和约束产生反感，与父母沟通时容易发生冲突，可能导致家庭关系紧张。前一阶段青少年对家庭的关注应已完成，现阶段则更注重外部发展，若前期家庭关注不足，现阶段可能产生偏差行为。

第三，青少年情绪的发展。情绪是生理唤醒与认知相结合的产物，它反映了个体对环境变化的反应及其生物性动力状态。个体的情绪状态是其生理或心理状况的晴雨表，不同的情绪对个体产生着截然不同的影响。在青春期，男孩和女孩的情绪处理方式表现出明显的差异。在家庭中，父母更常与女孩探讨情绪问题及其细节，对女儿展现的情绪范围相对更为宽泛。此外，由于女孩的语言能力通常先于男孩发展，她们更擅长表达和理解情绪状态。

研究表明，青少年女孩更擅长采用关系攻击策略，如排挤、恶意中伤和间接报复，而男孩则更倾向于直接攻击。这种性别差异揭示了女孩在情绪处理上的相对成熟。在玩耍时，女孩倾向于形成亲密的小团体，注重合作，尽量避免冲突。若其中有人受伤，其他女孩会暂停游戏，共同安慰受伤者。相比之下，男孩则更喜欢构建大型团队，强调竞争。若有人受伤哭泣，其他男孩不仅不会暂停游戏，反而希望其离开，除非停止哭泣。正如哈佛大学心理学家卡罗尔·吉利根所言："男孩为独立自主而自豪，而女孩则视自己为关系网的一部分。"这种视角差异导致男孩和女孩在对话中有着不同的期望和需求，男孩倾向于讨论事物本身，而女孩则寻求情感的共鸣。因此，家长在指导孩子的情绪管理时，应充分考虑两性间的情绪差异。

第四，青少年品德的发展。培养德才兼备的子女是天下父母的共同心愿。有德无才，尚能成事；有才无德，难以立足。"德"应当被置于"才"之上，作为更为关键的素质。家庭作为人格形成的摇篮，与品德的培养紧密相连。家庭对子女的道德观念、人生态度和价值观有着深远的影响，是其成长道路上不可或缺的塑造力量。

第五，青少年的学习与厌学。心理学将学习定义为个体在适应环境过程中，通过练习或经验积累而产生的持久行为或行为潜能的变化。本书所指的"学习"更侧重于个体对知识技能的掌握。学习是一种生活方式，无处不在，不仅包括学校的系统学习，也包括与家长的日常互动中的非系统学习。家长应关注孩子的学习状态，帮助他们克服厌学情绪，培养积极的学习态度。

厌学是学生对学习产生的一种负面情绪表达，具体表现为对学习活动的消极态度和行为反应。孩子厌学问题是学校、家长共同关注的焦点。总体来说，孩子厌学的原因主要源自三个方面：

首先，家庭环境是一个重要因素。孩子往往容易受到家庭氛围的影响，例如父母关系不和、家庭气氛紧张、家庭暴力、家庭结构变动（如弟弟妹妹的出生）、亲人离世，以及家庭经济困难等，这些都可能使孩子感到焦虑和缺乏安全感。当孩子花费大量精力去处理这些情绪时，他们可能会无法专注于学习，久而久之便容易产生厌学心理。

其次，教师因素也不容忽视。教师与学生之间不和谐的关系容易导致学生产生厌学情绪。如果孩子对老师产生抵触心理，或者老师对孩子存在偏见，都可能对孩子产生负面影响。此外，教师的教学方法不当或错误，如未能因材施教，可能导致孩子采用不适合自己的学习方法，进而影响学习效果和兴趣，最终产生厌学情绪。

最后，孩子自身因素也是厌学情绪产生的关键。例如，孩子可能未能发现学习的真正乐趣，体验不到学习的成就感，或者未能掌握有效的学习方法。这些都可能让孩子在学习上感到挫败和无力，从而产生厌学情绪。

二、家庭教育与青少年发展

1. 关于青少年品德的家庭教育指导

第一，关于道德良心的家庭教育指导。心灵，作为我们内在的核心，深刻影响着我们的行为和生命的本质，是生命与行为的源泉。因此，家庭教育的核心在于对孩子心灵的精心培育。这一培育的主要目标，是引导孩子学会自我控制，规范自己的行为，避免不当之举；同时，教会他们如何妥善处理负面情绪，进行明智的思考和道德判断，从而依据道德准则做出正确且恰当的行为选择。为了实现这些目标，家长们应当致力于培养孩子养成健康的道德生活习惯，并帮助他们构建一颗坚守道德原则、善于运用这些原则指导行动的心灵。这样，孩子才能在内心的引领下，成为具有高尚品德和责任感的人。

道德训练应当渗透于日常生活的点滴之中，且始于家长的言传身教。对孩子进行道德训练主要包括两个方面：道德行为的塑造和道德思想的培育。这两者相辅相成，没有绝对的先后顺序，家长应根据孩子的成长阶段和个性特点，灵活选择并融合这两种训练方式。

在进行道德训练时，道德标准必须一视同仁，不应因人而异。现今，不少家长常以"孩子还小"或"他只是个孩子"为借口，对孩子的道德失范行为放任自流，这种做法实则潜藏风险。因此，我们强调，尽管家长在教导孩子的重点和方法上可能有所不同，但道德的原则和标准绝不能妥协。比如，禁止大孩子偷窃的同时，也不应允许6岁的孩子随意偷取。家长在塑造孩子品格时，必须坚持统一的道德标准。

道德理由与原则并非与道德标准画等号，它们更侧重于解答"为什么"的问题。在阐述道德行为标准的同时，家长应深入解释这些标准背后的道德理由，即告诉孩子为何应遵循这些准则。以"不可说谎"为例，这不仅是一项道德行为，其背后的道德理由在于"说谎会损害人与人之间的信任，且为了圆谎可能陷入更大的谎言之中"。在向孩子解释"为什么"时，家长应避免采取"律法主义"的极端方式，即非黑即白的简单判断。此外，家长不必等到孩子完全认同道德理由后才进行训练，因为孩子提问的动机可能多种多样，如出于好奇、学习欲望或是对家长的挑战。因此，家长应引导孩子辨别行为是否符合道德规范，教会他们合乎道德的思考方式，并让他们理解行为背后的道德动机。这样，孩子将能更深入地理解道德原则，并自觉地将其融入日常行为中。

在训练孩子的心灵时，我们应竭力避免"律法主义"的教养方式。这种方式往往过于刻板，不区分情境，仅强调规定，却忽视了道德理由的阐述，缺乏对孩子的爱与接纳，仅仅追求外在的服从。然而，真正的教育目标应当是培养孩子的内在道德感，而非仅仅追求外在的顺从。因此，我们应避免"律法主义"的教养方式，转向更为人性化、包容性的教育方法。这样，我们可以更好地向孩子传递和解释道德理由，帮助他们理解并内化道德原则，而不仅仅是遵守外在的规定。例如，当孩子不小心打碎了家里的名贵花瓶或摔碎了手中的iPad屏幕时，家长应首先耐心询问孩子的动机和情况，区分是有意破坏还是无心之失，再给予适当的指导和教育。

在训练孩子的心灵时，尤其要重视对孩子"良心"的培养。所谓"良心"，是指心灵中关乎善恶、良知的那部分。良心的核心功能在于引导个体明辨是非对错。它分为两个层面：一是"原始良心"，这是人类与生俱来的本能，是未经雕琢的天然良知；二是"道德良心"，这是个体在出生后，经过教育和训练所形成的更为成熟、高度发展的良心。道德良心的形成离不开后天的教育和训练，因为是非对错的判断标准是通过后天的道德教育和影响，逐步输入个体的道德良心之中的。因此，家长和教育者应当重视对孩子道德良心的培养，通过恰当的教育方法和手段，引导孩子树立正确的道德观念，发展出健康的道德良心。

良心可以被形象地比喻为道德仓库，它具备接受、存储和提取道德原则的功能。这座仓库中的道德原则，是以"爱"为纽带进行储存的。良心的运作依赖于这些道德原则，并根据个人意念和所检索到的道德准则，做出相应的积极或消极反应。首先，道德原则是否存入孩子的良心，对其成长具有深远的影响。只有当家长在孩子的道德仓库中存储了道德原则，孩子才能随时从中提取并应用这些原则。如果孩子的道德仓库空空如也，缺乏道德标准和原则作为参考，他们在面对选择和决策时就会感到迷茫和无助。其次，道德原则的正确性同样对孩子的行为产生重要影响。正确的道德原则会引导孩子做出符合社会规范和道德标准的行为；而错误的道德原则则可能导致孩子产生偏差和错误的行为。然而，要使孩子的道德仓库充实且充满正确的道德原则，家长自身的道德储备和认知至关重要。如果家长本身对道德原则缺乏足够的了解和认同，那么他们的言传身教就难以在孩子的道德仓库中留下深刻的印记。

  道德良心健康发展的关键要素包括家长的表率作用、良心的有效训练、彼此间的信任和认同，以及一个充满爱的家庭环境。其中，家长的榜样作用尤为重要。如果父母仅仅要求孩子遵循道德原则，而自身却违背这些原则，未能树立良好榜样，孩子将难以对父母的教导产生信服，对道德原则可能表现出轻视或敷衍的态度，从而难以形成真正的道德行为。在青少年阶段，良心的训练需要采取多种方式。这既包括警告、限制和处罚等禁止性的训练，旨在纠正不良行为；也包括正面的教导、鼓励、称赞和奖赏等倡导性的训练，旨在激发孩子的积极行为。这两种训练相辅相成，缺一不可。然而，倡导性的训练更为可取，因为它能有效避免错误的良心训练，减少孩子因恐惧处罚而产生的错误动机。禁止性的训练可能使孩子过度关注处罚，而忽视行为的道德价值，从而导致自我贬低、缺乏自信，甚至良心不安，无法确定自己行为的对错。因此，在道德良心的培养过程中，倡导性的训练应占据主导地位，以帮助孩子建立积极的道德观念和自信心。

  第二，关于尊重父母及长辈的家庭教育指导。在当今社会，尽管所有父母和长辈都期盼孩子能够对他们表达尊重，但不少孩子由于成长环境的优越，往往缺乏对他人的尊重和关怀，特别是在面对父母和长辈时，这种尊重和孝顺的表现尤为不足。因此，家庭教育在培养孩子尊重父母及长辈方面扮演着至关重要的角色。为了让孩子学会尊重父母与长辈，家长首先需要鼓励孩子主动表达对长辈的关心和问候。例如，鼓励孩子每天向长辈道一声"早安"或"午安"，在节日或特殊场合送上真挚的祝福。同时，家长还应引导孩子以实际行动来体现对父母的关爱，如关注父母及长辈的健康状况，当父母或长辈劳累或生病时，及时给予问候、关心和照顾。此外，孩子可以主动为父母及长辈准备餐食，或承担家中的卫生清洁工作，以减轻他们的负担。

家长应鼓励孩子分担家庭的压力，积极参与家务劳动。许多家庭倾向于不让孩子知晓家庭的忧虑，期望他们专心学业，但这种做法可能让孩子在面对责任时选择逃避，难以担当起应有的角色。因此，家长应在孩子适当的年龄阶段，向他们揭示家庭所面临的压力和挑战，使他们明白家庭责任是每位成员都应共同承担的。家庭责任的培养需要从日常小事做起，通过让孩子承担适宜的家务活，不仅能锻炼他们的能力和责任感，更是尊重和孝敬父母、长辈的重要课程。这样，孩子将在成长过程中学会担当，成为家庭的坚实支柱。

第三，家长也需要告诫孩子听从父母及长辈的教诲。孩子应当持有尊重之心，避免随意顶撞父母及长辈。特别是在青春期，孩子与父母等长辈之间的矛盾和冲突可能更为突出，但即便如此，我们仍需事先教导他们以尊重为前提进行沟通。同时，父母和长辈也应深入体会青少年的感受，让共情成为亲子间沟通的桥梁，促进双方的理解与和谐。

培养德才兼备的子女，乃是天下父母的共同心愿。相较于才能，品德更应该被置于首要位置。家庭作为人格塑造的重要场所，品德教育与家庭紧密相连。家庭环境对孩子的道德观念、人生观和价值观的形成具有深远的影响力。因此，我们应当在家庭教育中注重培养孩子的品德，使其成为既有才华又有德行的人。

人的一生拥有两个"家"：一个是与生俱来的原生家庭，即我们出生、成长的地方；另一个是步入婚姻生活后共同建立的新家。在这两个家庭中，家长的言行举止与孩子的言谈、反应、表情、行为习惯等紧密相连，直接或间接地塑造着孩子的个性。具体而言，家庭环境对个体的影响深远，不仅塑造着人的性格，还影响着人际关系的建立、情绪的疏导与掌控能力、对情绪互动的理解，以及判断是非的能力和伴侣选择等。然而，父母的言谈举止又深受其原生家庭的影响。他们童年时从家庭中所受到的熏陶，很可能会延续到他们日后所经营的新家庭中,甚至波及他们的子女及孙辈。因此,了解并认识原生家庭对于建立和谐家庭至关重要。这不仅可以促使家长正视自己童年经历对成年后行为模式的影响,还能帮助家长意识到孩子目前正处于他们自己的原生家庭中。这样的认识有助于家长在育儿过程中重新审视和更新自己的原生家庭经验,从而为子女的成长奠定更为稳固的根基。认知,意味着深入了解原生家庭对个人成长产生的积极和消极影响;更新,则是基于这种认知,探索如何疗愈过去的创伤,并发现自我成长的新路径;重建,则是在认知和更新之后,家长能够凭借这些新的能力,重塑自己的生活和家庭。家长若能客观地从原生家庭的角度审视自己当前的问题,就能更好地理解问题产生的根源,承担起自己的责任,积极面对生活,并有强烈的意愿去改变和解决问题,避免将个人成长过程中的负面影响传递给新的家庭和子女。

家长可以对自己的原生家庭进行自我评估,评估内容如下:

(1) 你与父母的关系如何?是紧密无间、日渐疏远、冲突频发,还是情感复杂?请谈谈背后的原因。随着岁月的流逝,这段关系经历了怎样的变化?

(2) 你父母的个性特质、价值观、信仰以及他们的人际关系,在哪些方面对你产生了深远影响?

(3) 在你的父母之间,谁更多地承担了教育子女的责任?他们的教育方式是怎样的?这种教育方式对你产生了哪些影响?他们在哪些方面有意地与祖父母的教育方式有所不同?

(4) 你的名字是由谁取的?为何是他(她)为你取名?这个名字背后蕴含着怎样的意义?你的家庭或家族的命名传统对家族成员有何影响?

(5) 家人对彼此的看法是怎样的?每个人在家庭中都扮演着什么角色?他们有哪些特点或昵称?你又是扮演着什么样的角色?父母或其他家人对你有哪些期望?这些期望背后的原因是什么?

(6) 在你的童年时期,父母对你哪些行为印象深刻?你自己又有哪些美好的回忆？他们觉得在哪个阶段教育你或其他兄弟姐妹最为困难？主要的困难是什么？

（7）如果有一两件关于家庭教育的做法，是你坚决不愿意效仿父母的，那会是什么？你在原生家庭中的这些经历，是如何影响你现今的家庭教育模式的？具体产生了哪些影响？

受家长自身原生家庭的影响，在进行家庭教育时，家长可能会努力避免重复自己童年时的痛苦经历，也可能会不自觉地效仿自己原生家庭中父母的教育方式。这些影响可能导致家长采取极端或中庸的家庭教养方式。在专制型的教养方式中，家长往往过度限制孩子的不良行为，却忽视了培养孩子的正面行为。而在忽视型的教养方式中，家长对孩子的不良行为和善行都缺乏足够的关注。然而，成功的家庭教养方式应当是中庸的。在这种教养方式下，父母能够发挥良好的榜样作用，严格与慈爱并重，有助于建立健康的家庭关系，从而为孩子的健康成长提供肥沃的土壤。

2. 关于尊重父母及长辈的家庭教育指导

在当今社会，许多父母和长辈都期望孩子能够对他们表达尊重和关心，然而现实中不少孩子因娇生惯养而缺乏对他人的尊重和孝顺。因此，家庭教育中对孩子进行尊重父母及长辈的教育显得尤为关键。

要培养孩子的尊重意识，首先要鼓励他们主动向长辈表达关心和问候。比如，教孩子向长辈道一声"早安"或"午安"，在长辈生病时表达慰问，以及在节日时送上真挚的祝福。

同时，训练孩子学会尊重父母与长辈，需要告诫孩子听从父母及长辈的教诲。孩子应当学会以尊重的态度与父母及长辈沟通，避免随意顶撞。对于青春期的孩子来说，他们与父母及长辈之间可能会产生摩擦和冲突，但即便如此，也应引导他们以尊重和理解的态度进行沟通。父母和长辈也应理解青少年的情感，让共情成为亲子沟通的重要桥梁。

训练孩子学会尊重父母与长辈，关键在于引导他们以实际行动关心和照顾家人的健康。当父母和长辈劳累时，孩子应主动问候并提供帮助；而当他们生病时，孩子更应表达关心、体贴和照顾，比如为父母准备一顿温馨的晚餐，或主动承担起家里的清洁工作。

同时，要鼓励孩子分担家庭的忧虑。许多家庭倾向于不让孩子知道家庭的压力和困难，希望他们只专注于学习。然而，这种教育方式可能让孩子在面对责任时选择逃避。因此，家长应适时让孩子了解家庭的压力和挑战，让他们明白作为家庭的一员，共同面对困难是每个人的责任。

另外，引导孩子积极参与家务劳动也是培养孩子尊重父母与长辈的重要途径。大事都是由小事积累而成的，从小培养孩子承担适宜的家务任务是必要的训练，同时也是孝敬父母和长辈的必修课。

3. 关于青少年学习的家庭教育指导

第一，激发孩子的学习内驱力。内驱力，源自有机体内部的一种推动力，基于个体的需求而产生。当有机体感受到某种需求时，内驱力会随之产生并刺激相应的反应，这些反应最终导向需求的满足。内驱力的来源正是源于需求的产生。美国著名心理学家马斯洛将人的需求划分为八个层次，这些层次从低到高依次是：生理需求、安全需求、爱和归属感的需求、自尊需求、认知需求（包括知识和理解、好奇心和探索欲）、审美需求（即对美的鉴赏和发现）、自我实现的需求，以及最后的超自我实现的需求。这些由价值驱动的需求，能够激发个体的内驱力，进而唤醒并强化个体的能力。

自我价值的正确认知是内驱力得以萌发的关键基石。自我价值的构建主要依托三大支柱。首先是归属感。家长应深入了解孩子对自我的认知，引导孩子清晰地认识自己，并关注孩子与他人的关系，探究孩子所信任的人是谁，是否感受到被接纳，以及孩子的归属感源自何处。其次是价值感。家长应让孩子感受到无条件的爱，而不是仅仅基于成绩或其他条件的爱。同时，家长应给予孩子恰当而真诚的赞美，帮助孩子建立稳固的价值感，并协助孩子规划人生道路，让孩子深切感受到这份无条件的爱。最后是效能感。效能感与自尊息息相关，而自尊则需要能力的支撑。当孩子的内心充满了积极健康的归属感和价值感时，他们的能力也会逐渐增强。孩子将有能力驱散内心的羞耻感，战胜自我中心的倾向；他们将有能力面对软弱，也有能力享受成功的喜悦。

　　自我价值的形成离不开个体对事物的主观判断，而主观判断则深深植根于个体的信念系统之中。信念，作为个体坚信并驱动其行动的思想倾向，它基于个体对关联、原因、意义、限制等经验之间关系的概括。信念的强度取决于信息的频繁度、震撼力以及关系的亲密度和权威度。它不仅是学习的动力源泉，更是一种强大的精神力量，能激发个体克服困难的决心和勇气。孩子的行动力，如勤奋学习、积极努力等，往往受到其信念的深刻影响。一旦信念根深蒂固，孩子便会基于这些信念做出判断，进而决定行动的方向。在家庭教育中，家长通过语言、肢体语言、语气态度、面部表情等方式向孩子传递信息，对塑造孩子的信念起到关键作用。然而，家长的不当教育方式，如大声吼叫、打击式育儿等，可能会让孩子形成"我不行"的消极信念，这对孩子的学业和职业发展构成阻碍。因此，家长需认识到自身在塑造孩子信念中的重要作用，筛选并保留正确的信念，与孩子共同建立核心信念和价值观。同时，家长应分析孩子成长环境及所受价值观的影响，及时纠正不良环境和错误的价值观，帮助孩子转化消极信念。在转化消极信念的过程中，家长可以采用"讲故事"的方式，或与孩子共同阅读传递正确信念的书籍、观看正能量电影，并交流读后感或观后感。值得注意的是，有些消极或障碍性信念，家长自身可能并未察觉。例如，将学习与玩耍对立视为一种障碍性信念，它背后反映的是快乐与成功的对立观念。在这种信念下，孩子容易变得严肃紧张，难以享受真正的轻松，进而可能导致心理健康、情绪和人际关系问题。因此，家长应引导孩子正确看待学习与玩耍的关系，让孩子明白快乐与成功并非相互排斥，而是可以相互促进的。

第二，家长应助力孩子建立正确的认知。特别是关于学习与目标、责任、品格和个性化之间的关联。首先，要强调学习与目标的关系。目标不仅决定了孩子学习的方向和进度，还关系到他们对人生价值和意义的理解。设立明确、可衡量、可达成的学习目标，能够极大地激发孩子的学习动力。家长应引导孩子设立SMART目标：具体（Specific）、可衡量（Measurable）、可达到（Attainable）、相关（Relevant），并且有时间限制（Time-bound）。其次，是学习与责任的关系。许多孩子对学习缺乏兴趣，是因为他们没有意识到学习是自己的责任。家长应帮助孩子认识到学习的重要性，鼓励他们为自己的学习设定目标，并在他们达成目标时给予鼓励，未能达成时共同分析原因并提供必要的引导。此外，家长还应观察孩子是否能够主动记录作业要求，并独立完成，以培养他们的责任感和自主学习能力。再次，学习与品格的关系也不容忽视。学习不仅要求勤奋等品格，同时，学习本身也能培养孩子的诚实、勇敢、尊重等优良品格。家长应通过言传身教，培养孩子的品格，并关注学习内容对孩子品格的影响。最后，个性化与学习紧密相连。每个孩子都有独特的学习方式和风格，家长应了解并尊重这些差异，根据孩子的特点进行教育引导。这样做不仅能帮助家长保持平和的心态，避免过度焦虑，还能从孩子的角度出发，鼓励他们发挥学习优势，实现个性化发展。在孩子的学习过程中，家长应尽量避免直接给出答案，而是通过开放式问题引导孩子思考，帮助他们找到解决问题的关键。同时，家长还应扮演好教练的角色，激励孩子面对失败和错误，积极反思，不断进步。

第三，助力孩子掌握高效的学习方法至关重要。首先，家长应深入了解孩子的学习风格或方式，特别是识别那种能够促使孩子取得最佳学习效果的"感觉方式"。感觉，作为人脑对直接作用于感官的客观事物个别属性的反应，涵盖了视觉、听觉、触觉、嗅觉、味觉和内部感觉。而"感觉方式"则是指个体通过特定感官接收信息的方式。每个孩子都有其独特的学习风格或方式，这与他们如何接收、存储、处理和整合信息密切相关。有的孩子通过视觉学习效果最佳，有的则依赖听觉或触觉，还有的孩子则可能结合两种或三种方式以达到最佳效果。例如，视觉型学习者往往偏好默读和详细记录笔记，无须他人朗读即可记忆；他们喜欢坐在教室前方以便清晰观察；对颜色和外观有敏锐的感知。听觉型学习者则倾向于朗读、讲话和聆听。触觉型学习者则偏爱通过亲手操作来获取知识，他们喜欢使用双手来描述或解释事物，阅读时习惯用手指指读，享受"动起来"的感觉，不愿长时间静坐。许多孩子并非真的抗拒学习，而往往是家长或老师未能采用他们最偏好的"感觉方式"。因此，帮助孩子发现并应用能够提高学习效果的最佳感觉方式显得尤为关键。家长可以从以下三个层面来评估孩子的最佳感觉方式：

其一，请注意孩子使用的字句或习惯用语。

多使用视觉来学习的孩子习惯说"你看……""颜色很漂亮……""从不同的角度来看……"。

多使用听觉来学习的孩子习惯说"注意听……""咱们一起谈论一下……""换句话说……"。

多使用动觉来学习的孩子习惯说"我感觉……""当我碰到……"。

其二，请注意孩子的做法。

多使用视觉来学习的孩子喜欢将文字在脑海中转化为图像，或者直接画在纸上以帮助记忆。

多使用听觉来学习的孩子通常会先聆听，然后重复你所传达的信息来加深理解和记忆。

多使用动觉来学习的孩子喜欢通过涂鸦、用笔敲打桌面、记笔记或在聆听他人讲话时随手记录一些想法的方式来辅助学习。

其三，请注意孩子自己的房间或书桌。

多使用视觉来学习的孩子：通常他们的房间比较整齐，因为他们喜欢"看到"井然有序的环境。

多使用听觉来学习的孩子：他们喜欢秩序，但他们没有视觉型的孩子那么重视所看到的。

多使用动觉来学习的孩子：对脏乱会视而不见，大空间是他们喜欢的环境。

在了解孩子的不同学习方式后，家长可以针对性地提供更为有效的指导。对于视觉学习者，家长可以充分利用视觉辅助工具，如图片、图表和视频等，以帮助他们"一目了然"地理解学习内容。同时，家长可以通过看图说话、讲故事的方式，引导孩子在脑海中形成清晰的影像，从而深化对知识的理解和记忆。在课堂环境中，建议家长与老师沟通，尽量让孩子坐在前排，减少视觉注意力的分散，并鼓励孩子使用彩色笔做笔记，以增强学习效果。对于听觉学习者，家长可以与孩子共同讨论问题，探索答案，同时注意使用抑扬顿挫的语调，因为音调对于听觉学习者至关重要，单调的语调难以吸引他们的注意力。此外，家长应鼓励孩子用语言描述学习内容或观点，并为他们提供讨论的机会和环境，还可以利用录音工具，让孩子录下课堂内容，方便回家后反复听取。对于学习音乐如钢琴的听觉学习者，家长可以帮助他们录制自己的演奏并播放，以助其发现并改进不足之处。对于动觉学习者，家长应根据他们好动、喜欢表演的特点，安排更多肢体或动作参与的学习活动，如戏剧表演、边走边背诵课文或笔记，以及使用闪卡进行数学、认字、英文等学习。此外，互动游戏也是一个很好的学习方式，比如通过抛球来背诵词句或英文单词，设计动作来记忆诗词、单词等。但请注意，每个孩子都是独特的，家长在运用这些方法时应根据孩子的实际情况进行灵活调整，以确保学习效果最大化。

1）认识学习

心理学对学习的定义是："学习指个体在适应环境过程中，通过练习或反复经验所产生的行为或行为潜能的持久变化。"而本书所指的"学习"则更侧重于个体在知识技能方面的掌握。

学习是一种生活方式,它无处不在,时刻伴随着我们,并非仅限于学校的系统教育。孩子在与家长相处的过程中,同样也在进行着非系统的学习。

家长在孩子面前的每一个行为、每一句话、每一种情感表达,都是孩子学习的源泉。家长的言行举止会在无形中塑造孩子的思想、情感和态度,包括他们对学习的兴趣和观念。因此,父母在孩子是否热爱学习这一问题上,拥有直接且至关重要的影响力。

家长应深思自己对孩子所说的话,评估这些话对孩子学习产生的正面影响。同时,也需审视孩子所处的环境为他们提供了哪些信息和资源,这些信息或资源是否符合真理和道德标准,是否有助于孩子的学习,以及是否对孩子的情感、思想和价值观产生积极健康的影响。

2)认识厌学

厌学是学生对学习产生的消极情绪反应,表现为对学习活动的消极态度和行为模式。要有效应对孩子的厌学问题,首先需要深入了解其背后的原因。通常,孩子厌学的原因可以归结为三个方面:

首先,家庭环境是一个重要因素。孩子容易受到家庭氛围的影响,如父母关系不和、家庭气氛紧张、家庭暴力、新成员的加入、亲人离世或家庭经济困难等,这些都可能让孩子感到焦虑、缺乏安全感,从而消耗大量精力去处理情绪问题,难以集中精力学习,久而久之形成厌学心理。

其次,师生关系也是导致孩子厌学的一个关键原因。如果师生关系紧张或存在偏见,孩子可能因此对学习产生抵触情绪。此外,教师的教学方法不当或未能因材施教,也可能导致孩子在学习上遇到困难,感到挫败,从而失去学习兴趣。因此,倡导以学生为中心的教学模式至关重要。在这种模式下,学生可以自主设计学习计划,选择独立学习或团队合作,而教师则扮演顾问的角色,为学生提供必要的帮助和支持。

最后，孩子自身的原因也不容忽视。如果孩子未能发现学习的乐趣，体验不到成就感，或者无法运用有效的学习方法，都可能导致厌学情绪的产生。因此，家长需要帮助孩子了解自己的学习方式，激发他们的学习兴趣。一旦孩子掌握了自己的学习能力和优势，他们就能在学习中灵活调整策略，更好地适应教师的教学风格，从而取得更好的学习效果。

在全面评估孩子厌学的原因后，家长应采取针对性的措施，因材施教，帮助孩子克服厌学情绪，重新找回学习的乐趣和动力。

厌学诊断评估问卷

请以父/母的身份来回想您和孩子在一起的日子，在选项后面打√即可，可以多选。

1.您和孩子在一起交流的时候

A.我会每天和孩子交流，并能感受到孩子的情绪。(1分)

B.我能够偶尔和孩子交流，但琢磨不透孩子的想法。(2分)

C.我太忙了，很少和孩子交流，最难的就是要求孩子学习。(3分)

2.您在家里为孩子预备的学习环境

A.我家里的图书比电子产品多。(1分)

B.我家里有合适的书桌，台灯、座椅都有预备。(2分)

C.我家里的电子产品比图书还多，家人都喜欢看电子产品。(3分)

3.在陪孩子写作业的时候

A.我会比较耐心地辅导孩子，情绪控制得还不错。(1分)

B.我偶尔会发脾气，尤其是当孩子学习拖拉、遇到困难不耐心、发脾气的时候。(2分)

C.我难以控制自己的情绪,同时也迷茫于如何引导孩子有效地学习。(3分)

4.我的孩子在写作业的时候

A.能够回到家就写作业,再合理地安排其他时间。(1分)

B.写作业有困难,内心可能惧怕不会做。(2分)

C.写作业先后次序错乱,没有进行时间管理。(3分)

5.我的孩子在学校上课时总是分心,注意力难以集中

A.睡眠不好?压力大?注意力功能障碍?(1分)

B.不喜欢那个老师,也不喜欢此老师教的那个科目。(2分)

C.一堂课学不明白,老师又不重复讲,新课来临就更听不懂了。(3分)

6.我的孩子学习有困难

A.他可能不知道如何学习最有效。(1分)

B.他可能不了解最有效的学习模式。(2分)

C.他可能没有用他最擅长的学习方式学习。(3分)

7.我的孩子写作业拖延

A.我不知道要如何督促孩子写作业。(1分)

B.作业难度大而感到害怕。(2分)

C.学习方法不合适导致效率低。(3分)

8.我的孩子打游戏上瘾可能是因为

A.可以从游戏中得到肯定。(1分)

B. 在打游戏的过程中，即使遭遇失败，也不会感到过度的沮丧或挫败感，而一旦取得胜利，会体验到满满的成就感。(2分)

C. 游戏的设计模式与孩子的学习模式相契合。(3分)

9. 我的孩子学习的效率比较低

A. 他制定了学习目标，但不能坚持完成。(1分)

B. 他未掌握将大项目分解成小任务来逐一完成学习任务的方法。(2分)

C. 他没有学习目标，也没有具体的学习计划。(3分)

10. 我的孩子为什么会不听讲？

A. 学习的内容输入过量。(1分)

B. 周围的环境令他不舒服。(2分)

C. 个人的情绪占据大脑。(3分)

11. 个人的情绪占据大脑

A. 孩子可能在人际关系交往中遇到了难处。(1分)

B. 孩子可能在学习上遭遇了挫败，因此感到有些沮丧。(2分)

C. 我们的夫妻关系近期不太和谐，有时候会当着孩子的面争吵。(3分)

请将各个项目的分数相加，并根据得出的总分对照以下标准进行评估和分析：

1~9分：若您的总分在此范围内，表明您的孩子厌学问题并不突出。您作为家长，在孩子的教育上已投入不少心血，请继续保持并鼓励孩子继续努力！

10分以上：若您的总分超过10分，则需要重点关注以下几个维度，并采取相应的措施来帮助孩子：

（1）家庭关系。您应特别重视家庭环境对孩子学习的影响，并着重关注以下方面：

① 接纳孩子。用无条件的爱来支持孩子，这是构建孩子自我价值认同的重要基石。

② 陪伴孩子。投入时间和精心的陪伴是确保孩子情绪稳定的关键所在。

③ 夫妻关系。夫妻关系的和谐不仅能给予孩子稳定的情绪，还能在孩子的学习道路上提供重要的情感支持和归属感、安全感的保障。

（2）情绪管理。您需要意识到调整自身情绪的重要性，并学习情绪管理和自我控制。情绪中的惧怕、忧虑、紧张、沮丧等状态都可能极大地干扰孩子的学习能力和进度。因此，首要之务是调整您的情绪，并学习有效的情绪管理方法。在陪伴孩子写作业之前，请识别并管理好自己的情绪，树立积极正确的信念。这并非易事，除了阅读相关书籍外，建议您参加一些情绪管理培训，以获取更专业的指导和支持。

（3）时间管理。如果您的孩子对时间管理的概念较为模糊，缺乏有效的时间管理技巧，那么这将严重影响其学习和完成作业的效率。为了帮助孩子提升学习效率，您需要引导孩子明确并学习以下时间管理技巧：

① 增强时间感，让孩子对时间有更清晰的认识和意识。

② 制定时间分配表，合理安排各项任务和活动的时间。

③ 学会制订学习计划，确保学习有条不紊地进行。

④ 使用时间效率手册，帮助孩子更好地规划和管理时间。

⑤ 设定明确的学习目标，让孩子有方向地努力，提高学习动力。

（4）课堂关系。当您的孩子在学习上遇到挑战时，重要的是帮助他们认识和利用自己的学习模式来优化学习效果。

① 与老师的教学风格相匹配的学生往往能取得更好的学习成果。能够准确判断并适应老师的教学风格的学生，其学习成绩往往更为出色。

② 在适合自己学习模式的环境下进行考试，学生能够更好地发挥自己的潜力。

③ 快速学习和有效记忆的关键在于将学习内容转化为与自己的学习模式更加契合的形式。

④ 在学习过程中，充分调动听觉、视觉和动觉三种学习模式，可以帮助学生更全面地理解和记忆知识，从而使知识记忆更为牢固。

当您完成此份厌学诊断评估之后，应该对自己的孩子厌学的理由有了大概的了解。

家长自我评估内容

1. 祝福的父母

A. 我每天都为孩子的学习进步送上祝福。

B. 我每天都祈祷孩子能平安健康。

C. 我深信真理能够引导孩子成长，使他更加成熟。

D. 我每天都在孩子的品格培养上给予祝福。

2. 爱阅读的父母

A. 我热爱阅读。

B. 我每周都至少阅读一本书，以丰富自己的知识。

C. 我经常向孩子推荐一本好书，以激发他的阅读兴趣。

D. 在我家中，阅读被视为比使用电子产品更有价值的活动。

3. 运动的父母

A. 我每天都坚持运动，以保持健康。

B. 我每周都会和孩子一起参与体育活动，增进亲子关系。

C. 我会选择精彩的体育赛事与孩子一起观看，分享运动的乐趣。

D. 我热爱运动，这是我生活的一部分。

4. 好学的父母

A. 我坚信"活到老学到老"的理念。

B. 我现在仍然在选择课程来不断提升自己。

C. 我们家充满了浓厚的学习氛围。

D. 我每周都会学习新的教育方法和技巧,以更好地教育孩子。

5. 沟通的父母

A. 我每天都会抽出时间与孩子交流,了解他的情感世界。

B. 我善于捕捉孩子背后的情绪,理解他的真实感受。

C. 在沟通中,我会接纳并鼓励孩子,让他自信地表达自己。

D. 我能够通过沟通深入了解孩子的内心需求。

6. 相爱的父母

A. 我的家庭氛围温馨和睦。

B. 我的孩子能够深切感受到父母之间的爱。

C. 即使我曾在婚姻中受过伤,我也会在孩子面前展现希望和快乐。

D. 我们的家庭充满了爱、尊重和责任。

7. 勤奋的父母

A. 我努力保持家里的整洁和有序。

B. 我会尽全力完成一个任务,从不拖延。

C. 孩子能够看到我勤奋工作的一面,并从中受到鼓舞。

D. 我是一个言出必行的人,承诺的事情一定会做到。

从家长自我评估中,您可以看到自己的成长空间,希望您可以重视起来。

案例1：

> 张三目前正就读于初一，受多重因素影响，对学习产生了抵触情绪，甚至产生了厌学心理。父母殷切期望他能转变学习态度，全身心投入学习。张三内心也渴望进步，他既想放弃又心有不甘，想要改变却又感到力不从心。尽管父母为他报名了多个课后辅导班，甚至为他安排了一对一的家教服务，但这些措施在短时间内都未能带来显著成效，使得张三备感压力，感到力不从心。

家庭教育指导者借助睿牧出品的《厌学原因诊断测评》工具，经过详尽的测试，成功找到了张三厌学背后的具体原因：首先，由于课程难度较大，张三在学业上屡遭挫折，产生了强烈的挫败感；其次，老师在对待张三时有时显得急躁，甚至出现了吼叫的情况，这让张三在学习环境中感到十分难堪；再次，张三在学习上缺乏明确的动力和目标，对于为什么要学习感到迷茫；同时，他的学习效率低下，学习方法也不尽合理；最后，家庭关系的不和谐，如父亲长期在外工作，母亲情绪不稳定等因素，也对张三的学习态度和心态产生了负面影响。

张三在学业上追求优异成绩和得到家长认可的需求未能得到满足，同时他也困惑于如何发掘和展现自己的价值。此外，他与父母关系的疏离以及师生之间的不和谐，都在不断削弱他的学习动力和内驱力。即便张三内心有着改变的渴望，也难以抵抗来自这些负面因素的持续冲击。然而，在游戏中，张三能够体验到成就感，他对打游戏有着浓厚的兴趣，因为游戏中即便失败也可以重新开始，这种从简单到逐渐加深难度的游戏方式，恰好满足了张三对自我价值实现的需求。

要解决张三的问题，首要任务是改善他的人际关系。通过解决关系问题，有助于张三在健康和谐的环境中重新定位自己，进而建立起积极、正确的自我认知和价值观。目前，许多家长采取的方法，如补课、训斥、换学校、换老师等,往往只追求短期内的改变,效果并不显著,甚至可能适得其反。因此,需要寻找更加温和、持久和有效的解决方案。

4. 关于青少年情商的家庭教育指导

国外研究显示,人生的成功有高达80%的概率取决于个人的情商。情商已成为衡量个体成就最精确且令人瞩目的标准,高情商的人更容易在各个领域取得成功。特别是在青少年阶段,孩子的道德观念和情感逐渐成熟,理解抽象事物的能力日益增强,情绪表达和情绪控制能力相较于儿童时期有了显著的提升。因此,在这一关键时期,对孩子进行情商教育显得尤为重要。

情商,亦称情绪智力或情感智慧,它是指个体在感知、体验、评估、调节和控制自身及他人情绪方面的能力。心理学家沙洛维提出,情商涵盖了认识自我、有效管理情绪、自我激励、理解他人以及构建良好人际关系这五个关键方面。

对于孩子而言,情商的培养与其情绪的感知、体验、评估、调节和控制密不可分。因此,提升情商的核心在于正确认知、恰当表达以及有效管理情绪。

1) 认识情绪

情绪是生理唤醒与认知过程的交织体现。个体的情绪状态反映着他们对环境的响应以及适应环境变化时的生物动力状态。例如,愤怒时,血液流向手部,原始目的是便于抓握武器进行攻击;恐惧时,血液则流向大腿等大块骨骼肌,便于迅速逃离;愉悦时,人们会主动抑制负面情绪;感受到关爱时,内心充满温暖,甚至激活副交感神经,引发"放松反应";而惊讶时,眉毛上挑,允许更多光线进入视网膜,旨在扩大视野,捕捉意外信息。显而易见,情绪能够揭示个体的生理和心理状态,不同情绪对个体产生迥异的影响。因此，维持积极情绪、进行有效的情绪管理至关重要。积极情绪是指当事件满足个体需求时，由内外刺激所引发的愉悦感受。情绪管理则是一种心理特征，包括个体对自我情绪的认知、监控、驱动能力，以及对情境的识别与适度反应能力。

然而，在教育孩子的过程中，家长往往未能及时控制负面情绪对自身的影响，导致情绪失控，进而造成情绪管理失败，甚至引发家庭悲剧。情绪失控的特点显著，一是情绪爆发迅速，几乎不经过深思熟虑，大脑陷入短暂的空白状态；二是情绪过于激烈，理智被淹没，导致出现不受理智约束的冲动行为。例如，许多中国家长在辅导孩子学习时，常常因小事而心生厌烦和愤怒，在不良情绪的驱使下，部分家长甚至冲动地对孩子动手，但事后又深感懊悔。因此，在家庭教育的过程中，家长必须学会有效地管理自己的情绪。

要解决情绪失控问题，首要任务是深入分析其成因。情绪失控通常是环境、个人心理和生理因素交织作用的结果，受"特殊情境"的刺激、个人"心理敏感区"以及大脑中杏仁核的影响等。一方面，某些特殊情境，如遭遇挑衅、背叛或失去亲人的痛苦，都可能触发个体的情绪失控。另一方面，情绪失控也受个体因素的影响。在心理层面，情绪失控往往与"心理敏感区"紧密相关。在成长过程中，我们可能会经历一些不愉快甚至具有伤害性的事件，这些不良的情绪体验若未能得到及时有效的处理，就会成为潜在的隐患。这些"心理敏感区"一旦受到触动，就可能导致情绪失控。同时，随着时间的推移，这些敏感区可能会被个体淡忘，因此，识别并处理这些心理敏感区至关重要。在生理层面，情绪失控受到杏仁核的干扰。杏仁核具有记忆情绪的功能，并会发出神经警报。然而，这些警报有时可能过时，导致个体错误地将过去的情绪记忆与当前的事实相匹配，进而引发情绪的爆发。

在深入分析情绪失控原因的基础上，家长还需要培养情绪认知能力。这种能力不仅涵盖了个体对自己情绪过程的认知，也包括了对他人情绪过程的感知。具体来说，情绪认知能力包括准确识别情绪状态、理解情绪表达以及由情绪产生的因果推理能力。要精准识别情绪并理解他人的情绪表达，首先需要意识到情绪的存在。这要求家长关注自己的情绪，将情绪置于意识层面，主动监控和管理自己的情绪，采取合理的方式消解或排解消极情绪。同时，家长还需留意并照顾到孩子的情绪。家长应摆脱传统"情感保守文化"的束缚，提高自己的情绪表达能力，勇于向孩子坦诚表达自己的情绪感受，并学会向孩子传递"爱"。这不仅有助于增进亲子之间的理解和信任，还能促进孩子情绪认知能力的发展。

此外，家长应正确认识到青春期男孩和女孩在情绪处理方式上存在的差异。在家庭教育中，家长往往更倾向于与女孩讨论情绪问题及其细节，对女孩所展示的情绪范围也比对男孩更加广泛。因此，女孩相较于男孩，有更多机会获取和处理情绪信息。加之女孩的语言能力通常发展得比男孩更快，她们更能熟练地表达自己的情绪。相反，男孩在情绪表达和语言处理方面可能没有得到充分的强化，导致他们对情绪状态的理解通常弱于女孩。因此，家长需要针对男孩和女孩的不同特点，采取恰当的教育方式，以促进他们情绪处理能力的发展。

研究表明，青少年女孩在处理冲突时更倾向于运用关系攻击策略，如排挤、恶意中伤和间接报复，而青少年男孩则更偏好直接攻击的方式。这种性别差异在攻击策略上，实际上反映了女孩相对于男孩在情绪处理上的成熟度。在青春期，女孩通常更倾向于在玩耍时形成亲密的小团体，倾向于合作并尽量避免对立。一旦有女孩在游戏中受伤，其他女孩会暂停游戏，共同安慰受伤的女孩。相反，男孩则偏好建立较大的团体，并强调竞争。当男孩在游戏中受伤哭泣时，其他男孩不仅不会暂停游戏，反而可能希望哭泣的男孩离开，除非他停止哭泣。哈佛大学心理学家卡罗尔·吉利根曾指出："男孩为独立自主感到骄傲，而女孩认为自己是关系网的一部分。"这种性别视角的差异导致男孩和女孩在谈话和交流时有着不同的期望和需求。男孩通常更喜欢谈论事实和问题本身，而女孩则更倾向于寻求情感上的共鸣和连接。因此，家长在对孩子的情绪管理进行指导时，应充分考虑并尊重这种性别差异。通过理解和适应孩子的性别特点，家长可以更有效地帮助他们建立健康的情绪处理机制。

2）解决情绪问题的"家长智慧"

（1）正确解读孩子的情绪。

要正确解读孩子的情绪，家长需掌握"察言观色"的技巧。这意味着家长要敏锐地留意和观察孩子的情绪表现，并据此做出恰当的反应。若家长忽视或遗漏了孩子的重要情绪信息，可能会无意中伤害到他们。虽然家长们深爱着自己的孩子，并愿意为他们付出一切，但在潜意识中，我们往往更容易注意到自己希望看到的东西，或是那些与自己密切相关、引起兴趣的事物，而对其他方面则关注较少。因此，在陪伴孩子的过程中，家长应当努力克服个人偏好的影响，真正做到全面"察言观色"，以更准确地把握孩子的情绪状态。

首先，家长应做到全方位"察言观色"。这不仅要求家长细心观察孩子直接表达的情绪，还需深入探究其行为背后隐藏的情绪。要挖掘孩子隐藏的情绪，家长需要培养一种敏感意识，即在与孩子互动时，能迅速意识到孩子的行为可能反映了他们的一种或多种情绪。这种意识有助于家长积极应对孩子的各种行为表现，同时也有助于家长更好地控制自己的情绪，保持冷静和理性。

除了全方位"察言观色"，及时"察言观色"同样至关重要。若家长未能及时捕捉孩子的情绪变化，并积极地解读其情绪，可能会付出更多的努力来弥补。相反，若家长能在孩子情绪变化的初期就敏锐地察觉并作出恰当的反应，将有助于问题的及时解决和亲子关系的和谐发展。

那么，如何进行察言观色呢？这可以借鉴中医的"望闻问切"方法。在中医中，"望"是通过观察病人的神态、面色、形态和舌象等来诊断；"闻"则是通过聆听病人的声音和闻气味来获取信息；"问"是询问病人的病情;"切"则是通过触摸、按压等方式对病人进行初步的系统检查。在家庭教育中,家长也可以运用"望闻问切"的方法来察言观色。

"望"需要家长预先了解孩子隐藏情绪可能呈现的外在表现,通过观察孩子的面部表情、动作行为以及肢体语言来识别和确认孩子内心的真实感受。尽管面部表情和动作行为具有外显性,但它们有时也可能被孩子刻意伪装。然而,在个体向外界传递完整信息时,通常会不自觉地展现出肢体语言,这些无意识的肢体语言往往更具真实性。因此,家长在解读孩子的情绪状态时,可以特别关注孩子的肢体语言,从而更准确地判断孩子的情绪和心境。

"闻"指的是倾听孩子的语言表达。对于性格外向的孩子,家长往往容易了解他们的想法。然而,对于性格偏内向的孩子,家长除了观察外,还需更多地引导孩子进行表达,并认真聆听他们的心声,以深入了解孩子行为背后的情绪和情绪背后的"故事"。聆听孩子心声的基础在于接纳孩子。家长对孩子接纳的态度是能否真正听到孩子心声的关键。因此,家长要无条件地接纳自己的孩子,保持耐心和开放的心态。当孩子感受到足够的接纳和安全感时,他们将更容易敞开心扉,表达自己的真实想法和感受。

"问"是家长与孩子沟通的重要环节,即通过提出恰当的问题来引导孩子表达。家长提问的方式直接影响所能获取的信息量。为了获得更丰富、更深入的回答,家长应选择开放式的提问方式,这有助于孩子展开思考,避免简单的"是"或"否"回答。特别是面对内向或表达能力较弱的孩子,他们可能更倾向于回答"不清楚""还可以"或"还行"。在这种情况下,家长可以巧妙地运用工具,如彩色笔和白纸,鼓励孩子将自己的感受通过绘画的形式表达出来。在孩子完成画作后,家长可以细致观察并分析,以理解孩子的内心世界。此外,家长还可以提供情绪表情图,让孩子指认自己当前的情绪,这不仅能帮助孩子更好地认识和理解自己的情绪,也能让家长更准确地把握孩子的情感状态,从而更加接纳和理解孩子的感受。

"切"即深入内心。家长需要努力走进孩子的内心世界。在这里,"望""闻""问"是"切"的基础,只有当这三个步骤得到妥善执行,家长才更有可能真正触及孩子的内心。只有当孩子感受到安全和信任,愿意主动敞开心扉时,家长才能探寻到孩子行为背后真正的动因,进而为孩子提供有针对性的、有效的帮助。

(2) 与孩子实现情绪共情。

共情,也被称为同理心,是个体深入理解并体验他人心理感受的能力。在与孩子实现情绪共情的过程中,家长需要真切地感受孩子的感受,对孩子的情绪或经历产生深切的共鸣,真正做到感同身受。

共情的核心在于确保孩子感受到家长深刻的理解。要实现这一点,家长需要秉持"无条件积极关注"的原则,无条件地接纳孩子的真实感受。共情并非简单地讲述道理、同情、提供建议、随声附和或盲目认可。讲述道理在共情中并不适用,因为当孩子陷入负面情绪时,他们往往难以进行冷静的逻辑思考。此时,家长的道理很难被孩子接受、理解和消化,因此共情并非意味着讲道理。同时,共情与同情也截然不同。同情往往带有怜悯的色彩,并可能在无形中强化双方沟通地位的不平等,使得孩子难以感受到真正的尊重和共鸣。再者,共情并非提供建议的时机。许多家长急于平息孩子的负面情绪,却忽视了建立情感连接的重要性。在这种情况下,家长的建议往往难以被孩子采纳。当孩子的情绪因未得到及时识别和安慰而升级时,家长可能会对孩子进行更严厉的指责,或是对自己产生否定感。最后,共情不等于随声附和或盲目认可。比如"你做得太棒了"这样的言语,虽然能暂时满足孩子的心理需求,但可能阻碍孩子进行必要的自我反省。共情需要家长真诚地理解孩子的感受,并在此基础上给予孩子适当的支持和引导。

要实现真正的共情,家长应时常进行自我反思:我是否给予了孩子足够的尊重?是否坚信孩子拥有与生俱来的独特价值?是否无条件地接纳了孩子的所有情绪和行为表现?

特别要强调的是，当家长自身处于负面情绪时，应先暂停与孩子的共情，给自己一些时间和空间，与负面情绪进行对话，处理好个人的情绪后再与孩子建立共情连接。

同时，必须认识到"爱"是共情的基础。这需要家长敏锐地捕捉孩子的情感波动，并及时作出回应，还要对情绪的种类有所了解，使用恰当的情绪词汇来解读孩子的情绪。例如，当孩子哭泣时，家长可以说："你看起来很难过，是吗？"这样的表述更容易让孩子感受到家长对自己情绪的理解，并点头认同。相反，直接质问孩子"你为什么哭？"可能会破坏家长与孩子之间建立共情的机会。因此，更恰当的做法是使用"是什么"来替代"为什么"，从而更深入地理解和感受孩子的情绪。

案例2：

女儿小美因为假期要补课，脸上写满了抱怨和不满。回到家也没有好脸色。

妈妈：小美，怎么看你不开心的样子，告诉我为什么？

小美：烦死了，别问了！

妈妈：小孩有什么可烦的，快说为什么会这样？

小美：真的别问了，说了也解决不了问题。

妈妈：你怎能对妈妈这么说话呢？你以为只有你一个人烦吗？

小美：行了，又来了。（进自己的房间并随手把门关上）

下面让我们再看看用"是什么"来代替"为什么"。首先，妈妈对小美的情绪表示认同和接纳。

妈妈：小美，看起来你好像心情不太好？

小美：是的，真是烦死了！

妈妈：嗯，能感到你很烦，是什么让你这么心烦呢？

小美：刚刚得到通知，说假期不放假要补课，哎，真不知道

> 老师是怎么想的?
>
> 妈妈:也是,那你就没有休息的时间了,这样你会感到更多的压力,是吧?
>
> 小美:是的妈妈,你还真能理解我。
>
> 妈妈:那你有什么打算?
>
> 小美:我能怎样啊,胳膊拧不过大腿。(小美说这句话时,已经开始用自嘲的口吻来开玩笑了)

(3)让孩子学会情绪表达。

情绪表达是个体以外显行为来传达内心情感状态的过程。为了帮助孩子学会有效地表达情绪,家长可以运用以下四种方法。

一是教导孩子学习并准确使用情绪词汇。在儿童情绪管理训练中,为孩子的情绪"贴标签"是一个核心环节。家长应在孩子感受到情绪时,协助他们为这些情绪命名。例如,当孩子难以区分难过和压力时,家长需引导孩子辨识这两种感觉,帮助他们明确区分这些容易混淆的情绪词汇,并确保孩子理解负面情绪是人生不可避免的一部分,但同样是可以应对的。这样的引导不仅帮助孩子认识了自己的情绪,还让他们知道如何用适当的词汇来表达。

采用这种方式,孩子能更快地走出不良情绪,促进情商的发展和身心健康。因此,家长帮助孩子找到恰当的词语来描述他们的感受至关重要,这有助于他们建立丰富的情绪表达词汇库。

此外,情绪常以复合形式出现,对孩子来说,辨识和分辨这些复杂情绪更具挑战性。例如,当孩子生气时,他们可能同时感到沮丧、愤怒和嫉妒;当孩子伤心时,他们可能同时体验到空虚、郁闷和被伤害的感觉。家长应引导孩子认识每种独立情绪,并让他们了解多重情绪并存的可能性,同时强调同时感受到多种不同情绪是完全正常的现象。

二是家长在沟通中应引导孩子"表情见意"。所谓"表情见意",即通过观察他人的面部表情和情绪来洞察其真实的意图和感受。这种能力在婴幼儿和儿童阶段便开始奠定基础，因此，家长应从孩子婴幼儿时期起，便有意识地培养孩子的"表情见意"能力，并在孩子的青春期继续加强这方面的引导。这样，孩子将能更准确地解读他人的情绪，促进有效的沟通。

案例3：

> 一位正值青春期的孩子，因琐事与朋友发生了争执，然而令人遗憾的是，这位朋友竟鼓动其他共同的朋友一同孤立他，这种境遇使孩子产生了"不想上学"的消极念头。
>
> 可想而知，此刻，孩子的心情非常糟糕，想去找朋友问个清楚，而家长也希望可以为孩子提供帮助。此时，家长可以给孩子模拟可能会发生的情景，先倾听孩子会怎样和朋友沟通，"倾听"是和青少年顺利沟通的前提。接下来，家长可以引导孩子这样表达："那天我们之间发生了误会，我很难受，后来本以为我们会慢慢和好，可你却和我其他朋友联合孤立我，这样我很难过，甚至想过不再上学了。我对你是有生气的感觉，但一想起以前在一起开心的日子，我其实还是希望和你继续做朋友的。今天和你谈就是希望能把事情解释清楚，不管什么结果，我都会接受。"
>
> 接下来，请孩子回应这样表达的好处，因为这样的反思对孩子思维能力和语言表达能力的培养至关重要。当然，也许会发生对方把孩子的话当成耳旁风或者孩子到了真实的场景下不知所措的实际情况，但家长却让孩子学习了如何"表情见意"。

三是在游戏或绘画中引导孩子"表情见意"。每个年龄段的孩子都可以通过游戏来训练他们的"表情达意"能力。关键在于，我们需要根据孩子不同年龄段的特点来精心设计游戏内容。例如，7至9岁的孩子，他们正处于一个充满探索和矛盾的阶段，时而觉得自己像个小孩子，时而又渴望被视为大人。在这一阶段，他们开始更深入地理解周围环境和自我，情绪表达能力也有了显著的提升。家长们可能会听到孩子表达诸如"老师真烦人"或"假期作业一大堆，把我累死了"等情感。然而，由于他们对情绪词汇的掌握还不够全面，往往难以准确地"表情达意"。因此，家长们可以采用图画的方式，帮助孩子学习如何表达情感，使他们能够自如地表达内心的想法和感受。

案例4：

> 妈妈："小美，我们一起来做一个画画游戏好不好？"（年龄大的孩子，可以直接邀请他们一起来涂鸦）
>
> 小美："好啊，你想让我画什么？"
>
> 妈妈："画你现在的心情（情绪）怎么样？是开心、难过，还是感到有压力？你可以自由选择颜色，用你喜欢的线条和形状来表达。画完后先不要告诉我你画的是什么情绪，让我猜猜看。如果我猜对了，有没有什么小奖励呀？"
>
> 小美："这个游戏听起来不错，那我先画了，然后你来猜。"
>
> 妈妈："好的，下一轮就由我来画，你来猜。"

四是通过绘本或故事训练孩子"表情见意"。绘本，作为图画与文字交织的艺术形式，不仅通过生动的画面吸引孩子，更借助文字的力量，将故事中的寓意巧妙呈现。对于儿童而言，绘本和故事都具有深远的教育意义，它们能使学习过程变得愉悦而有趣。在绘本或故事中，孩子们可以随着事件的展开，感受人物的情绪波动，仿佛置身于故事之中，与角色共情。这样的体验不仅让孩子能够深入理解故事，还能引导他们学会面对和处理不同的情绪。因此，家长应充分发挥绘本和故事的教育功能，耐心地为孩子朗读绘本，讲述每一个故事，尤其注重其中的细节。同时，也可以鼓励孩子自己讲述故事，这不仅能够锻炼他们的语言表达能力，还能促进他们共情能力的发展。通过这样的互动，孩子们将能够在愉悦的学习氛围中茁壮成长。

（4）运用智慧化解矛盾与冲突。

家庭教育的过程往往伴随着冲突与矛盾的涌现。当这些矛盾与冲突出现时，家长需展现出及时的智慧与冷静，进行"退避三舍"的妥善处理，即采取适当的退让与回避策略，以避免与孩子发生不必要的冲突。这种"退避"并非懦弱的表现，也不是鼓励家长逃避问题，而是强调在面临问题时，家长应保持冷静的头脑，避免冲动行事，通过深思熟虑来寻找最佳的解决方案。这种处理方式有助于家长与孩子之间的和谐沟通，实现更有效的家庭教育。"退避三舍"的策略通常在孩子情绪不稳定，特别是愤怒时采用。愤怒作为一种情绪，其影响并非全然消极；实际上，它也能对个体产生积极的推动作用，比如让个体意识到当前面临的威胁，并促使他们采取行动来应对。如果孩子能够理智地认知愤怒，并在情绪不失控的情况下表达它，那么他们将能够从中受益，利用愤怒作为改变的动力。然而，当孩子愤怒情绪失控时，这就需要家长及时介入，引导他们以更健康的方式处理愤怒，确保情绪得到妥善的管理和表达。

在解决孩子情绪失控下的愤怒时，首要步骤是教育孩子正确理解和接纳愤怒。愤怒是一种正常的情绪体验，但关键在于让孩子明白"感受"与"行为"之间的界限。愤怒的感受是可以被理解和接受的，然而，不加控制地发泄愤怒所产生的行为则是不被接受的。因此，家长需要帮助孩子明确愤怒的真正含义，并引导他们认识到恰当、健康地表达愤怒的重要性。例如，家长可以提问孩子："当你感到愤怒并可能失控时，你会怎么做？"通过这个问题，家长可以与孩子共同探讨并引导他们认识到不同行为可能带来的后果。

解决孩子"失控的愤怒"问题的第二步是协助孩子探寻愤怒情绪的根源。大多数情况下，孩子能清晰地指出是什么具体事件触发了他们的愤怒。这些事件通常与孩子的期望不符，例如家长限制孩子玩手机、玩游戏的时间，或者拒绝购买孩子想要的物品等。因此，家长应主动与孩子沟通，共同识别并记录那些容易引起愤怒的情况。一旦明确了这些触发点，家长就能在孩子真正面临这些激怒事件之前，引导他们用理性的态度来审视和处理自己的愤怒，从而避免情绪的失控和爆发。

在完成了上述两个步骤后，家长便能进一步帮助孩子识别愤怒前的预警信号。这样，孩子在冲突和愤怒情绪即将爆发之前，就能对愤怒的原因以及即将到来的愤怒信号有清晰的理性认知，从而有效地防止愤怒情绪的失控。当个体愤怒情绪即将失控时，往往会出现一些明显的征兆，如声音分贝提高、心跳加速、脸红脖子粗、胃部不适、紧咬牙关等。一旦家长观察到孩子出现这些迹象，应及时引导孩子表达自己的感受。例如，家长可以温和地对孩子说："你的身体似乎告诉我你正在生气，能告诉我你此刻的感受吗？"这样的引导不仅能帮助孩子更好地理解自己的情绪，还能促进亲子之间的沟通和理解。

最后，家长应引导孩子以适当的方式表达愤怒。例如，在避免使用语言或行动谴责孩子的前提下，家长可以寻找一个安静的环境，帮助孩子平复情绪。在此过程中，可以鼓励孩子将愤怒的事情通过绘画的方式表达出来，或者允许他们轻轻击打枕头或被子来宣泄情绪。此外，家长还可以引导孩子用言语来表达自己的愤怒，或者带他们到户外进行孩子喜欢的运动，以释放愤怒并促进情绪的调节。这些方法都有助于孩子学会健康地处理愤怒情绪，从而避免情绪的失控和不当的行为。

上述几点仅是引导孩子管理愤怒情绪、确保情绪处于可控状态的策略。然而，当孩子与他人相处时，如何妥善化解冲突、解决分歧同样至关重要。具体而言，以下四个方法可供参考。

一是让步，即双方中的一方自愿放弃部分利益，以满足对方的意愿。

这是一种充满恩典的自愿行为，有助于双方摆脱愤恨的情绪。但值得注意的是，让步应当是互惠互利的，而非一方单方面的妥协。在让步的过程中，我们不仅是向对方释放善意，也是为自己积累福报。鼓励孩子学习让步，并不是让他们轻易认输，而是教会他们一种解脱愤恨、传递祝福和恩典的方式。家长可以通过绘本故事等方式，帮助孩子理解让步的重要性，并引导他们学会在适当的时候作出让步。

案例5：

> 妈妈："小美，现在心情好些了吗？"
>
> 小美："好点了，谢谢妈妈。"
>
> 妈妈："理解让步不容易做到，因为让步听起来好像是说明自己输了，是不是？"
>
> 小美："嗯，还真是。其实不想让步，因为感觉让步就好像自己亏了，别人赚了。"
>
> 妈妈："你说得有道理，你也进一步想想，让步会有什么好处呢？可以让冲突止住？"
>
> 小美："当然喽，如果我愿意让步，对方也不会继续为难了吧。"
>
> 妈妈："还有吗？"
>
> 小美："还有就是，如果我真能让步，真能放下这件事，我心里可能不会那么过于纠结吧。"
>
> 妈妈："说得真好！妈妈为你感到骄傲。"

二是和解，即双方各自放弃部分立场和收获，以达成一个双方地位平等、需求和愿望都能得到满足的新局面。这种和解的行为应当伴随着宽容与恩典，自由地实施与接受。尽管冲突后的和解过程往往充满挑战，但一旦达成，往往能使关系更加稳固，甚至比之前更加紧密。相较于成年人,青少年之间的和解往往更容易实现。因此,家长应给予孩子足够的时间,鼓励他们积极与对方寻求和解,从而学会在人际关系中更加成熟和宽容。

案例6:

> 妈妈:"恭喜你,你做到了让步!这对成年人来说都不容易的。一般人到这一步就结束了,但有勇气的人会愿意和对方和解。你想做那个有勇气的人吗?"
>
> 小美:"谢谢妈妈!我想做有勇气的人,但刚吵完架就去和解有点难啊。"
>
> 妈妈:"是的小美,和解的确不容易,和解需要放弃一些自己的利益和权利。和解是双方的意愿,也就是说光有一个人愿意还是不够的,但一定是从一个人先开始的。你愿意成为那个先开始和解的人吗?"
>
> 小美:"我可以试试,要怎么开始呢?"
>
> 妈妈:"你可以准备一个小礼物,可以是自己制作的。如果可以,再写一张心愿卡片,表明你愿意和解并继续和对方做朋友。如果不好意思当面说,送上这份小礼物和心愿卡片倒是一个方法。你觉得可以吗?"
>
> 小美:"这真是一个好办法,比直接去说要容易一些。"
>
> 妈妈:"相信这会给你增加一点信心吧,加油!你能做到的。"
>
> 小美:"嗯,我相信我可以做到。"

三是共存,即双方接受彼此可以持有不同的观点,选择各自认为合适的行动和计划。在共存的过程中,双方应认识到彼此拥有不同的个性、需求和兴趣,并带着宽容的心态,支持对方的发展和成长。这种共存的态度有助于建立更加包容和多元的人际关系。

案例7：

妈妈："小美，和解之后你觉得你们俩的关系现在怎么样了？"

小美："妈妈，现在我们可好了，感觉好像比以前更好了。"

妈妈："嗯，这就是和解的力量。虽然开始的时候会很难，但一旦做到了就会发生你说的这个结果。恭喜你啊宝贝！"

妈妈："共存是在两人和解之后，有意识地尊重对方的选择，不干涉对方的做法。比如说，你的好朋友喜欢玩乐高，你其实很希望她能陪你玩芭比娃娃。作为共存，你要支持你的朋友继续玩她的乐高，而不是强求她和你一起玩芭比娃娃。这些可能听起来有点复杂，简单来说，就是我们要学习为别人着想。"小美："妈妈，你说的这些听起来有点难理解，但当你说到我们也要为别人着想反倒让我觉得挺伟大的。"

妈妈："是的，我们人的价值最大的意义就在于可以服务他人，并让他人因我们的服务而收获益处。这一点你在日后会慢慢明白的。"

四是"发现新的可能性"，即鼓励双方共同努力，开放思维，去寻找和尝试新的解决方案。这包括一起探讨所有可能的选择（也许是五个到十个），充分利用孩子的想象力，以积极和热情的态度去实践。在孩子的怒气平息后，并且已经尝试过让步、和解与共存这些策略后，家长可以邀请与孩子有冲突的同学或朋友一起参与，共同探索和"发现新的可能性"。这样的过程不仅能够增进彼此的理解和合作，还能培养孩子的创造力和解决问题的能力。

案例8：

> 妈妈："小美，你愿意和朋友一起讨论一下，下次如果我们再遇到两人冲突的时候，可以用什么方法来解决吗？"
>
> 小美："可以呀！"
>
> 小莉："行！"
>
> 妈妈："太好了！小美你先说说你的想法。"
>
> 小美："如果小莉想和我玩，我会先表示我愿意，只是现在的时间不行，征求她是否可以调整为其他时间。"
>
> 小莉："如果你第一次就这么说，我会同意的。"
>
> 妈妈："哇，这么快就解决了！这是你们双方讨论过并一起决定的方案，这样就不会有矛盾了。走，阿姨请你们喝一杯奶茶。"

5. 帮助孩子合理规划自己的前途

前途并非遥不可及的梦想，而是对未来美好生活的热切向往，是由目标和价值观所引领的人生使命。家长应当协助孩子规划他们的未来，特别是帮助他们选择适合的大学专业与职业道路。孩子的大学专业和未来职业将深刻影响他们的人生轨迹。选择大学专业和未来职业，实质上也是对孩子前途的抉择。在规划孩子的大学专业和未来职业时，我们需要全面考虑各种因素，如人格、兴趣、技能及价值观等。

1）人格

人格是个体内部心理与物理特性的综合体现，是一个动态的组织结构，它塑造了个体独特的行为、思想和情感模式。这一结构由众多元素和特质构成，包括能力、气质、性格、情感、意志、认知、需求、动机、态度以及行为习惯等。因此，在孩子选择大学专业和未来职业的关键时刻，家长应当深入了解孩子的人格特质。只有全面理解孩子的人格，我们才能更精准地帮助他们找到与之匹配的大学专业和未来职业，从而助力他们实现个人潜能的最大化。

案例9：

> 我曾经辅导过一位24岁的年轻人，他口才出众，热衷于自我表达，自由而不羁，拥有丰富的想象力。然而，令人遗憾的是，尽管他已是大三学生，但学业却频频受挫，挂科不断，始终难以完成学业。
>
> 在高考结束后，面对大学专业的选择，他听从了父母的安排，选择了当时热门的会计学专业。然而，在学习的道路上，他却备感煎熬。原来，他的个性特质与这一专业的学习内容格格不入。他不喜欢有条理的、程序化的工作，也不擅长与数据打交道，这使他内心充满了挣扎。他的天赋和优势在会计学专业中无法得到充分发挥，这对他的人生成长造成了极其负面的影响。

因此，对于孩子的未来规划和职业发展而言，了解他们的人格特质显得尤为关键。只有深入了解孩子的个性，我们才能帮助他们选择更适合自己的大学专业和未来职业，从而让他们在未来的道路上能够充分发挥自己的潜能，实现个人的价值和成就。

2）兴趣

"兴趣是驱动个体积极追求某一事物或参与某项活动的内在心理动力。"这种动力是激发个体行动的关键因素。一旦缺乏兴趣，个体往往难以激发出持久的热情和创造力。因此，在探讨和规划孩子的专业选择和职业道路时，家长和孩子都应当对各种专业和职业有基本的了解。然而，现实情况是，当今不少青少年对专业和职业的认知相对较为有限。

案例10：

> 我曾为一名高三学生提供职业生涯规划辅导。当我问及他对何种职业有兴趣时，他略作思考后答道："金融吧。"这个回答显得并不十分坚定。于是，我进一步询问他选择金融的原因。他解释说："可能做金融能赚很多钱吧，毕竟'金融'这个词里有个'金'字，听起来也比较高端。"实际上，这样的回答并非个例。即使是"教师"这个职业，学生们也往往缺乏深入的了解。他们简单地认为教师就是教书育人的职业，收入不高，待遇一般。然而，当人大附中的校长为学生们详细介绍教师职业后，他们才恍然大悟，意识到教师这份职业所蕴含的深远意义。每一份职业都有其独特的价值和社会影响力，同时也为从业者提供了实现自我价值的平台。

青少年对专业和职业的认知水平较低，这可能导致他们难以将自己的兴趣与未来的专业、职业进行合理的分析、评估和匹配，进而难以确定哪些职业真正符合自己的兴趣。因此，家长应当引导孩子更深入地认识和了解不同的专业和职业。家长可以详细地向孩子介绍自己曾经学过的专业和从事过的职业，包括专业名称、学习内容、发展前景、专业价值观等，以及职业的名称、性质、收入情况、工作内容、工作环境、社会价值和意义等。此外，家长还可以帮助孩子建立与不同专业或职业人士的联系，创造更多机会让他们亲身了解不同的专业和职业。比如，可以邀请这些不同领域的朋友或专家来分享他们的专业特性和职业体验。在日常生活中，也有很多机会可以让孩子接触和了解不同的职业。比如，在餐厅用餐时，家长可以引导孩子与服务员、收银员、餐厅经理等交流，询问他们的工作内容和职业特性。同时，家长和孩子还可以利用网络资源进行专业和职业的搜寻，获取更多关于不同专业和职业的信息。

鉴于专业是连接职业道路的重要桥梁，它涵盖了技能技巧、经验方法等方面，而专业的选择又取决于职业的定位，因此，在家长和孩子对不同专业和职业有了相对准确、全面的认识后，家长可以与孩子一同首先识别孩子真实的职业兴趣。在明确了孩子真正感兴趣的职业领域后，再进一步协助孩子选择与之相契合的大学专业。职业兴趣可以理解为个体倾向于将个人热爱的活动转化为职业行为的动力。为了准确甄别孩子的职业兴趣，首先需要尽可能全面地列出孩子的所有兴趣，或者借助专业的测评工具，如美国冠冕国际出品的《职业生涯规划指引测评》（见表6-5），来得出更为精准的结论。随后，根据职业兴趣的定义，将那些仅作为爱好而非职业兴趣的选项进行排除。然而，人们往往容易将喜欢参与的活动误认为是自己的职业兴趣。实际上，只有当某一兴趣能够持久保持，并且个体愿意面对和接受该兴趣带来的压力和挑战时，它才能被视为真正的职业兴趣。甄别孩子真正的职业兴趣的最终目的是帮助他们选出未来可能从事的、既感兴趣又愿意投入的职业。在筛选过程中，建议保持结果的精简性，因为更精确的选择有助于孩子未来的职业发展。考虑到大部分青少年对职业的认知尚浅，他们提供的兴趣可能更多偏向于个人爱好。此时，专业的职业生涯规划师将发挥关键作用，帮助家长和孩子更准确地识别并发展孩子的职业兴趣。

在甄别孩子真正的职业兴趣时，人格特质同样扮演着重要的角色。人格特质能帮助孩子辨识哪些兴趣只是"偶尔尝试"的，哪些兴趣是真正适合长期投入工作的。因此，家长应充分尊重人格特质在职业兴趣筛选中的作用。通过分析人格特质对职业兴趣的影响，青少年能更清晰地认识自己的需求和目标，从而更有可能将精力投入到真正有发展潜力的职业方向上。家长可以将孩子选定的职业兴趣与其人格特质进行"对话"，从而得出更为精确的职业兴趣定位。

兴趣能为个体的行动提供动力，而与之相匹配的技能则决定了个体在工作中的效率与成就。因此，在筛选并缩小孩子的职业兴趣范围后，还需要用"技能"这一维度来评估职业兴趣。如果孩子擅长的技能与其职业兴趣相契合，他们便能在工作中得心应手，事半功倍。反之，如果孩子对某项工作有兴趣但缺乏相应的技能，那么他们可能会面临工作挑战，降低工作的成就感，难以长久坚持。

3）技能

在特定的领域，如销售或表演，孩子可能表现出无技能与有技能的显著差异。技能通常分为两类：一类是后天通过学习和练习逐渐积累的，另一类则是与生俱来的天赋技能。家长在帮助孩子进行职业选择时，应深入了解孩子已掌握和尚未掌握的技能，并将其作为筛选条件之一。具体而言，孩子应避免涉足那些他们尚未掌握相关技能的工作领域，因为这不仅可能导致效率低下，甚至可能带来潜在的风险。在评估孩子的技能时，家长应优先考虑天赋技能。这是因为后天习得的技能有时是通过强制手段获得的，这可能会消耗孩子的精力，甚至掩盖他们天生的才能。而天赋技能则是孩子天生擅长的，如某些人天生对音乐有极高的敏感度，甚至能无师自通。因此，家长在引导孩子选择职业时，不仅要了解孩子已掌握和未掌握的技能，还需仔细分辨孩子后天习得的技能和天赋技能，以充分发挥孩子的潜能和优势。

在了解孩子的优势技能后，家长应格外珍视并投入更多时间加以培养，以充分发挥其长处并规避短处。特别需要强调的是，"扬长避短"不等同于"扬长补短"。鉴于当前职业分工日益精细化和专业化，孩子更需要具备一项或两项出类拔萃的优势技能。而"扬长补短"不仅可能消耗孩子的精力，而且在缺乏天赋的情况下，孩子很难真正地将短处转化为长处。

结合人格特质、职业兴趣和技能的三重评估，家长能够对孩子所选的专业和职业方向有更清晰的认识。但仅仅依赖这些还不够，建议家长进一步进行《职业生涯规划指引测评》并寻求相关权威老师的专业辅导，以确保孩子能够做出更为明智和合适的职业选择。

案例11：

> 小李的性格特点鲜明，他追求自由，不受拘束，对条条框框、精确详尽的任务显得不那么敏感。然而，他所学的会计专业却需要他处理大量的数字和数据。这种冲突让他在学习过程中备感煎熬。为了获得毕业文凭，他不得不付出巨大的努力，去弥补自己并不擅长的领域，但这一过程对他来说异常艰难，最终也只是勉强达到了毕业要求。从他的职业生涯规划指引测评报告来看，小李的主要兴趣在音乐领域，并且他在这方面的天赋技能也相当突出。显然，他的人格特质优势并没有得到充分发挥，而是被迫与并不匹配的数据计算工作产生了冲突。这种不匹配让他在职业道路上备感困扰。

4）价值观

经过人格、兴趣和技能的细致分析评估后，接下来是关键的价值观评估。价值观是人们在决策过程中不可或缺的指南，它反映了个体对客观事物（包括人、物、事等）以及自身行为结果的意义、作用、效果和重要性的全面看法和评价。价值观也是个体用以区分好坏、判断是非及其重要性的心理倾向体系，是推动并指引我们做出选择和行动的核心原则。

在职业和专业的选择上，价值观扮演着至关重要的角色。它帮助青少年对所选职业和专业的意义、作用、效果和重要性进行全面的评估和分析。在众多的价值观考量中，工作环境的价值观、工作成果的价值观以及关于人生的价值观尤为重要，需要特别加以重视。

首先是工作环境价值观。对于尚未有工作经验的青少年来说，家长可以引导他们想象未来的工作环境，探讨哪些是他们内心真正渴望的。这包括工作环境是户外还是室内，是否干净整洁，是否具有一定的挑战性和风险，或是更倾向于安逸和安全；工作时间的弹性程度如何等。家长可以与孩子一同识别并分析他们对工作环境的偏好，进而明确他们最为重视和向往的工作环境特点。在这一过程中，我们需要暂时放下之前讨论的职业兴趣，仅根据孩子对工作环境的理解和价值取向来做判断，以更准确地洞察孩子内心真正珍视的价值。

其次是工作成果价值观。家长可以鼓励孩子设想在完成某项工作或长期工作后，他们希望实现的工作成果是什么，这些成果将如何呈现。是追求高收入、成为领导或管理者，还是希望通过工作服务他人、获得他人的认可和尊重等。尽管人们通常希望从工作中获得多方面的回报，但每个人对这些回报的重视程度是不同的。因此，家长需要帮助孩子识别并确定哪种工作成果对他们来说最为重要。同时，由于不同个体对工作成果的偏好各异，我们需要审慎地筛选来自他人或其他渠道的建议。

最后是人生价值观。人生价值观是个人对人生问题的根本看法，它在职业规划和专业选择中起着至关重要的作用。当一个人的生活方式和工作方式与其人生价值观不匹配时，可能会产生压迫感或失落感。相反，那些经过深思熟虑、明确人生目标并努力追求的人，往往能在工作中获得踏实感和成就感。同样，人生价值观也需要根据孩子的重视程度进行优先排序。

案例12：

> 我曾辅导过一名17岁的少年，他困惑地询问我："我明白价值观的概念，但什么是人生价值观？家人、服务他人、诚信、成就、赚钱、休闲、朋友……这些都是我人生中看重的，您是说我要对这些我看重的事物进行排序吗？"

> 我回答他:"正是如此。在你的生活中,你可能会列出许多你认为至关重要、不可或缺且无比宝贵的元素。如果其中某几项一旦失去,你会感到深深的痛苦,心中会有强烈的失落感,甚至会产生悔恨,渴望失而复得。在你列出的人生价值中,如果前三项会让你产生这样的感受,那么它们就是你对人生意义和价值的核心认识与选择。"
>
> 他听完我的解释后,开始重新考虑自己的排序。他之前将休闲、朋友和赚钱放在了前三位,但经过深思熟虑,他决定将休闲从第一位移除,并将家人放在了最重要的位置。

总而言之,职业生涯规划是孩子未来规划不可或缺的一环。人格、兴趣、技能和价值观,是孩子迈向成功之路前需要深入分析和思考的四大核心要素。家长可根据上述方法和步骤自行引导孩子进行规划,但如需更专业、更客观科学的分析和报告,不妨寻求专业顾问的协助,以确保孩子能做出更明智的选择,迈向更加光明的未来。

如表6-5所示,通过对人格、兴趣、技能和价值观进行评估,会得出粗略的职业方向或专业。随后,将选择出来的三个职业/专业,填写在最前面的"职业/专业"选项的空格中。然后将三种职业/专业分别与孩子的人格、兴趣、技能和价值观进行匹配、分析、评估和打分。同时,父母的建议也十分重要,它是孩子选择职业/专业的依据之一。

表6-5 职业生涯规划指引测评

职业/专业	人格	兴趣	技能	价值观	父母建议	专业	结论
职业经理/管理学							
技术工程师/信息技术							
作家/文学							

结语

中国的先人历来重视子女的家庭教育，并且格外珍视总结和积累教育经验，为后世留下了宝贵的家庭教育文化遗产。举例来说，我国传统的家训，即是一种由父母对子孙、家长对家人、族长对族人进行的直接训导和亲自教诲，还包括兄长对弟妹的劝勉、夫妻之间的嘱托，以及后辈贤达者对长辈、弟对兄的建议与要求。这种教育形式深深植根于家庭或家族内部，随着家庭的产生而兴起，并在家庭的发展过程中不断丰富和完善。除了涵盖一般社会要求外，家训还融入了家庭、家族的独特元素，并在世代的传承和演进中，不断积淀、积累，形成了独具特色的家道、家约、家训、家风，以及家规、家法、家范、家诫、家劝等一系列规章制度和家族规范，包括户规、族规、族谕、庄规、条规、宗式、宗约、公约、祠约等，共同构成了丰富多彩的家庭教育文化体系。

我国的家训文化源远流长，其起源可追溯至《尚书》中的《无逸》，这是周公对侄子成王的谆谆告诫。然而，"家训"这一术语首次明确出现在东晋时期的《西州后贤志》中，书中记载蜀郡太守黄容曾著有《家训》等作品，但遗憾的是，其内容并未流传至今。按照时间脉络，我们仍能读到诸多流传下来的经典家训，如北齐颜之推的《颜氏家训》、五代十国时期章仔钧的《章氏家训》、南宋陆游的《放翁家训》、明朝王源清的《王氏家训》、明末清初朱柏庐的《朱子家训》，以及清朝曾国藩的《曾国藩家训》等。其中，《颜氏家训》的出现，标志着我国古代士大夫家训文化的成熟。这些家训内容广泛，涉及日常行为规范、为人处世之道、道德品质修养等多个方面。例如，陆游强调对后代的严格管教，要求他们熟读经书，宽厚恭谨，不与轻浮之人交往；朱柏庐则以524字的篇幅，深刻阐述了安全、卫生、勤俭、饮食、教育、道德等多个方面的智慧；王源清在《王氏家训》中弘扬了孝道、敦厚、和睦、节俭、勤学等传统美德，并警示了挥霍、欺贫、赌博等行为的恶果；曾国藩则分享了自己在为人处世、政治军事、家风建设、身心修养等方面的丰富经验。这些家训不仅是对后代的教导，更是对中华优秀传统文化的传承与弘扬。我国传统的家训，旨在确保子孙的繁荣与家道的长远，其不仅是对子孙进行家教的规范，更是具有深远社会影响力的典范，它展现了民间上层人士的思想价值导向，以及对基层社会价值观的引导。家训以世俗化的形式保存并发展了经典儒家的核心精神，体现了对民间日常生活产生直接影响的制度性价值。

　　进入近现代，重视家庭教育的传统得到了进一步的传承和发扬。民国年间，出版发行了数十种关于家庭教育的著作和大量相关文章。其中，最具代表性且流传最广的作品包括民国初年广东省省长朱庆澜先生的《家庭教育》一书，鲁迅先生以《我们现在怎样做父亲》为代表的一系列家庭教育文章，以及陈鹤琴先生的《家庭教育》一书。这些作品自问世以来，至今仍被不断再版。本书在前辈研究的基础上，将家庭教育首先纳入到社会发展的宏观领域中，并在中观——家庭关系层面和微观——具体操作层面，进行系统性阐述。在家校社政协同发展的时代背景下，期待更多的有志之士为中国家庭教育的长足发展做成贡献！

参考文献

[1] （澳）奥南朵.对财富说是[M].贰阅编译.广州：广州旅游出版社，2018.

[2] （俄）B.A.瑟先科.夫妻冲突[M].北京：中国妇女出版社，1984．

[3] （法）斯坦尼斯拉斯·迪昂.精准学习[M].周加仙，等译.杭州：浙江教育出版社，2023.

[4] （美）黄维仁.亲密之旅：爱家婚恋情商自我成长课程培训[M].北京：中国轻工业出版社，2010.

[5] （美）维吉尼亚·萨提亚.萨提亚家庭治疗模式[M].聂晶译.北京：世界图书出版公司北京公司，2007.

[6] （美）维吉尼亚·萨提亚.新家庭如何塑造人[M].易春丽，叶冬梅译.北京：世界图书出版公司北京公司，2006.

[7] （美）巴塞尔·范德考克.身体从未忘记：心理创伤疗愈中的大脑、心智和身体[M].李智译.北京：机械工业出版社，2016.

[8] （美）乔纳森·布朗，玛格丽特·布朗.自我[M].王伟平，陈浩莺译.北京：人民邮电出版社，2015.

[9] （美）查尔斯·S.卡弗，（美）迈克尔·F.沙伊尔.人格心理学[M].贾惠侨，张品，赵红梅译.北京：中信出版社，2020.

[10] （美）戴夫·克彭.交际的艺术[M].高睿译.长春：时代文艺出版社，2018.

[11] （美）丹尼尔·戈尔曼.情商：为什么情商比智商更重要[M].杨春晓译.北京：中信出版社，2010.

[12] （美）范斯坦.探索青少年脑的奥秘[M].北京：中国轻工业出版社，2006.

[13] （美）艾里希·弗洛姆.爱的艺术[M].刘福堂译.上海：上海译文出版社，2019.

[14] （美）盖瑞·查普曼.爱的五种语言：创造完美的两性沟通[M].王云良，陈曦译.南昌：江西人民出版社，2010.

[15] （美）韩纳馥.唤醒童心：环球教养学手册[M].何兆灿，蔡慧明译.北京：中国人民大学出版社.2008.

[16] （美）韩纳馥.运动促学[M].何兆灿译.香港：身脑中心有限公司，2012.

[17] （美）卡罗·科雷诺维兹.不怕孩子少根筋[M].台北：智园出版有限公司，2011.

[18] （美）劳伦斯·科恩.游戏力：笑声，激活孩子天性中的合作与勇气[M].李岩译.北京：中信出版社，2018.

[19] （美）克里希那南达，阿曼娜著.拥抱你的内在小孩[M].方志华，等译.桂林：漓江出版社，2015.

[20] （美）克里希那南达，阿曼娜.走出恐惧[M].王静娟译.桂林：漓江出版社，2011.

[21] （美）理查德·洛夫.林间最后的小孩[M].美同，海狸译.北京：北京联合出版公司，2022.

[22] （美）丽萨·米勒.内在觉醒：关于联结、疗愈与提升复原力[M].李春梅译.上海：上海社会科学院出版社，2023.

[23] （美）马歇尔·卢森堡.非暴力沟通[M].阮胤华译.北京：华夏出版社，2018.

[24] （美）帕蒂·蕙芙乐.倾听孩子：家庭中的心理调适[M].陈平俊，等译.3版.北京：北京大学出版社，2013.

[25] （美）沙法丽·萨巴瑞.家庭的觉醒[M].庞岚晶译.上海：上海社会科学院出版社，2020.

[26] （美）沙法丽·萨巴瑞.父母的觉醒[M].王臻译.上海：上海社会科学院出版社，2013.

[27] （美）萨莫瓦尔等.跨文化交流[M].6版.北京：北京大学出版社，2009.

[28] （美）斯蒂文·卢卡斯.演讲的艺术[M].10版.北京：外语教学与研究出版社，2013.

[29] （美）苏珊·福沃德，克雷格·巴克.原生家庭：如何修补自己的性格缺陷[M].黄姝，王婷译.北京：北京时代华文书局，2018.

[30] （美）约瑟夫·克奈尔.深度自然游戏[M].李佳陵，肖志欣译.长沙：湖南教育出版社，2019.

[31] （缅）马哈希.内观基础[M].台北：台湾方广文化出版社，2004.

[32] （明）王守仁.传习录译注[M].王晓昕译注.北京：中华书局，2018.

[33] （日）岸见一郎，古贺史健.被讨厌的勇气："自我启发之父"阿德勒的哲学课[M].渠海霞译.北京：机械工业出版社，2015.

[34] （以）尤瓦尔·赫拉利.人类简史：从动物到上帝[M].林俊宏译.北京：中信出版社，2014.

[35] （英）雷蒙德·弗思.人文类型[M].费孝通译.北京：商务印书馆.1991.

[36] （英）萨利·戈达德·布莱斯.平衡发展的孩子[M].于淑芬译.北京：民主与建设出版社，2011.

[37] 白冬冰.论青少年情商的培养[J].山东师大学报（社会科学版），1999（03）:98-99.

[38] 包蔚郁，胡玉婷，张凯，等.认知行为治疗联合正念减压对乳腺癌患者创伤后成长与自尊的影响[J].中国医药科学，2020，10（14）:1-4+67.

[39] 鲍秀兰.婴幼儿养育和早期干预实用手册（高危儿卷）[M].北京：中国妇女出版社，2015.

[40] （以）博纳德·斯波斯基.语言管理[M].张治国译.北京：商务印书馆，2016.

[41] 曹蓓娟，吴雪萍，王荟媛.操舞类项目对女大学生身体自尊的影响[J].上海体育学院学报，2016，40（01）:90-94.

[42] 曹小翠，陈洁红，郭玮，等.非暴力沟通在CCU病房护患沟通中的应用[J].心理月刊，2022，17（02）:141-143+240.

[43] 陈华英.高一学生亲子沟通技巧的调查与辅导[J].思想·理论·教育，2003（05）:70-73.

[44] 陈建文，王滔.自尊与自我效能关系的辨析[J].心理科学进展，2007（04）:624-630.

[45] 陈金凯."非暴力沟通"，重构亲子关系[J].教育家，2021（36）:46-47.

[46] 陈来.从传统家训家规中汲取优良家风滋养[J].学习月刊，2017（02）:9-11.

[47] 陈名.家庭交流上的中西文化差异分析[J].考试周刊，2011（54）:39-41.

[48] 陈少华.人格心理学[M].2版.广州：暨南大学出版社，2018.

[49] 陈小文.家庭关系与家庭教育[M].上海：上海远东出版社，2021.

[50] 陈新汉.哲学视阈中的"自爱"[J].中共浙江省委党校学报,2010,30 (01):18-24.

[51] 丛中,高文凤.自我接纳问卷的编制与信度效度检验[J].中国行为医学科学,1999(01):20-22.

[52] 邓林园,戴丽琼,方晓义.夫妻价值观相似性、沟通模式与婚姻质量的关系[J].心理与行为研究,2014,12(02):231-237.

[53] 杜建军,罗琳.自我效能在青少年情绪管理能力与体育锻炼情绪之间的中介作用[J].山东体育学院学报,2017,33(04):76-81.

[54] 杜军,梁渊,郭英英."80后"父母教养方式调查研究[J].陕西学前师范学院学报,2023,39(06):12-18.

[55] 杜立婕,翟松.绘本阅读对患病儿童情绪社会性的影响研究——基于上海Y医院医务社会工作经验[J].华东理工大学学报(社会科学版),2018,33(05):53-64.

[56] 方平,马焱,朱文龙,等.自尊研究的现状与问题[J].心理科学进展,2016,24(09):1427-1434.

[57] 方晓义,郑宇,林丹华.家庭诸因素与初中生吸烟行为的关系[J].心理学报,2001(03):244-250.

[58] 方晓义,林丹华,孙莉,等.亲子沟通类型与青少年社会适应的关系[J].心理发展与教育,2004(01):18-22.

[59] 方永双,陈津津.家庭环境对儿童早期语言发育的影响[J].中国儿童保健杂志,201826(07):741-743+747.

[60] 费孝通.乡土中国 生育制度[M].北京:北京大学出版社.1998.

[61] 费孝通.乡土中国[M].2版.天津: 天津人民出版社,2022.

[62] 付建中.普通心理学[M].2版.北京:清华大学出版社,2017.

[63] 高磊,李保勤,张永利.家校社协同育人观念转变及模式建构[J].延安职业技术学院学报,2021,35(06):54-57+84.

[64] 高立雅，耿岩，刘兴华.初一学生正念与主观幸福感:自尊的中介作用[J].中国健康心理学杂志，2014，22（11）:1749-1752.

[65] 高书国.论我国家庭教育知识体系的构建[J].南京师大学报（社会科学版），2022（01）:47-56.

[66] 关颖.社会学视野中的家庭教育[M].天津：天津社会科学院出版社，2000.

[67] 关颖.家庭教育社会学[M].北京:教育科学出版社，2014.

[68] 光晓利.亲子冲突性会话分析[D].吉林大学，2018.

[69] 郭小艳，王振宏.积极情绪的概念、功能与意义[J].心理科学进展，2007，（05）:810-815.

[70] 韩向臣，李龙.家国传统与秩序再造——基于中国逻辑的历史分析[J].东南学术，2021（05）:97-107.

[71] 郝义彬，张恒榛，吴柯，等.父母婚姻质量与中小学生受欺凌及自伤行为的关系[J].中国学校卫生，2022，43（09）:1342-1345.

[72] 洪明.什么是家长教育?——家长教育的内涵辨析[J].教育科学研究，2017（09）:72-75.

[73] 胡炳政.中学生考试焦虑与自尊、自我效能感及自我接纳的关系研究[J].教学与管理，2015（21）:44-46.

[74] 黄超.家长教养方式的阶层差异及其对子女非认知能力的影响[J].社会，2018，38（06）:216-240.

[75] 黄寒英.小学生情绪认知能力的发展及其影响因素[J].教学与管理，2010（33）:42-43.

[76] 黄河清.家校合作导论[M].上海：华东师范大学出版社，2008.

[77] 黄河清.家庭教育学[M].上海：华东师范大学出版社，2014.

[78] 黄亮亮，陈淑娇，陈明燚，等.中医诊断与治未病[J].天津中医药，2021，38（03）:285-288.

[79] 黄乃毓.家庭教育[M].台北:五南图书出版公司，1996.

[80] 黄欣，吴遵民，黄家乐.家庭教育:认识困境、使命担当与变革策略[J].现代远距离教育，2020（02）:17-22.

[81] 季诚钧.试论家庭教育的内涵、特点和规律[J].江西教育科研，1992（05）:46-48.

[82] 贾红霞，李宇明.中国家庭结构与儿童语言发展[J].汉语学报，2022（03）:78-89.

[83] 贾林祥.心理学基本理论研究[M].南京.南京大学出版社，2019.

[84] 江宇.家庭社会化视角下媒介素养影响因素研究[D].中国传媒大学，2008.

[85] 姜新.优秀是一种习惯——培养记者必须养成的六个习惯[J].新闻与写作，2011（02）:91-93.

[86] 柯智.中美言语交际的文化对比分析——以《家有儿女》及《摩登家庭》为例[J].山东农业工程学院学报，2015，32（08）:186-187.

[87] 劳凯声.中国教育学研究的问题转向——20世纪80年代以来教育学发展的新生长点[J].教育研究，2004（04）:17-21.

[88] 雷雳，王争艳，刘红云，等.初中生的亲子沟通及其与家庭环境系统和社会适应关系的研究[J].应用心理学，2002（01）:14-20.

[89] 李浩洋.非暴力沟通中父母的身份建构研究[D].山西大学，2023.

[90] 李江楠，邱小健."双减"背景下家校社协同共生路径探析[J].教学与管理，2022（25）:11-15.

[91] 李丽娜，张帆，齐音，等.情绪表达与留守儿童孤独感的关系：亲子沟通的中介作用及性别的调节作用[J].中国健康心理学杂志，2021，29（11）:1756-1760.

[92] 李丽英，张可.大学一年级学生正念及其与自尊、心理健康的关系[J].医学研究与教育，2019，36（03）:50-54.

[93] 李珊珊,王博雅,岳爱,等.贫困农村地区婴幼儿社交情绪发展现状及风险因素分析[J].学前教育研究,2018(04):14-27.

[94] 李闻戈.对大学生自我接纳的现状及特点的研究[J].宁夏大学学报(人文社会科学版),2002(01):112-114.

[95] 李艳菊.幼儿同伴交往能力发展及其影响因素研究[D].华东师范大学,2008.

[96] 李祖娴,聂衍刚,田婧妤.对父母婚姻关系的知觉与大学生婚恋观的相关研究[J].中国健康心理学杂志,2009,17(03):270-273.

[97] 梁漱溟.东西文化及其哲学[M].北京:中华书局,2018.

[98] 梁涛.郭家竹简"仁"字与孔子仁学[A].中国思想史前沿——经典·诠释·方法[A].西安:陕西师范大学出版社,2008.

[99] 刘爱玉.转型中国的大样本调查及核心议题[J].山东女子学院学报,2020(01):1-16.

[100] 刘代娜.0—3岁婴幼儿身体动作发展特征与情绪体验研究[J].林区教学,2020(12):118-121.

[101] 刘宁,陈锡宽,闻增玉,等.上海核心家庭亲子沟通状况及其影响因素分析[J].中国公共卫生,2005(02):43-45.刘宁等.

[102] 刘婉,刘钦腾.社区"非暴力沟通"家庭教育指导课程建设实践探索——以上海市松江区佘山学校为例[J].现代教学,2021(18):63-66.

[103] 刘晓峰.情绪管理的内涵及其研究现状[J].江苏师范大学学报(哲学社会科学版),2013,39(06):141-146.

[104] 刘欣,李林泱.杰出女性科学家家庭关系与职业发展研究——以中国"两院"女性院士为例[J].科学,2023,75(05):36-39+69.

[105] 刘兴华,徐钧,张琴,等."此刻觉察"正念训练的定义、操作及可行性[J].中国健康心理学杂志,2016,24(08):1224-1229.

[106] 刘易平.当代中国社会变迁背景下高离婚率的社会学分析[J].四川理工学院学报（社会科学版），2012，27（02）:13-17.

[107] 卢富荣，王侠，李杜芳，等.小学生学校适应的发展特点及其与父母教养方式关系的研究[J].心理发展与教育，2015，31（05）:555-562.

[108] 卢立涛，刘璐.家校社协同育人共同体建设的路径探索[J].新教师，2022（07）:6-8.

[109] 陆德伟，叶南.幼儿园设计中应重视对幼儿感官教育的培养[J].华中建筑，2011，29（02）:58-60.

[110] 路翠艳，潘芳，方方.大学生主动、被动拖延与正念、自我效能感的关系[J].山东大学学报（医学版），2021，59（10）:108-113.

[111] 缪建东.家庭教育社会学[M].南京:南京师范大学出版社，1999.

[112] 缪建东.家庭教育学[M].2版.北京：高等教育出版社，2015.

[113] 彭华民，徐愫.人类行为与社会环境[M].3版.北京：高等教育出版社，2016.

[114] 钱国旗，刘坤.从明清家训家规看儒家伦理的日常生活指向[J].北京社会科学，2022（09）:64-73.

[115] 钱穆.论语新解[M].武汉：长江文艺出版社，2020.

[116] 邱平，罗黄金，李小玲，等.大学生正念对冗思和负性情绪的调节作用[J].中国健康心理学杂志，2013，21（07）:1088-1090.

[117] 人民数据研究院.人民数据研究院发布《现代都市人生活方式与健康研究报告》[EB/OL].（2022-12-12）.www.peopledata.com.cn/html/NEWS/Dynamics/2773.html.

[118] 任小玲.西部高校大学生学习内驱力影响因素的探析[J].亚太教育，2015（33）:243-244.

[119] 任玉嘉，李梦龙，孙华.中国农村留守儿童孤独感的meta分析[J].中国心理卫生杂志，2020，34（10）:841-846.

[120] 沙晶莹,张向葵.中国大学生自尊变迁的横断历史研究:1993~2013[J].心理科学进展,2016,24(11):1712-1722.

[121] 申自力,刘丽琼,崔建华,等.初中生破坏性行为与厌学的关系[J].中国学校卫生,2014,35(05):758-760.

[122] 沈家宏.原生家庭:影响人一生的心理动力[J].中国图书评论,2018(10):130.

[123] 沈施芳,邵洁.家庭养育与儿童早期语言发展[J].中国儿童保健杂志,2022,30(08):865-868+873.

[124] 石玲.大学生自然教育的现状及对策[J].国家教育行政学院学报,2021(12):89-95.

[125] 石鸥.从学校批评看学校不能承受之重——兼论教育的责任分担[J].教育研究,2002(01):55-57.

[126] 史耀疆,张林秀,常芳,等.教育精准扶贫中随机干预实验的中国实践与经验[J].华东师范大学学报(教育科学版),2020,38(08):1-67.

[127] 隋玉杰,范燕宁.人类行为与社会环境[M].北京:中国人民大学出版社,2006.

[128] 孙俊三,孙松竹.家庭教育是基础教育,也是终身教育[J].湖南师范大学教育科学学报,2016,15(05):103-107+128.

[129] 孙可平.探索不同文化背景下儿童眼中"虎妈"的意义[J].全球教育展望,2012,41(10):50-56.

[130] 孙瑞雪.捕捉儿童敏感期[M].北京:中国妇女出版社,2018.

[131] 孙云晓.家校合作共育:中国家庭教育的新趋势[M].北京:中国人民大学出版社,2020.

[132] 汤蕾,马静,刘涵,等.打开教育政策研究的"黑盒子"——基于理论的影响评估在随机干预实验研究中的应用[J].华东师范大学学报

(教育科学版),2020,38(08):92-109.

[133] 童红,唐军,张正方.薰衣草及其精油的研究进展[J].香料香精化妆品,2013(06):55-58.

[134] 汪芬,黄宇霞.正念的心理和脑机制[J].心理科学进展,2011,19(11):1635-1644.

[135] 王伯军.家庭教育[M].上海:上海远东出版社,2021.

[136] 王翠梅,喻志文,黄翔,等.留守中学生抑郁焦虑症状与留守特征的相关性[J].中国学校卫生,2021,42(12):1825-1828+1832.

[137] 王晖.中国文化与跨文化交际[M].北京:商务印书馆,2017.

[138] 王菁,刘爱书.父教缺位对男童心理发展的影响研究[J].教育探索,2013(10):127-128.

[139] 王俊秀,应小萍.认知、情绪与行动:疫情应急响应下的社会心态[J].探索与争鸣,2020(04):232-243+291-292.

[140] 王楷.仁者自爱:儒家传统的道德生命观及其哲学基础[J].孔子研究,2012(05):22-31.

[141] 王丽敏,那传仁,李世纪,等.不同时间点中学生父母教养方式的变化趋势研究[J].哈尔滨医科大学学报,2019,53(03):325-330.

[142] 王美芳,刘莉,王玉廷.父母婚姻质量、亲子依恋与幼儿焦虑的关系[J].中国临床心理学杂志,2010,18(06):802-805.

[143] 王美芳,张燕翎.学前儿童焦虑与父母教养方式的关系:追踪研究[J].中国临床心理学杂志,2012,20(01):49-52.

[144] 王勤勤."非暴力沟通"在护患沟通中的应用研究[J].心理月刊,2019,14(03):50.

[145] 王婷,袁婕.197名大学生的时间管理倾向与父母教养方式的关系[J].中国心理卫生杂志,2008(06):429-432+454.

[146] 王章元, 贾小玲, 耿彩虹, 等. 艾司西酞普兰联合正念认知治疗对广泛性焦虑障碍患者疗效、应对方式和自尊的影响[J]. 国际精神病学杂志, 2020, 47（05）:944-947.

[147] 王振存, 周岸. 新时代家庭教育问题及应对策略[J]. 中国教育科学（中英文）, 2019, 2（04）:50-58.

[148] 王振翼. 商务谈判与沟通技巧[M]. 3版. 大连：东北财经大学出版社, 2020.

[149] 王振宇等. 儿童社会化与教育[M]. 北京：人民教育出版社, 1992.

[150] 王争艳, 刘红云, 雷雳, 等. 家庭亲子沟通与儿童发展关系[J]. 心理科学进展, 2002（02）:192-198.

[151] 魏源. 价值观的概念、特点及其结构特征[J]. 中国临床康复, 2006（18）:161-163.

[152] 吴会东, 张彦云, 张国华. 心理学概论[M]. 北京：北京师范大学出版社, 2017.

[153] 吴奇程, 袁元. 家庭教育学[M]. 3版. 广州：广东高等教育出版社, 2011.

[154] 吴莹婷, 郭菲, 王雅芯, 等. 父母婚姻质量与青少年外化问题的关系：教养方式的中介作用[J]. 心理发展与教育, 2017, 33（03）:345-351.

[155] 谢琴, 吴佑年. 大学生身体自尊与体育锻炼参与的研究[J]. 广州体育学院学报, 2002（05）:46-48.

[156] 辛桂琴. 加强情商教育提升大学生的生命质量[J]. 中国成人教育, 2011（04）:63-64.

[157] 辛宇琦, 周建秋, 王丽敏, 等. 代际差异视角的青春期学生父母教养方式变化趋势[J]. 中国学校卫生, 2022, 43（08）:1189-1192+1197.

[158] 徐安琪, 叶文振. 婚姻质量：婚姻稳定的主要预测指标[J]. 上海社会科学院学术季刊, 2002（04）:103-112.

[159] 徐建,姚建龙.家庭教育立法的思考[J].当代青年研究,2004(05):24-28+11.

[160] 徐敏亚,刘贝妮,徐振宇.失却锋芒:父母性别偏见对女性职场表现的负面影响[J].心理学报,2023,55(07):1148-1159.

[161] 徐明玉,任芳,沈理笑,等.屏幕暴露对0～3岁婴幼儿语言发育的影响[J].临床儿科杂志,2019,37(02):97-101.

[162] 徐霞,姚家新.大学生身体自尊量表的修订与检验[J].体育科学,2001(02):78-81.

[163] 徐延辉,孔一舟.转型时期中国社会公平感的变迁历程及其解释因素[J].社会,2023,43(03):213-242.

[164] 徐兆林.基于目标管理SMART原则的课堂教学有效观测[J].中国职业技术教育,2019(35):68-72+81.

[165] 许力生,吴丽萍.新编跨文化交际英语教程[M].上海:上海外语教育出版社.2019.

[166] 许琪.中国人性别观念的变迁趋势、来源和异质性——以"男主外,女主内"和"干得好不如嫁得好"两个指标为例[J].妇女研究论丛,2016(03):33-43.

[167] (古希腊)亚里士多德.政治学[M].北京:商务印书馆,1965.

[168] 闫志民,李丹,赵宇晗,等.日益孤独的中国老年人:一项横断历史研究[J].心理科学进展,2014,22(07):1084-1091.

[169] 阎云翔.私人生活的变革:一个中国村庄里的爱情、家庭与亲密关系(1949—1999)[M].上海:上海人民出版社,2017.

[170] (美)杨定一,杨元宁.静坐的科学、医学与心灵之旅[M].北京:华龄出版社,2021.

[171] (美)杨定一.全部的你[M].北京:华龄出版社,2019.

[172] 杨焕兰.幼儿家庭亲子沟通模式的调查研究[D].西南大学,2009.

[173] 杨菊华,何炤华.社会转型过程中家庭的变迁与延续[J].人口研究,2014,38(02):36-51.

[174] 杨启光.发展型家庭补偿教育政策的构建——以学校变革中家庭参与的不平等为视角[J].教育科学,2009,25(05):15-20.

[175] 杨文轩.当代大学体育[M].北京:人民教育出版社,2005.

[176] 杨心玫,邱晶青,李虹,等.流动青少年睡眠质量与父母教养方式[J].中国临床心理学杂志,2017,25(04):719-723.

[177] 杨昕玥.非暴力沟通团体辅导对初中生家庭语言暴力的干预研究[D].华中师范大学,2023.

[178] 杨雄,刘程.关于学校、家庭、社会"三位一体"教育合作的思考[J].社会科学,2013(01):92-101.

[179] 杨紫嫣,罗宇,古若雷,等.自尊的认知神经机制[J].心理科学进展,2017,25(05):788-798.

[180] 叶东惠.大学生体育锻炼与身体自尊的研究述评[J].浙江体育科学,2007,29(4):110-113.

[181] 叶海波,魏超燕."双减"背景下家校社"三元循环"的协同育人策略[J].教育科学论坛,2022(13):37-40.

[182] 叶园园,章燕珍.植物精油的药理作用及其在口腔医学中的应用[J].国际口腔医学杂志,2011,38(02):185-187+191.

[183] 衣俊卿.文化哲学十五讲[M].北京:北京大学出版社,2015.

[184] 俞国良,王浩.社会转型:社会心理变迁影响社会舆论引导[J].西北师大学报(社会科学版),2017,54(04):97-103.

[185] 袁晓娇,方晓义.中国夫妻的原生家庭支持及其与婚姻质量的关系[J].中国临床心理学杂志,2016,24(03):495-498.

[186] (美)约瑟夫·克奈尔.与孩子共享自然[M].郝冰译.北京:九州出版社,2014.

[187] 张东燕，高书国.现代家庭教育的功能演进与价值提升——兼论家庭教育现代化[J].中国教育学刊，2020（01）:66-71.

[188] 张戈平.论家庭教育的秩序支撑功能——从中国传统家训出发的理论考察[J].华东政法大学学报，2022，25（04）:18-27.

[189] 张红霞，杨翌昀.家庭沟通模式对儿童广告态度的影响[J].心理科学，2004（03）:737-738.

[190] 张家军，鲍俊威.家长教育专业化的价值意蕴、当前困境与突破路径[J].教育理论与实践，2020，40（31）:3-8.

[191] 张锦涛，方晓义，戴丽琼.夫妻沟通模式与婚姻质量的关系[J].心理发展与教育，2009，25（02）:109-115.

[192] 张进峰.家庭教育重要性的哲学新论[J].教育理论与实践，2005（01）:52-57.

[193] 张慕梁.高效能沟通术[M].杭州：浙江大学出版社，2019.

[194] 张琪，张雅文，吴任钢，等.大学生自我接纳与自尊的关系:自我效能与领悟社会支持的双重中介[J].中国健康心理学杂志，2019，27（12）:1879-1884.

[195] 张琴.成人教育视域下潜母亲教育发展途径研究[D].云南师范大学，2019.

[196] 张杉，刘雅慧，金灿灿.原生家庭父母冲突、夫妻冲突解决模式与婚姻质量的关系：基于主客体互倚模型的分析[J].心理技术与应用，2021，9（04）:202-210.

[197] 张曙光.自爱·仁爱·正义——试论中西伦理观的异同及当前的道德建设[J].天津社会科学，1997（06）:34-40.

[198] 张婷皮美，石智雷.父母外出务工对农村留守儿童心理健康的影响研究[J].西北人口，2021，42（04）:31-43.

[199] 张婷婷.家校合作的范式转型与路径选择[J].教学与管理,2019(04):16-18.

[200] 张伟玲.大学生自尊在自我接纳和社交焦虑间的中介作用[J].中国学校卫生,2016,37(09):1354-1357.

[201] 张蔚.论情感发展角度下托育机构家具的情感化设计[J].家具与室内装饰,2022,29(04):46-49.

[202] 张晓肖.试论家长人格教育[J].山西师大学报(社会科学版),2010,37(S2):141-143.

[203] 张彦群.言语交际学案例教程[M].北京:科学出版社,2019.

[204] 张源.把大学彻底说明白[M].石家庄:花山文艺出版社,2023.

[205] 赵忠心.家庭教育学:教育子女的科学与艺术[M].3版.北京:人民教育出版社,2017.

[206] 郑蕊,周洁,陈雪峰,等.研究社会心理行为推进社会管理创新[J].中国科学院院刊,2012,27(01):24-30.

[207] 中国科学院心理研究所沟通研究中心编著.家庭教育手册:动力沟通之家庭教育篇[M].北京:科学出版社,2015.

[208] 钟佳涵,李波,刘素贞.团体正念认知训练对大学生焦虑水平的影响[J].中国健康心理学杂志,2015,23(07):1067-1071.

[209] 周芬芳,唐德根.跨文化交际语境中的非言语交际语用失误分析[J].湖南科技学院学报,2006(01):167-169.

[210] 周皓.家庭社会经济地位、教育期望、亲子交流与儿童发展[J].青年研究,2013(03):11-26+94.

[211] 周文霞,郭桂萍.自我效能感:概念、理论和应用[J].中国人民大学学报,2006(01):91-97.

[212] 周晓璇,叶海森.青少年抑郁症患者心理弹性与父母养育方式、自我接纳程度相关性分析[J].精神医学杂志,2021,34(04):304-307.

[213] 朱晶晶，杨婷婷，翁婉涓，等.中班幼儿社交回避与社会适应：母亲心理控制的调节作用[J].学前教育研究，2020（10）:17-29.

[214] 朱灵艳.个人成长期父母缺位与其成年后社会交往行为之间的关系[J].学前教育研究，2016（10）:29-37.

[215] 朱闻哲.家庭教育学[M].北京：清华大学出版社，2020.

[216] 朱旭东，李秀云.幼儿五大领域发展与幼儿全面发展之辩——兼论幼儿全面发展本体论意义上的概念建构[J].教育发展研究，2021，41（Z2）:1-8.

[217] AINSWORTH M D S. The development of infant-mother attachment [M].. Chicago: University of Chicago Press，1973.

[218] ADLER. What life should mean to you [M]. Oxford: Oneworld Publications，1992.

[219] AYOUB C，VALLOTTON C D，MASTERGEORGE A. M. Developmental pathways to integrated social skills: The roles of parenting and early intervention[J]. Child development，2011，82（2）：583-600.

[220] BANDURA A. Self-efficacy in changing societies[M]. Cambridge: Cambridge University Press，1995.

[221] BIAN X，YAO G，SQUIRES J，et al.Translation and use of parent-completed developmental screening test in Shanghai[J].Journal of Early Childhood Research，2012，10（2）:162-175.

[222] BIAN X，XIE H，SQUIRES J，et al. Adapting a parent-completed, socioemotional questionnaire in China: The Ages & Stages Questionnaires: Social-Emotional. [J]. Infant Mental Health Journal，2017，38（2）：258-266.

[223] BISHOP S R，LAU M，SHAPIRO S，et al.Mindfulness: A proposed oper-

ational definition[J]. Clinical Psychology Science and Practice, 2004, 9 (3):76-80.

[224] BOLDT L J, KOCHANSKA G, YOON J E, et al.Children's attachment to both parents from toddler age to middle childhood: links to adaptive and maladaptive outcomes[J]. Attachment & Human Development, 2014, 16 (3):211-229.

[225] BOTHA A, VAN d B H S, VENTER C A V .The relationship between family-of-origin and marital satisfaction[J]. Health Sa Gesondheid Journal of Interdisciplinary Health Sciences, 2009, 14 (1).

[226] BOWLBY J .Attachment and loss. Vol. I. Attachment[J]. 1969.

[227] BOYUM L, PARKE R. The Role of Family Emotional Expressiveness in the Development of Children's Social Competence[J]. Journal of Marriage and the Family, 1995 (57): 593-608

[228] BRAGE D K, et al. A Causal Model of Adolescence Depression [J]. Journal of Psychology, 1994 (128): 455-468.

[229] BRANDEN N. What needs to be done? [A] In M.H. Kernis. Self-esteem issues and answers: A sourcebook of current perspectives[C]. New York: Psychology Press, 2013: 439-441.

[230] BRAUNACK-MAYER, ANNETTE. Understanding the school community's response to school closures during the H1N1 2009 influenza pandemic [J].BMC Public Health, 2013.

[231] BROOKS S K, WEBSTER R K, SMITH L E, et al.The psychological impact of quarantine and how to reduce it: rapid review of the evidence[J].The Lancet, 2020, 395 (10227):912-920.

[232] BROWN J R, DUNN J. Continuities in emotion understanding from three

to six years[J]. Child Development, 1996, 67: 789-802.

[233] BUCHANAN A .Risk and Protective Factors in Child Development and the Development of Resilience[J].Open Journal of Social Sciences, 2014, 02 (4) :244-249.

[234] CALEO G, DUNCOMBE J, JEPHCOTT F, et al. The factors affecting household transmission dynamics and community compliance with Ebola control measures: a mixed-methods study in a rural village in Sierra Leone [J].Bmc Public Health, 2018, 18 (1) :248.

[235] CAMPOS J J, MUMME D L, KERMOIAN R, et, al. A functionalist perspective on the nature of emotion[J]. Monographs of the Society for Research in Child Development, 1994, 59 (2-3): 284-303.

[236] CARDACIOTTO L A, HERBERT J D, FORMAN E M, et al.The assessment of present-moment awareness and acceptance the Philadelphia mindfulness scale[J]. Assessment, 2008, 15 (2) : 204-223.

[237] CAVA M A, FAY K E, BEANLANDS H J, et al. Theexperience of quarantine for individuals affected by SARS in Toronto[J]. Public Health Nursing, 2005, 22 (5): 398-406.

[238] CHEN C, CHEN S, WEN PZ, et al. Are screen devices soothing children or soothing parents. Investigating the relationships among children's exposure to different types of screen media, parental efficacy and literacy practices[J]. Comput Human Behav 2020, 17 (31) : 112-116.

[239] CHEN, et al. Authoritative and Authoritarian Parenting Practices and Social and Schoold Performance in Chinese Children[J]. International Journal of Behavioral Development. 1997, 21 (4) : 855-874.

[240] CHEUNG S K. Psychometric properties of the Chinese version of the Parental Stress Scale[J]. Psychologia, 2000, 43: 253-261.

[241] CHIUNG-TAO SHEN.Factors in the marital relationship in a changing society: A Taiwan case study [J]. International Social Work, 2005, 48 (3): 325-340.

[242] CHRIST G H, CHRIST A E. Current approaches to helping children cope with a parent's terminal illness [J]. CA: A Cancer Journal for Clinicians, 2006, 56 (4): 197-212.

[243] CLARK H, COLL-SECK A M, BANERJEE A, et al. A future for the world's children? A WHO - UNICEF - Lancet Commission [J]. The Lancet, 2020, 395 (10224): 605-658.

[244] COHEN D, STRAYER J.行为障碍和比较青年的同理心[J].发展心理学, 1996, 32 (6): 988-998.

[245] COLLINS W E, et al. Intrapschic and Interpersonal Factor Related to Adolescent Psychological Well-being in Stepmother and Stepfather Families [J]. Journal of Family Psychology, 1995, 9:433-455.

[246] CONGER R D, CONGER K J. Resilience in midwestern families: Selected findings from the first decade of a prospective, longitudinal study[J]. Journal of Marriage and Family, 2002, 64:361-373.

[247] CONSONNI E B, CALDERON I M, CONSONNI M, et al. A multidisciplinary program of preparation for childbirth and motherhood: maternal distress and perinatal outcomes[J]. Reproductive health, 2010, 7 (1) :28.

[248] CULPIN I, HERON J, ARAYA R, et al. Father absence and depressive symptoms in adolescence: findings from a UK cohort[J]. PSYCHOLOGICAL MEDICINE, 2013, 43 (12) :2615-2626.

[249] CURRIE J, ALMOND D. Human capital development before eag five[J]. In Handbook of laboreconomics, 2011:1315-1486.

[250] DAVID L. Doing Culture: Cross-Cultural Communication in Action [M]. Beijing: Foreign Language Teaching and Research Press, 2000: 63-64.

[251] DENHAM S A. Social - emotional competence as support for school readiness: What is it and how do we assess it? [J]. Early Education and Development, 2006, 17 (1) :57-89.

[252] DELSOL C, MARGOLIN G . The role of family-of-origin violence in men's marital violence perpetration[J].Clinical Psychology Review, 2004, 24 (1) :99-122.

[253] DIAMOND A, BARNETT W S, THOMAS J, et al. Preschool program improves cognitive control[J]. Science, 2007, 318 (5855) :1387-1388.

[254] DODGE K A, COIE J D, LYNAM D. Aggression and antisocial behavior in youth.In W.Domon, R. M. Lerner, &N[J]. Eisenberg, Handbook of child psychology: Vol. 3. Social, emotional, and personality development, 2006:719-788.

[255] CRADDOCK A E, CHURCH W, SANDS A .Family of origin characteristics as predictors of perfectionism[J].The Australian Psychological Society Ltd, 2009, 61 (3) : 136-144.

[256] EASTERLIN R.A, MORGAN R, SWITEK M, et al. China's life satisfaction, 1990-2010[J]. Proceedings pf the National Academy of Sciences of the United States of America, 2012, 109 (25) : 9775-9780.

[257] ELHAM V, ROHINI I, ABBAS A, et al. How marital relations affect child behavior: review of recent research [J].Vulnerable Children and Youth Studies, 2015, 10 (4) :321-336.

[258] EPSTEIN J L. School, Family, Community Partnerships: Caringfor the Children We Share[J]. Phi Delta Kappan Magazine, 2010, 92 (3) : 81-96.

[259] FELDMAN R, GRANAT A, PARIENTE C, et al. Maternal depression and distressacross the postpartum year and infant social engagement, fear regulation, and stress reactivity[J]. Journal of the American Academy of Child & Adolescent Psychiatry, 2009, 48 (9) :919-927.

[260] FENG k, XU W, ZHAO J. Dispositional mindfulness and life satisfaction: The role of core self-evaluation [J]. Personality and Individual Differences, 2014, 56 (1) : 165-169.

[261] GIBBS B G, FORSTE R, LYBBERT E. Breastfeeding, Parenting, and Infant Attachment Behaviors[J]. Maternal and child health journal, 2018, 22 (4) :579-588.

[262] GUILARAN J, TERTE I D, KANIASTY K, et al. Psychological Outcomes in Disaster Responders: A Systematic Review and Meta-Analysis on the Effect of Social Support[J]. 国际灾害风险科学学报：英文版, 2018 (3) :15.

[263] GUTMANN A. Democratic education[M]. Princeton University Press, 1999.

[264] HECKMAN J J, MOON S H, PINTO R, et al. A New Cost-Benefit and Rate of Return Analysis for the Perry Preschool Program: A Summary[J]. IZA Policy Papers, 2010.

[265] HOLZEL B K, CARMODY J. EVANS K C, et al. Stress reduction corrrelates with structural changes in the amygdala [J]. Social Cognitive and Affective Neuroscience, 2020, 5 (1) : 11-17.

[266] VAZHAPPILLY J J. Non-violent Communication and Marital Relationship: Efficacy of "Emotion-Focused Couples' Communication Program Among Filipino Couples [J]. Psychol Stud, 2017.

[267] JAMIESON D J, JERNIGAN D B, ELLIS J E, et al. Emerging infections and pregnancy: West Nile virus, monkeypox, severe acute respiratory syndrome, and bioterrorism[J]. Clinics in Perinatology, 2005, 32 (3):765-776.

[268] JONES S M, BOUFFARD S M. Social and emotional learning in schools: From programs to strategies[J]. Social Policy Report, 2012, 26 (4):1-22.

[269] KABAT-ZINN J. Wherever you go, there you are: Mindfulness meditation in everyday life[M]. Paris: Hachette Books, 2009.

[270] KOBUS D P, RONÉL D B. Effective Interactions: Communication and High Levels of Marital Satisfaction[J], Journal of Psychology in Africa, 2018, 28 (2).

[271] KOLLER D F. When Family-Centered Care Is Challenged by Infectious Disease: Pediatric Health Care Delivery During the SARS Outbreaks[J]. Qual Health Res, 2006, 16 (1):47-60.

[272] KOLLER, DONNA F, NICHOLAS, et al. Bowlby and Robertson revisited: the impact of isolation on hospitalized children during SARS.[J]. Journal of Developmental & Behavioral Pediatrics Jdbp, 2006, 27 (2):134-140..

[273] KRCMAR M, CINGEL D P. Do Young Children Really Learn Best From the use of Direct Address in Children's Television?[J]. Media Psychology, 2017:1-20..

[274] KROL K M, RAJHANS P, MISSANA M, et al. Duration of exclusive breastfeeding is associated with differences in infants' brain responses to emotional body expressions.[J]. Frontiers in Behavioral Neuroscience, 2015, 8 (459):459.

[275] LAIBLE D J, THOMPSON R A .Attachment and emotional understanding in preschool children.[J].Dev Psychol, 1998, 34（5）:1038-1045.

[276] LAMBORN, SUSIE D. et al. Patterns of Competence and Adjustment among Adolescents from Authoritative, Authoritarian, Indulgent, and Neglectful Families[J]. Child Development, 1991, 62（5）: 1049-1065.

[277] LEE D T S, SAHOTA D, LEUNG T N, et al.Psychological responses of pregnant women to an infectious outbreak: a case-control study of the 2003 SARS outbreak in Hong Kong. [J]. Journal of Psychosomatic Research, 2006, 61（5）:707-713.

[278] LEFKOWITZ E S. How Latino American and European American Adolescents Discuss Conflicts, Sexuality and AIDS with their mothers[J]. Developmental Psychology, 2000, 36:315-325.

[279] Chinese public's knowledge, perceived severity, and perceived controllability of COVID-19 and their associations with emotional and behavioural reactions, social participation, and precautionary behaviour: a national survey[J].BMC public health, 20（1）:1589.

[280] M. NOSEK M. Nonviolent Communication: A Dialogical Retrievel of the Ethic of Authenticity[J]. Nursing Ethics, 2012, 19（6）: 829-837.

[281] ROSENBERG M, MOLHO P. Nonviolent（empathic）Communication for Health Care Providers[J]. Haemophilia, 1998（4）: 335-340.

[282] MAGGI S, IRWIN L J, SIDDIQI, A, et al. The social determinants of early child development: an overview[J]. Journal of paediatrics and child health, 2010, 46（11）:627-635.

[283] MANUELL M E, CUKOR J .Mother Nature versus human nature: public compliance with evacuation and quarantine[J]. Disasters, 35（2）:417-442.

[284] MARLOW, et al. Nonviolent Communication Training and Empathy in Male Parolees [J]. Journal of Correctional Health Care, 2012, 18 (1): 8-19.

[285] MASSELAM V J. Adolescents' Perception of the Nature of their Communication with Parent [J]. Journal of Youth and Adolescence, 1990 (19): 349-362.

[286] MASTEN A S, NARAYAN A J. Child development in the context of disaster, war, and terrorism: Pathways of risk and resilience[J]. Annual Review of Psychology, 2012, 63:227-257.

[287] MELNICK S M, HINISHAW S P. Emotion Regulation and Parenting in AD/HD and Comparison boys: Linkages with Social Behaviors and Peer Preference [J]. Journal of Abnormal Child Psychology, 2000, 28 (1): 73-86.

[288] KELLEY M L, FRENCH A, BOUNTRESS K, et al. Parentification and family responsibility in the family of origin of adult children of alcoholics.[J]. Addictive Behaviors, 2007, 32 (4):675-685.

[289] LARSEN R .A gradient of childhood self-control predicts health, wealth, and public safety[J]. Proceedings of the National Academy of Sciences, 2011, 108 (7):2693-2698.

[290] MOFFITT T E, CASPI A, RUTTER M, et al. Sex difference in antisocial behavior[M].Cambridge University Press: Cambridge, UK, 2002.

[291] MRUK C. Defining self-esteem as a relationship between competence and worthiness: How a two-factor approach integrates the cognitive and affective dimensions of self-esteem[J].Polish Psychological Bulletin, 2013, 44 (2): 157-164.

[292] MURRAY L, CRESWELL C, COOPER P J. The development of distress disorders in childhood: an integrative review[J]. Psychological medicine, 2009, 39 (9) :1413-1423.

[293] MUSEUX A C, et al. Improving interpersonal collaboration: the effect of training in nonviolent communication[J]. Social Work in Health Care, 2016, 4:1-13.

[294] National Health Commission of the People's Republic of China. Guideline for psychological crisis intervention during 2019-nCoV. 2020.

[295] National Health Commission of the People's Republic of China. Notice on strengthening psychological assistance and social work services in response to the new crown pneumonia epidemic.

[296] ORGILÉS M, MORALES A, DELVECCHIO E, et al. Immediate psychological effects of the COVID-19 quarantine in youth from Italy and Spain [J]. 2020.

[297] PAN J D, CHANG S H, YU Y Y .A support group for home-quarantined college students exposed to SARS: Learning from practice[J]. Journal for Specialists in Group Work, 2005, 30 (4) :363-374.

[298] PERRIN E C, LESLIE L K, BOAT T. Parenting as primary prevention[J]. JAMA pediatrics, 2016, 170 (7) :637-638.

[299] PRIME H, WADE M, BROWNE D T. Risk and resilience in family well-being during the COVID-19 pandemic[J]. American Psychologist, 2020, 75 (5) :631.

[300] PRUESSNER J C, et al. Self-esteem, locus of control, hippocampal volume and cortisol regulation in young and old adulthood[J]. Neuro Image, 2005, 28 (4) : 815-826.

[301] GOVER A R, KAUKINEN C, FOX K A .The relationship between violence in the family of origin and dating violence among college students[J].J Interpers Violence, 2008, 23(12):1667-1693.

[302] KANSKY R, MAASSARANI T .Teaching nonviolent communication to increase empathy between people and toward wildlife to promote human-wildlife coexistence[J].Conservation Letters, 2022, 15:1-11.

[303] REYNOLDS D L, GARAY J R, DEAMOND S L, et al.Understanding, compliance and psychological impact of the SARS quarantine experience.[J].Epidemiology and Infection, 2008(7):136.

[304] RUBIN G J, BREWIN C R, GREENBERG N, et al. Psychological and behavioral reactions to the bombings in London on 7 July 2005: cross sectional survey of a representative sample of Londoners[J]. BMJ, 2005, 331(7517):606.

[305] WHITTON S W, WALDINGER R J, SCHULZ M S, et al.Prospective associations from family-of-origin interactions to adult marital interactions and relationship adjustment.[J].Journal of Family Psychology Jfp Journal of the Division of Family Psychology of the American Psychological Association, 2008, 22(2):274.

[306] SALMIVALLI C, KAUKIAINEN A ."Female aggression" revisited: Variable- and person-centered approaches to studying gender differences in different types of aggression[J].Aggressive Behavior, 2004, 30:158-163.

[307] SCHMIDT M E, DEMULDER E K, DENHAM S A .Kindergarten Social-Emotional Competence: Developmental Predictors and Psychosocial Implications[J].Early Child Development and Care, 2002, 172(5):451-462.

[308] ISLAM S, NAHER R .Effectiveness of nonviolent communication (NVC)

workshop on marital adjustment[J]. Dhaka University Journal of Biological Sciences, 2017, 26 (1) : 69-75

[309] SHAPIRO S L, CARLSON L E, ASTIN J A, et al. Mechanism of mindfulness[J]. Journal of Clinical Psychology, 2006, 62 (3) : 373-386.

[310] SHAW D S, GILLIOM M, INGOLDSBY E M, et al. Trajectories leading to school-age conduct problems[J]. Developmental Psychology, 2003, 39 (2) :189-200.

[311] SELLERS S L, HUNTER A G . Private Pain, Public Choices: Influence of Problems in the Family of Origin on Career Choices Among a Cohort of MSW Students[J], Social Work Education: The International Journal, 2005. 24 (8) : 869-881.

[312] SHONKOFF J P, BOYCE W T, Mcewen B S. Neuroscience, molecular biology, and the childhood roots of health disparities: building a new framework for health promotion and disease prevention[J]. JAMA, 2009, 301 (21) :2252-2259.

[313] SPRANG G, SILMAN M. Posttraumatic stress disorder in parents and youth after health-related disasters[J]. Disaster medicine and public health preparedness, 2013, 7 (1) :105-110.

[314] SQUIRES J, BRICKER D, TWOMBLY E. Ages & Stages Questionnaires: social - emotional, second edition[M]. Baltimore, MD: Paul H. Brookes Publishing, 2015.

[315] SUAREZ A, LEE D Y, ROWE C, et al. Freedom Project: Nonviolent Communication and Mindfulness Training in Prison[J].SAGE Open, 2014.

[316] THOMPSON R A. The legacy of early attachments[J]. Child Development, 2000, 71:145-152.

[317] TRACEY FAY-STAMMBACH, Hawes D J, Meredith P.Parenting Influences on Executive Function in Early Childhood: A Review[J]. Child Dev Perspect, 2014, 8 (4).

[318] TREMBLAY R E. The development of aggressive behavior during childhood: What have we learned in the past century?[J] International journal of behavioral development, 2000, 24 (2) :129-141.

[319] UZUN H, KARACA N H, METIN E .Assesment of parent-child relationship in Covid-19 pandemic[J]. Children and Youth Services Review, 2021, 120.

[320] WALSH F. Strengthening family resilience[M]. New York, NY: Guilford Press, 2015.

[321] WANG G, ZHANG Y, ZHAO J, et al. Mitigate the effects of home confinement on children during the COVID-19 outbreak[J]. The Lancet, 2020, 395 (10228) :945-947.

[322] WANG H. The Relationship between Parenting Styles and Academic and Behavioral Adjustment among Urban Chinese Adolescents[J]. Chinese Sociological Review, 2014, 46 (4) : 19-40.

[323] WANG Y, KONG F, HUANG L, et al.Neural Correlates of Biased Responses: The Negative Method Effect in the Rosenberg Self-Esteem Scale Is Associated with Right Amygdala Volume[J].Journal of Personality, 2016, 84 (5) : 623-632.

[324] World Health Organization. Coronavirus disease (COVID-19) advice for the public[M]. Retrieved from, 2020.

[325] WU P, ROBINSON C C, YANG C, et al. Similarities and Differences in Mothers' Parenting of Preschoolers in China and the United States[J]. International Journal of Behavioral Development, 2002, 26 (6) : 481-491.

[326] XIN S F, WANG Y X. SHENG L.Impact of social changes and birth cohort on anxiety in adolescents in mainland China (1992-2017) -A Cross-temporal meta-analysis [J]. Children and Youth Services Review, 2020 (116): 1051-1059.

[327] ZHANG R, LU Y, DU H. Vulnerability and resilience in the wake of COVID-19: family resources and children's well-being in China[J]. Chinese Sociological Review, 2021:1-35.

[328] ZINS J E, BLOODWORTH M R, WEISSBERG R P, et al.The scientific base linking social and emotional learning to school success[J]. Journal of Educational and Psychological Consultation, 2007, 17 (2-3): 191-210.

附录　婴幼儿对成人说的心底话

以一系列婴幼儿对成人说的心底话，阐明0～6岁孩子成长的奥秘，重点在于认识自我、肢体能力、人际关系、心智开启及沟通技能这五个核心范畴，让成人认识婴幼儿每天都在忙什么，发展什么。这五个范畴都是人类成长发育的重要基础，具体如下：

认识自我

学习有关自身及自我内心的感受，帮助自己成为有自信的人。

肢体能力

学习控制身体行动的方法，帮助自己改善活动技巧，如抓握对象及走路。

人际关系

学习如何与人相处，协助产生安全感。

心智开启

学习事物如何运作，帮助发展智力。

沟通技能

学习聆听、了解及表达思想和感受，使自身与世界能交往。

抬头期：0～2个月

- 开始认识照顾者的面孔。
- 喜欢看不同形状及颜色的物体。
- 可以看到一尺以内的东西。
- 轻柔地触碰，使孩子感受自身的存在。
- 轻柔地按摩，使孩子去除紧张，同时可发展触感能力。

认识自我

当你抱紧我，不会把我宠坏，只会使我增强安全感。

肢体能力

我需要时间伸展和活动我的肢体。

人际关系

当你温柔地及时回应我时，我学会了信任和爱。

心智开启

我的眼睛会尝试追踪一些较慢的动作。

沟通技能

当我看见你的面容或听见你的声音时，我会试着微笑及发出一些声音回应。

认人期：2~5个月

- 借助五官主动认识周围环境。
- 喜欢尝试模仿你的声音和微笑。
- 需要被抱在怀里，来感受快乐、健康和安全。

认识自我

当你抱紧我，不会把我宠坏，只会使我增强安全感。

肢体能力

我需要机会去发现我的身体可以做些什么。

人际关系

我喜欢你和我做游戏，也喜欢你用温柔的声音对我说话。

心智开启

当你放一些有趣的东西在我身旁时，我就能知道我周围的天地。

沟通技能

请告诉我周围所发生的事，这样会帮助我发展口语。

坐爬期：5～8个月

- 通过寻找、发现家里的东西来探索世界事物。
- 自己的玩具就算只暴露了一小部分，都能认出。
- 喜欢重复又反复做事，借此去了解及熟练。

认识自我

我喜欢照镜子认识自己。

肢体能力

我需要在地上玩，因为我要学会爬行，日后才能走路。

人际关系

和父母一起我觉得十分安全，但与陌生人在一起，我会有点担心。

心智开启

我发现有些东西虽然看不见，但我知道它们仍在那里。

沟通技能

我不理解你说的全部，但我会通过模仿你的发音来进行学习。

探索期：8~13个月

- 在探索事物时，可能会出意外，因孩子还不懂使用不同的力度触碰不同的东西。
- 对每样事物都有好奇心，孩子正在选择他们要学习的东西。
- 投掷、敲打和抛掷对象时，孩子正在学习物理定律。

认识自我

我正学习抱娃娃，就如你照顾我一样。

肢体能力

我正在学习走路并尝试新的活动，请保护我的安全。

人际关系

你离开我时，我会担心，但我正在学习且相信你总会回来。

心智开启

我观察你，再来尝试，这就是我的模仿学习法。

沟通技能

当你一次又一次重复对象的名称时，我便知道万事万物都有名称。

学步期：13~18个月

- 学习空间概念，上下、里外、高低……
- 需要很多机会练习模仿别人来学习做事。
- 非常活跃，要确保他们行走及攀登时的安全。

认识自我

当我取不到我想玩的东西时，我的情绪便会崩溃。请平静地向我解释及取出其他我可以玩的东西给我，转移我的视线。明确的规范能够让我更加感受到安全感。

肢体能力

我正在学习控制我的手指，我喜欢抓握着粗的笔或其他东西。

人际关系

我探索周围事物，是因为我想学习，而不是想使你不高兴。

心智开启

玩积木能够帮助我学懂形状与物体的关系，我用这些来作为学习数理的基础。

沟通技能

与你一同看书使我有机会去认识口语与文字的关系。

行动期：18~24个月

- 寻找藏起来的东西，可以帮助学习空间和训练记忆。
- 对事物的运作十分好奇，建立、注入、混合，认识物理定律。
- 以跳、推、拉来锻炼自己对动作的控制（行动的操纵）。

认识自我

我喜欢自己做事。如果你给我机会，我能慢慢改进。

肢体能力

我现在的活跃度较低，请帮助我寻找一些好的地方和机会，以便我能充分利用我的精力。

人际关系

和你一起玩耍会帮助我学习怎样与人相处。

心智开启

让我将不同事物组合起来，这样有助于我整合大脑中的信息和资料。

沟通技能

让我们一起来唱歌，我喜欢这样帮助自己发音、感受节奏。

尝试前期：24～30个月

- 准备参与人类的活动。
- 受挫折时，会运用肢体表达出来。
- 需要有不同的学习机会，来产生过程，在过程中都能非常专注，感受快乐。
- 拼图不仅能帮助学习形状，还可学习大小的拼合。

认识自我

当我拥有属于自己的东西时，我会感到被尊重。

肢体能力

我非常渴望尝试许多新事物，但我不懂如何保证安全，请协助我去理解。

人际关系

我需要你的关注并鼓励我努力做好事情。

心智开启

请教懂我分别多与少、长与短、大与小。

沟通技能

我会讲一些单字或词语，甚至片语，当中可能会出错，请不要取笑我，请教给我正确的说法。

尝试期：30～36个月

- 参与执行尝试人类的活动。
- 模仿成人帮助了解彼此。
- 不高兴的时候，需要父母表现得冷静及温和。
- 请协助我分辨事物，甚至是轻微的不同，这能协助将来的阅读。

认识自我

我的感受常常转变得很快。通常我喜欢自己独立做事，但有时我又想靠近一下你，我需要你的安慰和理解。

肢体能力

请让我多做步骤不同的事，日后应对各种事情时，我将能够逐渐变得更加顺畅和从容。

人际关系

我喜欢靠近其他孩子并与他们一起玩，但我还未懂得与他们分享。

心智开启

日常做的事能帮助我明白每天生活应有的习惯。请为我示范下一步该如何做。

沟通技能

我喜欢听同一个故事。我很快便能把这个故事讲给你听。

三岁至三岁半

孩子需要时间及空间上的机会,去学习及重复锻炼自己的技能。所以成人让孩子自己重视是很重要的,在孩子尝试新事物及学习生活技能时,需要父母及熟悉的人在旁,可增强其安全感及勇气。

认识自我
我害怕哦!我需要你的尽快响应来安慰及帮助我。

肢体能力
我渴望一个安全无虞的环境让我能够尽情攀爬和跳跃,从而增强肌肉力量及关节的灵活性。

人际关系
我其实很喜欢照顾弟妹的,但请不要忽视我的感受,我仍需要你的关怀。

心智开启
在进行配对游戏时,我能够锻炼日后分辨事物及学习判断的能力,同时这也为培养阅读前期的基础技能提供了有益的练习。

沟通技能
能和父母一起阅读绘本故事书,会令我更有亲切感及归属感。

三岁半至四岁

这时段的幼儿喜欢做日常家务,照顾自己,照顾他人及照顾环境,用作日后独立生活及建立责任感的重要建构过程。

认识自我

想象的游戏能协助我发展抽象思考的能力。

肢体能力

户外活动是锻炼体能的绝佳方式,同时也能有效促进我获得深沉而宁静的睡眠。

人际关系

等待和轮候是需要学习和锻炼的重要技能,它们构成了耐性的早期训练。虽然这一过程可能会有些困难,但请给予我更多机会去尝试和体验。

心智开启

辨别大小、高矮、肥瘦、厚薄、多少等,有助于我大脑逻辑思维的构建和发展。

沟通技能

在同一时间内,我是有能力记住多个事物的,这并不是因为我不专心,而是我正在锻炼自己的思维扩散能力。因此,请同时给我几项指令,我完全有能力同时处理并完成任务。

四岁至四岁半

开始对身体各部分感到好奇,父母应该告诉我身体部位的名称。孩子开始有情绪表达的需要,成人应该多说感受性词语及形容词去描述不一样的感觉。等孩子吸收后,用语言表达,代替以行为执行。请继续保持日常生活的秩序,这些重要的步骤可以给孩子预知下一步需要做的,让他除了产生安全感,亦可产生自律能力。

认识自我

我需要学习如何选择,但我有时会紧张,请给我一些数据,帮助我做出合适的选择。

肢体能力

用粗笔画画可以促进我日后写字技巧的发展,我开始对线条感兴趣了,这对我日后学习文字有很大帮助。

人际关系

请帮我邀请朋友到家里来玩,因为我能够在熟悉的地方享受与同伴相处,这样能帮助我发展深度的沟通能力并理解别人,这也会使我很快乐。

心智开启

如果我能独立完成每一件事情,我的自学能力将得到显著提升,同时也会有更多的机会进行深入思考。

沟通技能

与成人共同生活、互动和游戏,为我提供了宝贵的机会,让我能够学习并模仿他们的语言、思想和行为。在这个过程中,我能够更深入地理解日常用语的运用,从而丰富自己的语言表达和社交技能。

四岁半至五岁

孩子需要我们指导在合适的时间及地点玩耍及工作行事,自我管理正是你负责的。当父母与孩子一起做家务活时,孩子正在学习如何与人合作。如果孩子与父母一起玩游戏,面对失败时,父母应该示范如何面对,更要传达胜不骄张的态度。父母应教导孩子认识自己的名字、家中地址及父母手机号码。

认识自我

我不喜欢父母欺骗我,请诚实回答我的问题。

肢体能力

如果每天都能有户外玩耍的时间,我便能充分享受阳光的照耀,从而拥有充沛的精力和强健的体魄。此外,出汗也有助于我处理一些情绪问题。

人际关系

我已懂得关心别人,当我看见他人不安或受伤时,我会上前协助及安慰他,可以通过这样来学习并练习与人相处之道。

心智开启

通过参与家务劳动,我能学习到如何有条不紊地安排事情,做好事先准备,并遵循一定的程序。这样的经历将有助于我建立强大的逻辑思维能力,并深刻理解事物之间的因果关系。

沟通技能

我喜欢母语,不但能唱歌、说话,还可以与祖父母沟通。我也喜欢玩言语游戏,如押韵及猜谜游戏,我十分享受口语带来的乐趣。

五岁至五岁半

孩子做家务的能力增强，他们会逐渐认识到自己在家庭中的角色定位，成为家庭不可或缺的一分子，为家庭的和谐与幸福付出努力。在这个过程中，他们将享受到分工合作的乐趣，这不仅是家庭生活中的宝贵经验，更是未来贡献社会的种子。随着孩子对家居四周环境的熟悉，成人可以引导他们培养深度的观察力和对环境的照顾能力，以及理解大自然的能力。此外，这一阶段的礼仪培育尤为重要，我们需要为孩子设定明确的规则，让他们有规矩可循，遵循并遵守，以避免放任而迷失方向。同时，教育孩子在不同场合做出适当的行为，是他们基本自我管理能力的体现。

认识自我

你们认同我工作能力的时候，我会产生自愿做家务的动力，请多给我一些鼓励。

肢体能力

我渴望发展和提升我的建构能力以及空间感知能力，请给予我移动家具的机会，因为这能让我学习如何搭建，并在实践中强健我的肌肉。

人际关系

请先给予我空间及时间解决自己的问题，最好在我真正需要帮忙时及时出手相助。

心智开启

我需要认识时间与我的关系，请在家里放上日历，教我认识节日、节令，这样我也能学会合理安排时间。

沟通技能

我已经可以传达讯息了，这代表我能掌握语言的重点，请放心给我更多机会来为你们的沟通提供服务。

五岁半至六岁

除非事情真的很重要，否则我们需要尊重孩子的意愿，如果孩子说不，我们不要勉强。请让孩子在家多做实验，容许他们在安全的情况下做出他们期待的尝试，他们会以此验证自己的想法能否实现，这样有助于他们日后研究与发明的能力发展。如果成人能够仔细聆听孩子的说话，孩子便会模仿我们日后仔细聆听父母的说话。孩子已经可以一气呵成把一个故事从头到尾说完，我们应该做听众，这样会使其语言组织能力、语言表达能力都得到良好的发展。

认识自我
当我的实验失败或遇到挫折时，你的包容与鼓励是给我支撑和自信的重要"强心针"。

肢体能力
手工不仅能提升我手指的灵活性，还有助于培养我静心、细致的观察力以及审美观。

人际关系
我需要知道无论在什么情况下，你都会关注我的。

心智开启
在参与家务活动的过程中，我不仅培养了选择的能力，还锻炼了我的逻辑思维，并加深了对数学和空间知识的理解和应用。

沟通技能
我喜欢幽默的人，因为我已经明白了暗示、笑话、猜谜都是语言技巧及语言思考的方式。